Giannino Piana

Nel segno della giustizia

Collana «Trattati di etica teologica»
diretta da
Luigi Lorenzetti

Trattato di etica teologica, a cura di Luigi Lorenzetti
1. *Introduzione allo studio della morale. Morale fondamentale e generale*
2. *Etica della persona*
3. *Etica sociale*

Renzo Gerardi
Teologia ed etica della penitenza. Vita cristiana, vita riconciliata

Cataldo Zuccaro
Morale fondamentale. Itinerari

Marciano Vidal García
La proposta morale di Giovanni Paolo II.
Commento teologico-morale all'enciclica Veritatis splendor

Adriano Bompiani
Bioetica dalla parte dei deboli

Tullo Goffi
Etica cristiana trinitaria

Cataldo Zuccaro
Morale sessuale. Nuovo manuale di teologia morale

Marciano Vidal García
Bernhard Häring un rinnovatore della morale cattolica

Salvino Leone
Educare alla sessualità

Bruno Fabio Pighin
I fondamenti della morale cristiana. Manuale di etica teologica

Gaia Marsico
Bioetica: voci di donne

Cataldo Zuccaro
Cristologia e morale. Storia interpretazione prospettive

Marciano Vidal García
Nuova morale fondamentale. La dimora teologica dell'etica

Giannino Piana
Nel segno della giustizia. Questioni di etica politica

Commenti

Adriano Bompiani
Bioetica in Italia. Lineamenti e tendenze

Vicente Gómez Mier
La rifondazione della morale cattolica.
Il cambiamento della «matrice disciplinare» dopo il concilio Vaticano II

Giannino Piana

Nel segno della giustizia

Questioni di etica politica

EDB

EDIZIONI DEHONIANE BOLOGNA

via Nosadella, 6 - 40123 Bologna
EDB (marchio depositato)

ISBN 88-10-50544-1

Stampa: Grafiche Dehoniane, Bologna 2005

Introduzione

La politica vive oggi una situazione di particolare complessità e contraddittorietà. Da un lato, è soggetta a un forte ridimensionamento per il sopravvento di altri poteri, in primo luogo quelli dell'economia e dell'informazione, che operano secondo logiche globalizzate e finiscono per ridurla a una loro variabile dipendente; dall'altro, è più che mai necessaria per governare i fenomeni socioeconomici e socioculturali che caratterizzano la vita collettiva, orientandoli al perseguimento dell'interesse generale o del bene comune.

È come dire che la politica è nel contempo inattuale e attualissima: inattuale per lo stato di impotenza che la contrassegna, in presenza di processi che sfuggono sempre più al suo controllo (basti ricordare qui la trasversalità di alcuni di essi); attualissima per l'importanza che riveste in rapporto alla salvaguardia di istanze irrinunciabili per la promozione umana integrale.

Il suo rilancio, la possibilità cioè di restituirle il ruolo che le compete in quanto struttura portante della vita della *polis*, è strettamente legato a un insieme di presupposti convergenti, tra i quali un ruolo preminente occupa la rifondazione etica, cui sono dedicate le riflessioni di questo volume. Al di là delle necessarie riforme istituzionali, la politica ha infatti oggi bisogno di recuperare quel «senso del giusto» (così lo definiva Platone), che trova espressione in un patrimonio di valori da porre alla base del convivere civile. La perdita di tale riferimento è la causa principale dell'attuale stato di crisi, che ha ripercussioni pesanti sull'articolarsi della vita collettiva.

L'importanza dell'etica è dunque fuori discussione. Ma la questione di fondo che immediatamente affiora riguarda il modello idoneo ad affrontare un'area densa di nodi critici qual è quella politica. La scelta che viene fatta in questo volume, e che rispecchia del resto le esigenze di un contesto democratico e pluralista come quello in cui viviamo, è di privilegiare un paradigma «laico» riconducibile, in certa misura, al modello weberiano dell'«etica della responsabilità» rivisitato con particolare attenzione all'istanza fondativa.

In questo contesto va inserito anche il rimando alla dimensione teologica del discorso, alla quale viene riservato ampio spazio. Non si tratta di proporre – come spesso è avvenuto in passato – un'etica normativa dedotta dalla fede: l'autonomia dell'etica (perciò la sua connaturale «laicità») è, da questo punto di vista, una conquista che non può essere messa in discussione. Si tratta piuttosto di dare all'impegno politico un orizzonte di senso che ne giustifichi il valore ultimo e garantisca plausibilità alle argomentazioni razionali con le quali vengono definite le regole del comportamento concreto.

L'etica ha bisogno infatti del ricorso a una metaetica che, nel caso del presente lavoro, è quella di ispirazione cristiana. La fecondità di tale riferimento sta nel fatto che a tale tradizione è legato lo sviluppo dell'etica pubblica in occidente: da Agostino in poi infatti, pur con percorsi differenziati e alterni e talora – è questa la linea dominante a partire dalla modernità – persino alternativi e contrapposti, la storia della politica (e delle teorie che l'hanno interpretata) è contrassegnata dal confronto con il cristianesimo (il più delle volte con le forme storiche, non sempre conformi all'originale, da esso assunte). Per questo ci accosteremo con particolare interesse ai testi del Vaticano II e alle riflessioni della teologia postconciliare; testi e riflessioni che hanno segnato, con il loro contributo, una svolta decisiva nella direzione sopra indicata, quella del pieno rispetto della laicità della politica (e delle norme etiche che la governano) senza rinunciare tuttavia a suggerire prospettive di fondazione radicate nell'impianto teologico soggiacente.

Il tracciato che percorreremo prevede l'articolazione delle «questioni» – perché di «questioni» si tratta, con tutto quello che di problematico e di provvisorio questo termine evoca – in tre grandi parti.

Nella *prima parte*, dopo aver rapidamente messo a fuoco le ragioni dell'attuale crisi etica della politica e aver altrettanto rapidamente indicato le vie da percorrere per dare ad essa soluzione, affronteremo il delicato problema dei rapporti tra etica e politica sia a livello storico che teoretico. L'accostamento al passato avverrà attraverso la rivisitazione di alcuni modelli che hanno avuto una particolare influenza e che evidenziano la forte dialettica esistente tra le due polarità considerate, nonché la tentazione di incorrere, di volta in volta, in forme di monismo semplificatorio (la politica ridotta all'etica o, inversamente, l'etica ridotta alla politica) oppure in forme di dualismo improduttivo, con l'obiettivo di pervenire alla definizione di una sintesi che sappia dare corso in modo corretto a una mutua relazione, nel pieno rispetto dell'autonomia dei due ambiti. La ricerca teoretica muoverà invece dalle premesse già ricordate – in particolare dai documenti del Vaticano II – per delineare (integrandole tra loro) le due piste percorse dalla riflessione teologica degli ultimi decenni, quella che rilegge il rapporto tra etica e politica, facendo soprattutto riferimento alla dimensione escatologica della fede, e quella che restituisce centralità all'*ethos* vissuto, in quanto ambito in cui l'esperienza di fede deve incarnarsi e riferimento non eludibile di un'azione politica liberante.

La *seconda parte* sarà invece dedicata a una rivisitazione delle scelte di fondo che determinano gli orientamenti della politica e alle categorie che ne configurano il concreto strutturarsi nei vari ambiti in cui si sviluppa: dal rapporto tra società civile e Stato al concetto di democrazia, fino ai concetti di potere e di ideologia, di partecipazione e di consenso, di rappresentanza e di governabilità. La preoccupazione è qui soprattutto volta a rendere trasparenti i valori o, più propriamente, l'*ethos* culturale, che deve informare la vita associata nel suo articolarsi tanto a livello delle forme spontanee che di quelle istituzionali, e a mettere a fuoco l'importanza di «regole del gioco» adeguate, che consentano di dare concretezza a progetti politici ispirati ai valori e all'*ethos* richiamati.

Infine, nella *terza* e ultima *parte* verranno affrontate, sia pure in modo sintetico, le problematiche oggi sul tappeto nel campo della politica internazionale, con un riferimento privilegiato agli scenari aperti dal fenomeno della globalizzazione. In particolare verrà data rilevanza a due ordini di questioni: la questione dei diritti umani da declinare non più soltanto in prospettiva individualistica – com'è finora avvenuto – ma in una prospettiva più allargata, che recuperi i «diritti delle culture», e la questione della pace, da intendere come processo dinamico di costante (e positiva) elaborazione dei conflitti – sia all'interno delle nazioni che tra le nazioni e i popoli dell'intero pianeta – alla ricerca di forme sempre più avanzate di sintesi, che siano frutto del rispetto e della valorizzazione della diversità ed esprimano una reale possibilità di convergenza attorno a obiettivi comuni.

Il volume – com'è facile intuire anche da queste note di presentazione – non ha la pretesa di essere un trattato di etica politica; si limita più modestamente ad affrontare alcuni dei numerosi (indefiniti) nodi problematici che emergono oggi all'interno di questo settore, nella piena consapevolezza dell'enorme importanza che esso è venuto assumendo e nell'intento di sollecitare, anche per questo, un supplemento di responsabilità da parte di tutti. La vita «buona» della *polis* è strettamente dipendente dallo sviluppo di una sempre maggiore coscienza dei diritti e dei doveri di cittadinanza, perciò da una crescita di partecipazione di tutti i cittadini alla gestione e al controllo della «cosa pubblica».

Alla ricerca del fondamento

Capitolo primo

LA CRISI ETICA DELLA POLITICA E LE VIE PER IL SUO SUPERAMENTO

La crisi che la politica attraversa oggi è in primo luogo una crisi etica. Senza sottovalutare l'importanza che rivestono gli aspetti propriamente istituzionali – basti pensare alla necessità di adeguare le istituzioni alle complesse dinamiche della società, così da consentire l'effettiva governabilità dei processi sociali – si deve riconoscere che esiste un livello più profondo di crisi, dove in gioco è la gerarchia dei valori (e delle finalità) che presiedono alla determinazione delle scelte politiche. A venir meno sono infatti alcune essenziali «evidenze etiche», che hanno a lungo costituito il riferimento obbligato per lo sviluppo della vita associata.[1]

Questa crisi non va interpretata in termini moralistici, addebitandola esclusivamente alla cattiva volontà di coloro che operano in campo politico; essa nasconde aspetti ben più radicali, di carattere strutturale e culturale, connessi con le profonde e rapide trasformazioni, che hanno caratterizzato in questi ultimi decenni la vita associata, e coinvolge pertanto

[1] La situazione italiana è particolarmente significativa. Il deterioramento progressivo della politica, che si è verificato in questi ultimi decenni, è legato al processo di erosione di quell'*humus* culturale omogeneo, ancora largamente presente nell'immediato dopoguerra, che creava le condizioni per lo sviluppo del senso di appartenenza collettiva (cf. G.E. Rusconi, «Se l'identità nazionale non è più motivo di solidarismo», in *il Mulino* 1[1991], 37-46). Si pensi, come frutto di tale convergenza, all'elaborazione della Carta costituzionale, che è essenzialmente una carta di valori, nata dal confronto tra aree ideologiche molto diverse, accomunate tra loro dal riconoscimento di un *ethos* comune. Oggi la situazione è capovolta: alla maggiore possibilità di convergenza sul terreno ideologico – convergenza dovuta soprattutto alla crisi delle grandi ideologie – corrisponde una crescente distanza etica, provocata dal moltiplicarsi dei sistemi di valori (talora contrapposti), e dalla difficoltà di istituire tra loro forme di comunicazione.

globalmente la società, le cui logiche dominanti appaiono sempre più destituite di riferimenti valoriali. A conferma di questo dato è sufficiente richiamare qui l'attenzione sul sempre più frequente ricorso, nell'ambito dell'etica pubblica, a teorie utilitariste o contrattualiste; teorie che si ispirano a un concetto di razionalità limitata, dove conta soltanto la produzione di «regole» comuni, definite in base alla ricerca dell'utile collettivo o mediante il ricorso al consenso sociale, e che rendono perciò trasparente l'impossibilità di rintracciare valori universalmente condivisi.[2]

1. Le ragioni della crisi

Tra i fattori socioculturali che stanno alla radice della crisi un ruolo di primaria importanza va assegnato al passaggio, verificatosi in questi ultimi decenni, da una società dicotomica, caratterizzata dalla presenza di ideologie forti e tra loro radicalmente contrapposte, ad una società «complessa», contrassegnata dal moltiplicarsi delle appartenenze e da una marcata differenziazione; fenomeni che producono una consistente frammentazione del tessuto sociale. Alle classi sociali, che avevano un progetto di bene comune, sia pure variamente definito a seconda dei presupposti ideologici cui si ispiravano, si sostituiscono le corporazioni, i cui comportamenti, lungi dall'essere sorretti da una tensione ideale, sono esclusivamente guidati dalla ricerca di interessi particolaristici, con la tendenza a occupare la società o quanto meno a ritagliarsi all'interno di essa uno spazio adeguato per affermarli. È facile intuire come in questo quadro la politica si trasformi in «politica dello scambio», caratterizzata dalla mediazione tra interessi corporativi, con il rischio (non ipotetico) che vengano privilegiati gli interessi delle corporazioni forti e penalizzati quelli delle corporazioni deboli; o ancora, con il rischio non meno grave che,

---

[2] Per una delineazione di queste teorie cf. S. Veca, *La società giusta*, Garzanti, Milano 1982. La posizione è ripresa anche in Id., *Etica e politica*, Garzanti, Milano 1989.

non esistendo più riferimenti assoluti in termini di valori o di diritti, si consolidino forme autoritarie di gestione del potere, nelle quali a contare è soltanto il carisma di chi comanda.[3]

A rafforzare questa tendenza ha contribuito, in misura determinante, la nascita (e la successiva espansione) della «cultura della soggettività» effetto della caduta della tensione politica degli anni '70, che era contraddistinta da una forte concentrazione di attese collettive di cambiamento. Si tratta di una cultura che, ponendo al centro dell'attenzione i bisogni e i desideri soggettivi, ha prodotto un ripiegamento individualistico dell'uomo con la rinuncia a forme di partecipazione sociale e di militanza politica e con la tendenza a mettere in primo piano la ricerca dell'identità e dell'autorealizzazione personale.[4] Ha luogo così una consistente soggettivizzazione dei comportamenti e degli stili di vita, i quali più che essere dettati dal riferimento a valori irrinunciabili, sono in larga misura indotti dalla pressione sociale e dalle logiche consumistiche dominanti. Le ricadute negative sulla politica sono evidenti: all'assenza di coinvolgimento personale si accompagna infatti l'emergere di atteggiamenti privatistici contrassegnati dal rifiuto di qualsiasi forma di solidarietà sociale.

Alla base dei processi segnalati come fattore portante (e decisivo) vi è infine l'avanzare del fenomeno della secolarizzazione, che coincide sempre più con la crisi del senso e del

---

[3] Siamo qui di fronte al raffacciarsi di una concezione che ha radici profonde nella tradizione della modernità – da Machiavelli in poi; il mancato riconoscimento di valori universali attorno a cui convergere e la sostituzione con l'assoggettamento a un potere personale, conduce all'assolutismo che ha in Hobbes il principale esponente; per lui la politica (e la sua obbligazione) trova fondamento sul calcolo razionale dei vantaggi, per il quale la possibilità di superare il *bellum omnium contra omnes* è legato alla delega irreversibile del proprio potere a un potere sovrano e assoluto, dotato del monopolio della forza (cf. R. Ruffilli, «Motivazioni etiche alle origini della democrazia moderna: il caso europeo continentale», in *Valori morali e democrazia*, a cura di G. Galeazzi, Massimo, Milano 1986, 20ss).

[4] Di per sé il ritorno al soggetto sembrerebbe coincidere con un ritorno all'etica, con una ripresa di attenzione al primato della sfera della coscienza e dunque dei valori che ad essa si collegano. Senonché il rinnovato interesse per il mondo della soggettività e per la nozione di individuo si accompagna a una profonda destrutturazione dell'identità. La spinta alla relativizzazione di ogni valore rende infatti assolutamente problematica la ricerca di riferimenti comuni e universalmente condivisi. L'apparente «ritorno all'etica» si tramuta di fatto nella «fine dell'etica», nel venir meno cioè delle condizioni per la definizione di un sistema di valori e di norme, che interpretino correttamente istanze universali, e dunque oggettivabili, dell'uomo, con la conseguenza di incorrere in forme di «atomismo» e di «anomia».

fondamento, e dunque con la perdita delle radici; in una parola, con il venir meno di quell'*humus* da cui germinano i valori che stanno a fondamento del convivere umano. Le domande di senso vengono considerate inutili; il desiderio umano si proietta verso obiettivi immediati e «feriali», ridimensionando (e persino cancellando) ogni prospettiva progettuale e immergendo l'uomo in un permanente «quotidiano» senza legami con il passato e senza apertura al futuro. Il ritmo accelerato di trasformazione della realtà fa sì che la vita sia sperimentata come un succedersi di «attimi» senza continuità tra loro, mentre la crisi delle ideologie (come di ogni altro tentativo di interpretazione globale della realtà) rende difficile e persino impossibile una programmazione a lungo termine. Si fa strada in tal modo un concetto ristretto di politica, caratterizzato da un orientamento del tutto pragmatico, che privilegia la soddisfazione dei bisogni immediati e dal quale non può che essere assente ogni riferimento valoriale.[5]

2. Alcuni nodi critici

Che fare di fronte a questa situazione? Come dar vita a processi che consentano alla politica di uscire dalle secche attuali, recuperando un autentico spessore etico? La risposta a questi interrogativi esige l'individuazione di un modello etico che tenga conto delle finalità (e delle leggi) proprie della politica, e comporta la delineazione di alcune piste operative sulle quali procedere per restituirle un solido ancoraggio morale. La riflessione etica sulla politica non può infatti ridursi a definire la correttezza e la trasparenza dei comportamenti soggettivi per quanto importanti – gli aspetti degenerativi della vita pubblica legati alla corruzione individuale o di *lobbies* partitiche hanno suscitato in questi anni un particolare (e giustificato) interesse –; implica piuttosto che si affrontino problemi di ordi-

[5] La crisi delle ideologie che hanno costituito per molto tempo il supporto metaetico della politica ha concorso a metterne in luce la povertà etica. L'assenza di riferimenti forti si è infatti tradotta nell'affermarsi di un pragmatismo senza tensioni ideali e senza prospettive di cambiamento.

ne strutturale e che si facciano seriamente i conti con gli aspetti di competenza, di esperienza e di professionalità, la cui assenza rende la politica del tutto aleatoria e inefficace.

2.1. La questione del fondamento

L'autonomia che la politica ha conquistato in epoca moderna e la complessità dei processi che attengono alla sfera del suo esercizio obbligano a ripensare in termini nuovi il rapporto che essa deve intrattenere con l'etica. Le fondazioni tradizionali, che sembravano imporre un forte legame della politica nei confronti dell'etica (persino una radicale dipendenza da essa) appaiono desuete; mentre tende sempre più a farsi strada – come si è già rilevato – una visione «debole» del rapporto, che riduce l'etica a fatto procedurale, relegandola all'ambito della produzione delle «regole» di convivenza mediante la comunicazione consensuale.

L'improponibilità della posizione tradizionale non rende meno gravi i rischi insiti nel contrattualismo moderno, il quale, postulando una situazione originaria senza doveri ed esigendo che le regole vengano stipulate mediante accordi che tengano conto degli interessi in gioco, lascia del tutto impregiudicata la questione del criterio secondo cui rifondare il consenso, in modo che abbia luogo un esercizio del potere radicato in un principio condiviso dai singoli. Nonostante i lodevoli sforzi di Rawls,[6] il quale fa appello al concetto di giustizia come equità, in quanto tale concetto esprime l'idea che i principi di giustizia sono quelli che verrebbero scelti in una situazione iniziale equa, o il ritorno ai presupposti dell'utilitarismo – come vogliono G. Giorello e M. Mondadori[7] – l'impressione che si ricava è che si sia di fronte all'assenza di un referente irrinunciabile e che il pericolo sia quello di incorrere in un decisionismo che riporta la politica nell'alveo del semplice eserci-

---

[6] Cf. J. Rawls, *A Theory of Justice*, Cambridge (Mass.) 1971; tr. it. *Una teoria della giustizia*, Milano 1982.

[7] Nella prefazione al volume di J. Stuart Mill, *Saggio sulla libertà*, Il Saggiatore, Milano 1981, G. Giorello e M. Mondadori riprendono i grandi indirizzi dell'utilitarismo classico applicandoli alla situazione odierna.

zio della volontà di potenza. In altri termini, la mancanza di un'etica oggettiva come campo della statuizione dei fini, in quanto capace di definire un dover essere incondizionato (*Sollen*), trasforma la politica in momento originario di produzione del dover essere, cioè in luogo esclusivo di determinazione del senso delle scelte, le quali a nient'altro finiscono per essere subordinate che alla logica del successo. La distinzione è dunque tra due etiche nettamente alternative e contrapposte: quella razionale e assoluta, eteronoma rispetto al potere politico, e quella volontaristica e decisionista, che consente al potere politico di legiferare non solo sui mezzi ma anche sui fini; in definitiva, di porsi come criterio di giudizio ultimo della bontà delle proprie opzioni.[8]

La ricerca di un rapporto tra etica e politica, che vada oltre la fondazione metafisica del passato senza abbandonare l'istanza fondativa in nome di una concezione puramente procedurale, implica il riconoscimento della distinzione esistente tra i due ambiti e la capacità di stabilire tra loro un'adeguata correlazione. La legittima autonomia della politica comporta infatti la sua irriducibilità all'etica, ma, nello stesso tempo, il fatto che l'agire politico debba porsi al servizio della promozione umana rende necessario il ricorso a una piattaforma di valori.

Le vie percorse, in proposito, negli ultimi decenni, sono state molte e di diversa natura. Vi è anzitutto chi, come N. Luhmann, si è impegnato, nel contesto di una visione funzionalista, a ridefinire le basi sociali dell'etica, dimostrando come essa sia una prestazione ordinatrice genuinamente sociale, volta cioè a sollecitare lo sviluppo dei sistemi sociali. La convinzione che i fondamenti della morale hanno a che fare con la formazione di mutue aspettative di condotte affidabili, è la ragione che spiega la sua insostituibile funzione sociale, e dunque l'ineludibilità per la politica del riferimento a essa.[9] Dal canto suo

---

[8] Un'interessante rassegna di tali posizioni si può trovare in N. Bobbio – N. Badaloni – R. Bodei, *Etica e politica*, a cura di W. Tega, Pratiche, Parma 1984. Il volume, che raccoglie gli atti di un convegno promosso dalla sezione filosofica dell'Istituto Gramsci, non manca di segnalare – si vedano in particolare i contributi di Bobbio e di Badaloni – i rischi presenti nelle concezioni volontariste o decisioniste.

[9] Cf. N. Luhmann, «Soziologie der Moral», in N. Luhmann – S.H. Pfürtner, *Theorie - technik und Moral*, Frankfurt/M. 1978, 8-116.

J. Habermas si è sforzato di salvaguardare la socialità della sfera morale, sottraendola al pericolo di riduzioni a mero livello individuale mediante la produzione di un'etica della comunicazione (o del discorso).[10]

Pur senza sottovalutare l'importanza di ambedue i contributi, che evidenziano la necessità dell'etica per la politica, occorre riconoscere che essi non approdano alla postulazione di un'istanza fondativa assoluta. La legittimazione di tali posizioni presuppone infatti l'esistenza, sul terreno della coscienza soggettiva, di un'originaria tensione emancipativa, dell'esistenza di un'istanza primaria e ineludibile da intendere come principio di «redenzione sul mondo», che costituisce – per usare le parole di Adorno – la luce fondamentale della conoscenza umana.[11] Solo così diventa infatti trasparente il legame tra impegno morale e prassi politica, nel senso di una possibile (e necessaria) coesistenza delle due sfere, le quali finiscono per avere un fine comune, e dunque per interagire tra loro come aspetti complementari di un unico processo. È come dire che per uscire dalla tentazione del volontarismo è necessario postulare una *struttura di significato* che il soggetto non pone ma trova: l'istanza emancipativa riceve infatti la sua giustificazione nell'ambito dell'agire solo dall'istituirsi di una corretta dialettica tra soggettività e oggettività, tra coscienza e mondo della vita. Si tratta, in altre parole, di superare un mero coscienzialismo vitalistico, rintracciando, proprio a partire dal recupero pieno della coscienza nella sua struttura costitutivamente relazionale, una fondazione universale che dia un significato oggettivo all'agire in quanto tendente alla promozione umana integrale.

Sotto questo profilo merita di essere ricuperata la prospettiva universalistica che soggiace agli sviluppi – a partire dalla fine del Settecento – della tematica dei «diritti umani»; dietro tale tematica si cela infatti l'aspirazione a far emergere una re-

---

[10] J. Habermas, *Agire comunicativo e logica delle scienze sociali*, Il Mulino, Bologna 1980.

[11] «La conoscenza non ha altra luce che non sia quella emanata dalla redenzione sul mondo: tutto il resto si esaurisce nella ricostruzione a posteriori e fa parte della tecnica» (Th.W. Adorno, *Minima moralia*, Einaudi, Torino 1979, 304).

lazionalità universale, che rappresenta la giusta angolazione secondo la quale guardare la società dal punto di vista della sua trasformabilità. Solo sulla base di essa è infatti possibile dare dinamicamente corpo alla formazione di aspettative reciproche, che trovano attuazione nel *medium* della comunicazione linguistica e conducono a una prassi emancipativa.[12] Il dramma che caratterizza la situazione attuale è costituito dal fatto che, essendo venuto meno qualunque rimando a un ordine trascendente di significato ed essendo diventata egemone una concezione antropologica di stampo rigidamente individualista, il punto di partenza è costituito dall'assoluta diversità, mentre la ricerca dell'unità diventa possibile esclusivamente mediante la decisione e l'imposizione dall'esterno.

2.2. L'elaborazione dei contenuti valoriali

La possibilità di restituire alla politica un'irrinunciabile istanza etica, come via per superare la tentazione dell'autoreferenzialità o del prevalere dell'interesse di gruppo e investire invece le energie nella ricerca del bene comune è perciò legata a un'oggettiva rifondazione valoriale. La domanda cui occorre rispondere è: come pervenire al reperimento di valori comuni? E soprattutto: come dar luogo a una loro corretta gerarchizzazione?

Il processo deduttivo messo in atto in passato non è più praticabile: non si dà infatti oggi una ragione universale dalla quale ricavare – come pensava Kant – un sistema di valori valido per tutti e per sempre; esiste invece una molteplicità di «ragioni» da cui discendono concezioni profondamente diverse della vita che si riflettono in un'estrema varietà di prospettive etiche. Appare allora chiara la necessità di imboccare una via alternativa, che, partendo dal basso, si preoccupi di far entrare tra loro in comunicazione le varie «ragioni» nell'intento

[12] Cf. G. Brusa Zappellini, «Prassi emancipativa e fondamenti normativi della critica», in *Etica e politica. Riflessioni sulla crisi del rapporto tra società e morale* [*Fenomenologia e società* 1(1984)], F. Angeli, Milano 1984. L'intero fascicolo merita attenzione per l'originalità con cui è affrontata la problematica dei rapporti tra etica e politica.

di approdare a un minimo comune denominatore oppure, più positivamente, di pervenire a una piattaforma valoriale più vasta, frutto del reciproco confronto (e del mutuo arricchimento) tra posizioni che conservano intatta la loro differente identità. Si tratta, in altre parole, di trasformare l'etica della politica in un'etica della comunicazione (o del discorso) secondo la formula coniata da Habermas,[13] oppure, più correttamente, di integrarla con essa, favorendo in tal modo l'attivarsi di un serrato dialogo con le diverse componenti della realtà sociale per giungere a individuare un comune terreno su cui radicare la vita associata, impedendo di conseguenza che la politica imbocchi la deriva pragmatica ed eluda il rimando ai fondamentali diritti umani.

Si deve aggiungere – ed è questo l'aspetto più problematico – che ciò che risulta soprattutto difficile non è il riconoscimento formale dell'esistenza di valori comuni – è infatti scontata l'ammissione di valori quali libertà, giustizia, uguaglianza, solidarietà ecc. – ma l'identificazione dei loro contenuti e, più ancora, la definizione di un ordine gerarchico tra essi. Spesso infatti la diversità di posizioni di fronte a questioni concrete non è addebitabile alla diversità dei valori di riferimento ma al diverso modo di coniugarli tra loro per dar vita a un sistema omogeneo. Il che comporta il confronto tra istanze diverse e il tentativo di giungere a sintesi, sempre imperfette, che rispecchino le esigenze più diffuse e salvaguardino i diritti irrinunciabili dei cittadini.[14]

---

[13] Cf. J. Habermas, *Etica del discorso*, Laterza, Bari 1989; Id., *Teoria della morale*, Laterza, Bari 1994.

[14] La stessa disputa sulla possibilità di parlare oggi di «destra» e di «sinistra» deve tenere conto di questa situazione. La risposta positiva fornita da N. Bobbio a questa disputa è perfettamente in linea con il ragionamento che abbiamo tentato di fare. È infatti del tutto anacronistico utilizzare ai nostri giorni i parametri del passato, contrapponendo destra e sinistra sulla base del riferimento alla sola libertà o alla sola giustizia. L'esigenza di ricorrere contemporaneamente, per costruire un serio ordine sociale, a entrambi i valori non è messa in discussione da nessuno. Tuttavia la differenza tra i due sistemi rimane, e va addebitata al diverso rilievo che si assegna all'uno o all'altro valore. La maggiore insistenza sul valore della libertà rispetto a quello della giustizia è alla base dello sviluppo di una politica di destra; viceversa l'accentuazione del valore della giustizia come condizione per il perseguimento della libertà per tutti, per l'attuazione cioè di una libertà non puramente formale ma sostanziale garantita dalla predisposizione di strutture giuste, costituisce lo specifico di una politica di sinistra.

Emerge qui la verità dell'antico adagio che definiva la politica come *arte del possibile*, cioè come ciò che sta tra l'ideale e la realtà, considerata non solo quale varietà di contesti istituzionali ma anche quale molteplicità di concezioni del bene umano da integrare, nella misura del possibile, tra loro. L'etica acquisisce così il carattere di un'*etica del compromesso* (nel significato più nobile del termine), che, lungi dal venir meno agli irrinunciabili riferimenti valoriali, tende piuttosto a incarnarli attraverso una vera compromissione con le situazioni, ricercando il bene possibile o accontentandosi talvolta di perseguire il male minore. Il fatto che si diano nella realtà (e siano frequenti) conflitti di valori (o di doveri) e posizioni soggettive fortemente differenziate rende necessaria un'opera di costante mediazione. La politica non è infatti il luogo di un'astratta «proclamazione dei principi»; è l'ambito in cui si è chiamati a dare loro, per quanto è possibile, concretezza, facendo realisticamente i conti con la complessità delle situazioni e con la necessità del confronto tra posizioni diverse: confronto necessario oggi se si vogliono rispettare i dettami (non solo formali) di una democrazia pluralista come quella della nostra società.

2.3. L'importanza di un progetto culturale e ideologico

La restituzione di valenza etica alla politica non può tuttavia limitarsi alla produzione di un modello, che consenta di valutare correttamente i processi in corso o di orientare le scelte da farsi; esige, più radicalmente, un progetto culturale e ideologico adeguato, che sappia fare globalmente fronte alle esigenze della situazione. La tentazione è infatti di incorrere oggi in una forma di pragmatismo utilitarista o di accontentarsi di un riconoscimento puramente formale dei diritti e della

---

Ciò che distingue le due posizioni è un modo diverso di coniugare gli stessi valori, che dà origine a concezioni diverse dei rapporti di convivenza. Mentre infatti a una politica di destra soggiace un atteggiamento essenzialmente individualista, incentrato sulla libera iniziativa, che si traduce nella libertà di mercato in campo economico e nella semplice tutela dei diritti civili in campo politico, l'atteggiamento che sta alla base di una politica di sinistra è invece teso a creare le condizioni perché a tutti i cittadini venga data la possibilità di un effettivo esercizio dei diritti di cittadinanza.

semplice applicazione del principio di maggioranza; ad essa occorre reagire elaborando una proposta di ampio respiro, che evidenzi con rigore i lineamenti della società che si intende costruire.

L'odierna povertà della politica è anche conseguenza della mancanza di un'idea di città, perciò di organizzazione della vita associata, che risponda alle istanze differenziate dell'attuale contesto sociale. La cultura della soggettività, largamente diffusa,[15] non si limita a sottolineare la necessità di non scavalcare il soggetto e non rivendica soltanto spazi per il suo legittimo desiderio di essere,[16] ma chiama radicalmente in causa l'ordinamento sociale, facendo emergere l'importanza di un nuovo rapporto tra personale e sociale, tra privato e pubblico. I movimenti, che si sono sviluppati a partire dalla metà degli anni '70 e che sono abitualmente definiti «prepolitici», sono caratterizzati da una forte valenza etica; hanno in altre parole come obiettivo il miglioramento della qualità della vita da realizzare risalendo alle profondità ultime della soggettività umana.

D'altra parte, la crescente complessità e interdipendenza dei sistemi sociali, con la conseguente difficoltà di pervenire a razionalizzazioni omogenee e i drammatici problemi sollevati dallo sviluppo tecnologico – si pensi soltanto alla gravità della questione ambientale – rendono necessario un ripensamento delle coordinate antropologiche come presupposto per la ri-

---

[15] P. VALADIER rileva l'esistenza, in proposito, di atteggiamenti profondamente contraddittori: da un lato, persiste infatti la tendenza a escludere ogni riferimento al soggetto – si pensi allo sviluppo delle scienze sociali, che contestano la possibilità di considerare la persona come soggetto responsabile della storia –; dall'altro, esistono tendenze opposte volte a ricuperare la fecondità del riferimento al soggetto come forma di reazione tanto nei confronti delle epistemologie totalizzanti quanto dei pericoli sempre maggiori di totalitarismo (cf. «Le problème de l'homme personnel dans la philosophie politique contemporaine», in *Notes et Documents* 7[1984], 113-120). Del resto le stesse scienze umane, depurate dalla tentazione di assolutismo ideologico, costituiscono, in quanto espressione dell'attuale regime della ragione, una parte dell'affermazione del soggetto moderno. Per questo A. JEANNIERE sostiene che l'epistemologia attuale è decisamente orientata a restituire centralità al soggetto e alle sue possibilità di espressione («Le retour du sujet: la crise épistémologique des sciences humaines», in *Projet* 178[1983], 870-884). Per un più ampio approfondimento di questa prospettiva cf. anche K.O. APEL, «Le problème de la fondation d'une éthique de la responsabilité à l'époque de la science», in *Notes et Documents* 14(1986), 48-74.

[16] Cf. J. GRANIER, *Le désir du moi*, PUF, Paris 1983.

costruzione della vita politica. Ciò che viene radicalmente messo in discussione è il paradigma ristretto di razionalità che soggiace al modello di sviluppo dominante, il quale, pur avendo aumentato le basi della ricchezza, sembra ormai incapace di controllare gli esiti della sua espansione utilizzando gli strumenti concettuali a disposizione. Si tratta di abbandonare – è questo il senso dell'attuale svolta antropologica – sia l'ottica del collettivismo totalitario – largamente fuori gioco – sia l'ottica dell'individualismo liberista, per il quale il soggetto è guidato unicamente dalla logica dell'interesse, e di ancorare la vita sociopolitica al ricupero di una soggettività relazionale – quella della persona – che non rinuncia a fare i conti con le mediazioni strutturali, superando l'alternativa tra le ragioni del soggetto e quelle del sistema, e integrando le domande derivanti dal rapporto dell'uomo con la natura.

Ridefinire la progettualità politica a partire dal soggetto e dai suoi bisogni significa oggi infatti fare concretamente i conti con la rilevanza dei condizionamenti strutturali per dare vita allo sviluppo di dinamiche che favoriscano un'interazione positiva tra persona e struttura e non eludere la questione del rapporto con l'ambiente, uscendo da un'ottica puramente strumentale (e dominativa) per attivare una dialettica positiva, che riconosca ad esso il significato di *habitat* dal quale l'esistenza umana riceve significati e possibilità espressive. È come dire che occorre elaborare, in termini più adeguati e più ampi, la nozione di «bene comune» muovendo dal soggetto considerato nell'integralità delle sue esigenze e nell'universalità delle sue espressioni storico-concrete, e giungendo fino a ricomprendere, in senso diacronico, il bene delle generazioni future. L'emergere di un uomo post-ideologico – secondo l'indovinata formula di Olaf Palme – rappresenta una felice congiuntura per ripensare i problemi di una nuova modernità, al di fuori di schemi preconcetti, in vista della promozione di una nuova qualità della vita.[17]

---

[17] Cf. G. Piana, «Persona e società: per una rifondazione etica della politica», in *Persona e personalismo*, Gregoriana, Padova 1992, 186-203.

La rifondazione culturale nell'ottica «personalista» che abbiamo indicato implica soprattutto un profondo ripensamento dei rapporti tra società e Stato. Il declino dell'individualismo borghese è coinciso con l'affermarsi di un allargamento della democrazia politica, cioè con un suo maggiore radicamento nel sociale, e conseguentemente con l'avanzare di una concezione dello Stato al servizio della società civile.[18] Il riconoscimento che la persona umana si realizza in primo luogo nelle diverse comunità naturali o che si aggregano spontaneamente, spinge al superamento di una rigida interpretazione della realtà sociale nel segno della dialettica tra Stato e mercato, per includere la società come variabile intermedia più significativa.[19]

Si tratta di ripensare, in termini nuovi e costruttivi, il rapporto tra principio di sussidiarietà e principio di solidarietà, ricentrando il sapere e la prassi della politica attorno a centri multipli di decisione e di articolazione della società, in quanto ambiti di aggregazione e di formazione delle volontà collettive immanenti al corpo sociale.[20] La ricerca di strade praticabi-

---

[18] È questa la concezione di E. Mounier, il quale ha sviluppato l'idea di *democrazia personalista*, che si differenzia tanto dalla *democrazia maggioritaria* che da quella *ugualitaria* (*Manifeste au service du personnalisme*, Paris 1961, 622-623).

[19] La logica che a lungo ha presieduto in Italia alla conduzione della vita associata è stata contrassegnata dalla spartizione di aree e di compiti, nonché di potere, tra Stato e mercato, emarginando di conseguenza la società civile. Non si tratta di maggiorare il significato di quest'ultima e tanto meno di contrapporla alla società politica: ma si deve riconoscere che la mancata attenzione ai processi che in essa si sviluppano e ai loro attori, cioè alle diverse soggettività sociali in essa operanti, costituisce un elemento di rischio, se si considera che l'affermarsi di una vera democrazia è oggi più che mai dipendente, anche in ragione della complessità sociale, dalla creazione di forme di partecipazione collettiva, in particolare nei campi dell'economia e dell'informazione. La democrazia è già oggi, e lo sarà soprattutto domani, democrazia sostanziale (e non puramente formale) nella misura in cui crescerà nella società civile la presenza di soggettività sociali capaci di entrare in un rapporto dialetticamente costruttivo con le istituzioni pubbliche, salvaguardando la loro autonomia e convergendo verso la costruzione di un progetto di società libera e pluralista.

[20] Il *principio di sussidiarietà* e il *principio di solidarietà* sono alla base della dottrina sociale della Chiesa, il cui cammino storico non è stato tuttavia, a tale riguardo, omogeneo. Nei primi documenti, infatti, l'insistenza è posta soprattutto sul principio di sussidiarietà, mentre a partire dal rinnovamento del concilio Vaticano II viene posto in primo piano il principio di solidarietà. L'obiettivo che mediante i due principi si persegue è diverso: il primo tutela la libera espressione della società civile, garantendo ai singoli, ai gruppi sociali e alle libere associazioni di muoversi autonomamente nello sviluppo di processi volti alla promozione collettiva; il secondo difende la possibilità, da parte dello Stato e delle istituzioni pubbliche in genere, di esercitare un'azione volta non solo a integrare o a surrogare quanto non è prodotto dalla società, ma a svolgere una funzione propulsiva di crescita della vita sociale secondo le esigenze di

li non può prescindere dalla considerazione dello sviluppo di aggregazioni finalizzate a interessi particolaristici e corporativi – è una delle conseguenze dello stato di crescente frammentazione – e perciò dalla necessità di individuare nuovi processi di formazione e di gestione della soggettività sociale, capaci di ricuperare i soggetti del cambiamento e di offrire loro un'effettiva possibilità di espressione.

In questo contesto va inserita la ridefinizione del rapporto tra «privato» e «pubblico», che va anzitutto operata a livello culturale, uscendo tanto da una «cultura del pubblico» identificato con ciò che è immediatamente gestito dallo Stato, quanto da una «cultura del privato» incentrata su un esasperato individualismo. La nozione di «stato sociale», in cui i diritti di libertà si intrecciano con quelli di giustizia e di solidarietà, conserva piena la sua attualità. Ma occorre ripensarne radicalmente la forma storica non solo sul piano tecnico, dove si tratta di restituire ad esso funzionalità ed efficienza, ma soprattutto sul piano teoretico, dov'è in gioco la discussione del suo significato originario, dei suoi principi ispiratori e dei meccanismi operativi mediante i quali agisce, per attualizzarne la

---

tutti. L'integrazione deve pertanto avvenire nella prospettiva di una sempre maggiore promozione della società civile (non soltanto attraverso l'arretramento delle istituzioni pubbliche, ma soprattutto attraverso l'offerta di stimoli e di incentivi adeguati), senza che questo significhi rinuncia all'intervento diretto dello Stato soprattutto riguardo alla tutela dei diritti dei più poveri, non sempre garantiti dalla società, le cui dinamiche sono talora guidate da interessi individuali e corporativi. La centralità assegnata alla società civile non può significare abdicazione del ruolo dello Stato, che non deve essere relegato in una posizione residuale. R. Papini ha messo giustamente in luce come diverse Costituzioni europee – e tra queste quella italiana – abbiano posto alla base della loro formulazione tali principi, ispirandosi dunque a un modello «personalista», diverso tanto da quello «liberale» che da quello «socialista»: egli non manca tuttavia di far notare come tale progetto non si sia storicamente realizzato, mentre la cultura che lo ispirava ha fatto sentire a vasto raggio la propria influenza (cf. «Introduction à une theorie des Contitutions d'inspiration personnaliste», in *Notes et Documents* 7[1984], 5-21). Una buona presentazione della posizione della Costituzione italiana al riguardo si trova in P. Vipiana, «Solidarietà e sussidiarietà nella Costituzione italiana», in *Nuova Politeia* 2(1989), dove si evidenzia la necessità di integrazione tra i due principi osservando come «la sussidiarietà, se concepita come principio che richiede il minimo intervento dei pubblici poteri, impedisce l'esercizio di attività solidaristiche da parte di questi ultimi e non agevola ai soggetti privati l'adempimento dei doveri di solidarietà; viceversa il principio di solidarietà, se addotto a giustificazione di un operato dei pubblici poteri così massiccio da intaccare la sfera ove altri soggetti sono idonei ad agire, contrasta col principio di sussidiarietà, cui inerisce il rispetto del criterio di competenza» (*ivi*, 38).

portata in relazione agli odierni cambiamenti. Attorno a questa nozione è infatti possibile coagulare un insieme di istanze innovative, che prendono corpo nei cosiddetti «mondi vitali», cioè in quei centri di aggregazione nei quali si determinano i processi primari di personalizzazione e di socializzazione e che sono, di loro natura, deputati a dare risposta alle grandi domande di senso.

Si dirà che tutto questo porta con sé il rischio del ritorno all'ideologia, la cui caduta ha coinciso con la fine dei totalitarismi che hanno profondamente lacerato il mondo nel secolo appena concluso. È doveroso riconoscere i risvolti positivi di questa caduta; ma è altrettanto doveroso riconoscere che l'abbandono di qualsiasi riferimento ideologico costituisce un impoverimento per la politica, perché coincide con l'affermarsi di una concezione del tutto aprogettuale, che conduce al suo dissolvimento. Vi è un valore irrinunciabile dell'ideologia, che va oggi rivendicato contro le facili stroncature positiviste e scientiste e contro ogni forma di differenzialismo esasperato. Giustamente rifiutata nella versione olistico-organicista (*Diamat*), la dialettica dev'essere accolta nella versione di struttura necessaria al cambiamento. L'ideologia, sorretta da un uso emancipativo della ragione, è infatti la strada per dare consistenza reale alla progettualità politica, per sottrarla al pericolo di ridursi a gestione dell'immediato senza alcuna prospettiva di apertura al futuro. La paura di cadere in forme di totalizzazione inaccettabile non deve provocare il suo preconcetto rifiuto; deve piuttosto alimentare un atteggiamento di vigilanza sorretto da una forte istanza emancipativa che mantiene le mediazioni entro i limiti di una tensione liberatrice.[21]

---

[21] Analoga riflessione va fatta anche a proposito del rapporto libertà-potere che non dev'essere pensato in termini di pura contrapposizione. Libertà e potere non sono concetti radicalmente concorrenti e antitetici, ma complementari; per cui una volta preso partito per la libertà, è indispensabile studiare come di fatto essa possa attuarsi non contro il potere ma attraverso di esso. Il potere non rimanda infatti soltanto a «potenza», ma anche a «possibilità di», dando all'azione politica il carattere di momento di congiunzione della necessità dell'unità e della legittimità della divisione e consentendo in tal modo tanto il superamento dell'anarchismo quanto del totalitarismo. Ma su questo argomento torneremo in seguito.

2.4. La rifondazione del concetto di politica e la ridefinizione delle «regole»

Le considerazioni fin qui fatte presuppongono il riconoscimento del progressivo estendersi del campo della politica, non più circoscrivibile entro l'area delle istituzioni tradizionali ma aperta a un intreccio articolato di luoghi di esercizio e di influenza, che, oltre a dilatarne lo spazio di azione, rendono sempre più ardua l'individuazione della sua specificità. La difficoltà di identificare con precisione l'ambito della politica risale in verità agli inizi dell'epoca moderna; la linea di demarcazione tra il «sociale» e il «politico» è andata soggetta, da allora, a costanti oscillazioni, così da risultare fluida. La situazione attuale presenta tuttavia aspetti inediti e carichi di implicazioni di grande portata. La crescente interdipendenza tra i popoli – non solo a livello economico ma anche sociale e culturale – amplifica l'orizzonte della politica, proiettandola sullo scenario mondiale, mentre lo sviluppo di forme sempre più articolate d'interazione tra i settori nei quali si dispiega la vita collettiva ne accentua la responsabilità, estendendola all'insieme dei processi in atto nella società. La complessità sociale costringe inoltre la politica a dispiegarsi attraverso una gamma indefinita di interventi che rispondono a bisogni diversi; interventi che esigono la presenza di strutture sempre più decentrate, sia di ordine pubblico che privato.[22]

Conseguenza di questo insieme di processi è il sopravvento di una concezione allargata della politica, che, se concorre, da un lato, a far prendere consapevolezza della sua decisiva portata per la convivenza sociale, finisce, dall'altro, per rendere problematica l'identificazione del suo campo di intervento. La politica appare sempre più come una dimensione sottesa alla globalità degli eventi in cui si dispiega la vita collettiva; come una realtà onniavvolgente, di cui è impossibile delimitare i confini e salvaguardare la peculiarità dello statuto. Questo è

[22] Cf. P. Barcellona, *Diario politico. Il vento della destra e le ragioni della sinistra*, Datanews, Roma 1994. L'autore sottolinea l'esigenza di attenzione alla politica decentrata, eccentrica, come autogestione della società: il che implica la moltiplicazione dei luoghi in cui si fa politica, con l'allargamento all'area sociale ed economica.

poi aggravato dall'incapacità delle istituzioni tradizionali di ridefinire il proprio compito e di rapportarsi con le altre aree di impegno pubblico interagendo con esse in modo costruttivo. Il corretto dispiegarsi delle relazioni tra società e Stato è reso difficile da tale stato di cose: la persistenza di un modello ristretto di politica, ancorato a una concezione della realtà sociale largamente superata, fa emergere infatti la tentazione – altrettanto pericolosa – di dilatare a dismisura la sfera della politica, fino a stemperarne la natura e i connotati peculiari. È perciò essenziale ridefinirne con chiarezza lo spazio e individuare nel contempo con precisione gli intrecci che essa deve istituire con le altre realtà sociali. Ma è altrettanto importante restituirle il vero significato, quello di espressione quotidiana della cittadinanza o di dimensione universale dell'agire collettivo,[23] che non ha come compito la determinazione per ognuno dei fini ultimi, ma più limitatamente il dare efficace attuazione al convivere democratico nel concreto evolversi dei contesti socioculturali.[24]

In questo quadro particolare attenzione va riservata alla questione delle «regole», che consentono di disciplinare il sistema rendendo possibile il perseguimento degli obiettivi. L'odierna crisi della politica non può risolversi esclusivamente su questo terreno: si esige – come abbiamo rilevato – una radicale rimessa in discussione della prospettiva culturale e una rifondazione dei presupposti etici.[25] Ma non si può negare che il buon funzionamento della politica dipenda anche dalla produzione di norme che garantiscano il corretto articolarsi dei rapporti tra le istituzioni e una più corretta distribuzione del potere: la presenza di meccanismi intricati e pletorici rischia infatti di paralizzare le decisioni o dà luogo a forme di burocratizzazione, che rallentano lo sviluppo dei processi sociali e favoriscono il clientelismo e la corruzione. La questione delle «regole» non è dunque puramente tecnica; riguarda la politica

---

[23] Cf. A. Giddens, *La terza via*, Il Saggiatore, Milano 1999.

[24] Cf. A. Ponsetto, «Le vicende della democrazia e il principio di maggioranza», in *Fenomenologia e società* 13/114(1981), 74-95.

[25] Cf. A. Pavan, «L'ideal democratique en question», in *Notes et Documents* 7(1984), 24-38.

come tale e chiama direttamente in causa l'etica: è, in altre parole, una questione che rinvia allo statuto proprio della politica, cioè al rapporto che in essa deve necessariamente istituirsi tra fini e mezzi. Senza disconoscere la priorità dei fini, è importante non dimenticare il ruolo dei mezzi, in assenza dei quali i fini risultano del tutto irraggiungibili. Se è vera – e almeno in parte lo è – l'affermazione di Machiavelli secondo cui nella politica contano le «grandi cose»,[26] si comprende l'importanza delle «regole», le quali consentono di intervenire efficacemente sulla realtà, producendo cambiamenti che concorrono alla promozione di una società giusta.

La complessità sociale pone, sotto questo profilo, nuovi problemi ma apre anche nuove possibilità. Il fatto che la politica venga sempre più dispiegandosi attraverso una fitta rete di interventi che fanno capo a diversi soggetti sociali, rende necessaria la ricerca di nuovi equilibri tra i poteri. Si tratta di dare vita a un vero decentramento e di attivare un confronto dialettico tra le varie aree di partecipazione, così da riuscire a far nascere una concezione articolata dello Stato al servizio di una società pluralista. La democrazia politica è infatti autentica quando diventa espressione di una democrazia sociale ed economica, basata su una sempre più allargata e responsabile partecipazione dei cittadini. Le questioni del consenso e della rappresentanza vanno pertanto affrontate ricercando forme di sempre più ampio coinvolgimento della società civile e predisponendo canali che consentano la confluenza di quest'ultima nelle istituzioni pubbliche.[27] Il nodo critico da affrontare con urgenza è quello relativo al nesso sempre più complesso che lega tra loro organizzazione politica e variabili sociali. Il rapporto tra etica e politica deve infatti confrontarsi con la crescente frammentazione delle scelte individuali e collettive, proponendo mediazioni sempre più duttili tra fatti e valori; ac-

---

[26] N. MACHIAVELLI, *Il principe*, cap. XVIII.

[27] Già a suo tempo E. Mounier sottolineava questa necessità. Ponendo l'accento sulla *democrazia personalista* (o, come egli dice, sulla *democrazia organica*), opposta alla pura democrazia parlamentare, egli metteva infatti sul tappeto la questione dell'articolazione pluralista dello Stato, e dunque il nodo della rappresentanza politica (cf. G. CAMPANINI, «Le personnalisme de Mounier et la crise des démocraties», in *Notes et Documents* 14[1986], 152-172).

cettando, in altri termini, che le dinamiche della coscienza civile abbiano sempre più origine dalla comunicazione e dall'interazione tra le diverse componenti della realtà sociale. È come dire che l'etica deve giocare il proprio ruolo nel confronto dialettico tra azione politica e forme dell'organizzazione sociale, restituendo alla politica la sua irrinunciabile funzione di guida dei processi storici, ma, insieme, facendola diventare momento di sintesi delle aspettative individuali e collettive, nell'ottica di un discernimento fondato su una forte istanza valoriale, che la faccia uscire dalle secche improduttive di una mediazione fine a se stessa e le restituisca la capacità di rispondere alle domande della società attuale.

Capitolo secondo

IL PERCORSO STORICO ATTRAVERSO ALCUNI MODELLI

Il rapporto tra etica e politica è andato soggetto nella storia (e nella cultura) dell'occidente a un iter travagliato, caratterizzato, di volta in volta, da tentazioni riduttive – la riduzione della politica all'etica (e alla religione) o, inversamente, dell'etica alla politica – o da forme di dualismo, che consacrano la netta separazione (e persino la radicale inconciliabilità) delle due sfere di azione.

Compito di questo capitolo è offrire uno spaccato dell'evoluzione di tale rapporto, privilegiando alcuni modelli la cui incidenza ha a lungo condizionato (e tuttora condiziona) il modo di intendere l'eticizzazione (o la de-eticizzazione) della politica. La scelta di procedere nella ricostruzione del percorso storico per modelli è dettata, oltre che da esigenze di sintesi, anche (e soprattutto) dalla convinzione che il modello consenta di mettere a fuoco alcune costanti di particolare rilievo, che hanno uno specifico interesse teoretico.

In questa analisi, che si sviluppa all'interno della cultura occidentale, non si potrà prescindere dal costante riferimento alla tradizione cristiana e perciò dalla considerazione della diversa importanza assegnata alla fede nell'affrontare i problemi emergenti. Il che conferirà anche a questa parte storica un taglio antropologico e teologico, nel senso di una costante apertura a orizzonti metaetici, che, fornendo un senso ultimo all'agire politico, non possono non influenzarne, in qualche modo, anche la conduzione immediata.

1. Da Agostino a Tommaso: l'emancipazione della politica dal «sacro»

La prima tappa dell'itinerario storico che intendiamo proporre è rappresentata dal confronto tra due modelli, entrambi strettamente legati alla tradizione cristiana: il modello agostiniano e quello tomista. Il passaggio dal primo al secondo è particolarmente importante perché segna l'abbandono di una concezione fortemente «sacrale» e l'inizio di una lettura «laica» della politica, che apre la strada ai successivi sviluppi della modernità. Determinanti sono – come si vedrà – le categorie interpretative attraverso le quali si fa l'accostamento ai contenuti della rivelazione cristiana e, più radicalmente, la visione del mondo che sta sullo sfondo dell'intera riflessione.

1.1. L'agostinismo politico: origine e sviluppi

Il pensiero politico di Agostino, i cui elementi essenziali si trovano nella *Città di Dio*,[1] ha avuto una grande influenza sugli sviluppi della politica occidentale, non solo in epoca medioevale ma anche in epoche successive – si pensi soltanto al peso esercitato sulla Riforma – fino alla modernità. E ciò non solo per il carattere sistematico che lo contraddistingue, ma anche (e soprattutto) per l'originalità dell'impostazione e la nettezza delle posizioni.

L'accostamento al tema dei rapporti tra etica e politica esige un'attenzione particolare ai presupposti fondamentali della teologia agostiniana, e in particolare alla dottrina della grazia e alla concezione della storia. La visione pessimistica dell'uomo propria di Agostino si riflette in una visione della salvezza, che accentua la rilevanza dell'azione divina (della grazia) svalutando le possibilità della natura umana – l'accentuazione di questo aspetto è dovuta anche alla polemica antipelagiana – e si riflette pertanto in una concezione della storia il cui significato è attingibile unicamente in prospettiva escatologica.

---

[1] Cf. Agostino, *La città di Dio*, 2 voll., Paoline, Roma 1951. Il testo di Agostino appartiene al genere degli scritti apologetici e risente di tale prospettiva. Il concetto squisitamente politico di *civitas* è trasposto dal piano umano a quello escatologico.

In questo contesto si inserisce la riflessione sul rapporto tra fede e morale, che si risolve a favore della fede, in quanto solo essa è in grado di dare consistenza all'etica. Per Agostino non si dà morale umana, perché soltanto a Dio compete la determinazione di ciò che è bene e di ciò che è male e perché, senza esplicito riferimento a lui, le virtù permangono senza oggetto e senza relazione. È evidente l'adesione a una concezione volontarista della morale, che anticipa, in qualche modo, ciò che con maggiore forza emergerà nel nominalismo e, successivamente, nella Riforma.

Anche la politica risente di questa concezione, che si estrinseca nella contrapposizione tra città terrena e città celeste come frutto della divisione del genere umano in conseguenza del peccato. La politica, per Agostino, non ha come fine la realizzazione di una convivenza ordinata e pacifica, ma la ricerca dell'onore da rendere a Dio e l'orientamento dell'uomo alla vita eterna. Lo Stato terreno è smascherato come un semplice prodotto della violenza: la figura di Caino il fratricida o quella dell'impero romano rappresentano la forma prototipica e l'esempio probatorio più recente di una politica tendente a costruire la «città dell'uomo». Solo la «città di Dio», lo Stato teocratico, può essere considerato legittimo, in quanto soltanto in esso la giustizia può venire ripristinata (*restituta*) e la città terrena divenire una forma della *civitas Dei*. La perfetta coincidenza delle due città, non più opposte né confuse (e neppure intrecciate), avrà luogo al realizzarsi dell'escatologia compiuta – il giudizio universale segna la linea di demarcazione di questo passaggio –; nel frattempo le istituzioni politiche devono creare occasioni propizie per la propagazione della fede in modo che si instauri sempre più la «città di Dio». Lo Stato è dunque legittimato in quanto strumento per il perseguimento dei fini della Chiesa, e non come realtà autonoma dotata di fini propri.[2]

[2] Per un approfondimento di questi aspetti del pensiero agostiniano cf. H.X. Arquillere, *L'augustinisme politique*, Vrin, Paris ²1955 (un'opera classica, che, pur essendo per alcuni aspetti datata, conserva grande importanza per l'analisi globale del pensiero di Agostino); E.L. Fortin, «Idéalisme politique et foi chrétienne dans la pensée de S. Augustin», in *Rech. August.* 8(1972), 231-260; E. Troeltsch, *Sant'Agostino, il cristianesimo antico e il medioevo*, Morano, Napoli 1970.

Il modello agostiniano è dunque connotato da una forte sacralizzazione della politica, tanto nel fine che persegue quanto nella modalità di gestione. Il paradosso (o il rovesciamento) consiste nel fatto che, rifiutando la politica «terrena», Agostino finisce per attribuire uno specifico carattere politico alla città di Dio, quello di una vera controfondazione, assegnando all'escatologia, in quanto *antipolitica*, un significato politico.[3] La sua è un'ideologia teocratica di carattere assolutamente apolitico,[4] con connotati ambivalenti. Se infatti offre interessanti stimoli allo sviluppo di una prospettiva utopica – la città di Dio è insieme anarchica e armonica –,[5] introduce anche elementi inquietanti destinati a favorire l'assolutismo politico. Il riconoscimento che l'autorità secolare può esercitare il potere solo con l'aiuto permissivo, tollerante e gratuito di Dio si traduce nell'assoluta legittimazione del potere del sovrano e nell'esigenza di un'assoluta obbedienza da parte dei sudditi; mentre la relatività attribuita alla politica e il pessimismo circa la possibilità dell'uomo di autodeterminarsi in tale sfera conducono all'accettazione acritica dell'ordine esistente senza alcuna pretesa di cambiamento.[6]

L'etica politica che si ricava dal pensiero agostiniano non fornisce grandi indicazioni per il comportamento concreto e per le scelte operative; essa appare pregiudicata in partenza dall'esclusivismo della fede, per il quale le virtù umane sono in sé irrilevanti perché destituite di fondamento.

---

[3] Cf. D. Sternberger, *Le tre radici della politica*, Il Mulino, Bologna 2001, 240-241.

[4] «Il carattere assolutamente apolitico di questa politica cristiana è palese», così Troeltsch, *Sant'Agostino*, 200.

[5] «Il versante luminoso dell'escatologia è quello che ci fa conoscere nel modo più chiaro la politica della *magna commutatio*, della grande trasformazione, come la "politica – se l'espressione è concessa – di Dio". Il lato oscuro può venire dopo» (Sternberger, *Le tre radici*, 266).

[6] Vi è chi, come Sternberger, ha intravisto nell'agostinismo, soprattutto nella miscela di tensione utopica e di assolutismo, una posizione che anticipa – sia pure in una versione sacrale – il marxismo-leninismo (cf. *Le tre radici*). Forse, tuttavia, la lettura agostiniana è più complessa introducendo accanto a elementi decisamente innovativi, derivanti dalla prospettiva escatologica, altri elementi decisamente reazionari (o involutivi), frutto della forte svalutazione della politica.

1.2. Tommaso d'Aquino e la mediazione dell'aristotelismo

Un radicale cambiamento di paradigma rispetto all'ottica «sacrale» agostiniana ha luogo, in epoca medioevale, ad opera di Tommaso d'Aquino, grazie al ricupero che egli fa del pensiero aristotelico.[7]

Due sono in particolare gli aspetti sui quali si istituisce una significativa convergenza – pur con differenze non irrilevanti – tra pensiero aristotelico e pensiero tomista: il primo riguarda il fondamento e il fine della politica; il secondo le modalità storiche del suo esercizio.

Sul primo fronte grande importanza assume la riflessione sulle origini della politicità. Aristotele propone al riguardo una nozione di *polis* come realtà che ha a che fare con esigenze radicate nell'umano (l'uomo è *animal politicum*) – in questo senso la politica è una forma specifica di associazionismo distinta da ogni altra forma – e che non ha scopi puramente utilitaristici, ma ha la funzione di consentire l'attuazione di una «vita buona» (*totum bene vivere*). Tommaso si muove sostanzialmente sulla stessa lunghezza d'onda con alcune importanti varianti. La dimensione politica è infatti da lui ancorata nella struttura originaria dell'essere (o della natura) dell'uomo, mentre l'obiettivo che attraverso di essa si persegue è di ordine soprannaturale; è la chiamata alla grazia, in quanto partecipazione alla vita divina. È come dire che il fondamento della politica va collocato in una sorta di *metafisica sociale* – in questo senso l'uomo è *animal sociale* – che fa della socialità un dato costitutivo della persona e una condizione per lo sviluppo della sua esistenza, e che il fine ad essa inerente (anche in questo la prospettiva teleologica di Aristotele è assunta) non è puramente umano ma decisamente trascendente: il *bene vivere* implica, anche sul piano sociale, l'adesione ai valori evangelici.

---

[7] L'etica politica di Tommaso d'Aquino è contenuta in diverse opere. Tra queste ricordiamo in particolare il *Commento alla Politica di Aristotele* (soprattutto nei primi due libri e in sei capitoli del terzo libro), la *Summa Teologiae* con riferimento alle questioni dedicate alla prudenza e alla giustizia (II-II, q. 47-79) e infine l'opuscolo *De regimine principum* (o *De Regno*) rimasto incompleto e completato quarant'anni dopo (a partire dal 5° capitolo del II libro) da Tolomeo da Lucca.

Sul secondo versante – quello delle modalità storiche di esercizio della politica – la questione di fondo è quella della partecipazione dei cittadini alla gestione della vita pubblica (in termini moderni si direbbe la questione della democrazia). La prospettiva aristotelica è, sotto questo profilo, estremamente avanzata: essa pone infatti alla base della statualità la cittadinanza, cioè il riconoscimento dell'uguaglianza tra liberi cittadini,[8] e concepisce il regime politico come regime normato dalle leggi e caratterizzato dall'avvicendamento delle cariche, cioè da una vera turnazione tra governanti e governati, con la clausola perciò che le cariche pubbliche vengano ricoperte a tempo limitato.[9] Tommaso non si discosta di molto da questa prospettiva: egli introduce tuttavia la distinzione tra *governo dispotico* e *governo politico*, mettendo a fuoco con chiarezza come ciò che qualifica quest'ultimo sia la limitazione del potere da parte della legge («regime legale») e rilevando come la contrapposizione tra le due forme sia riscontrabile nell'antitesi tra potere (*potentia*) e giustizia (*iustitia*), tra interesse particolare (*bonum proprium*) e bene comune (*bonum commune*).[10]

---

[8] In questo senso la *politologia* discende immediatamente dall'*antropologia* dell'uomo concreto, la cui essenza si dispiega nella libertà e nel suo «essere cittadino». La cittadinanza dà pertanto luogo a una comunità di esseri uguali nell'essenza, diversa conseguentemente da quella in cui sono rilevanti le diseguaglianze di nascita, di ricchezza, di educazione e di influenza.

[9] Molti attribuiscono ad Aristotele il merito di aver anticipato il «costituzionalismo» (un costituzionalismo *ante litteram*, secondo l'espressione di C.H. McIlwain, *Costituzionalismo antico e moderno*, Il Mulino, Bologna 1990) al punto da ritenere che ogni «costituzionalismo» ha le sue radici nella riflessione aristotelica (cf. H. Arendt, *Vita Activa*, Bompiani, Milano 1964). Riassumendo questa posizione, che gode ancor oggi di un grande credito, Sternberger rileva: «Il moderno Stato costituzionale con le sue fondamentali libertà personali e collettive, con i suoi corpi rappresentativi, i suoi elettorati civili, i suoi tribunali indipendenti, il suo reclutamento sociale delle *élites* di governo, la sua partecipazione per mezzo di associazioni, sindacati e organizzazioni di partito, la sua pluralità, la sua competizione e antagonismo tra partiti (e persino tra gli oratori soprattutto di fronte ai potenziali elettori) – questa costruzione complessa, minacciata da tutti gli angoli e i confini di corruzione e di rovina, e tuttavia capace di autocorrezioni e infine di autodifesa – lascia riconoscere alcuni tratti essenziali dell'originaria immagine aristotelica – e, a mio parere, si tratta dei più importanti. O, se è consentita un'immagine metaforica: si può vedere risplendere, nel suo tessuto, l'antico filo» (*Le tre radici*, 314).

[10] Cf. Tommaso d'Aquino, *In libros politicorum Aristotelis expositio*, Marietti, Torino 1951, libro I, lezione I, 13. Tolomeo di Lucca, che porta a termine il *De regimine principum* di Tommaso evidenzia alcuni ulteriori caratteri che il governo politico deve avere, tra i quali che esso sia governo di molti – Tommaso è ancora legato al riconoscimento del governo di uno solo (cf. Tommaso d'Aquino, *Del governo del princi-*

Si fa strada in tal modo una prima (e consistente) opera di desacralizzazione della politica; il livello sul quale misurare la gestione del potere infatti non è più quello religioso ma quello etico. In quest'ottica vengono affrontate le diverse questioni attinenti la conduzione della vita pubblica: dalla delineazione dei concetti fondamentali in base ai quali valutare i problemi sociali – si pensi all'importanza che rivestono in proposito categorie come *bonum commune* e *iustitia socialis* – alla determinazione del significato che va attribuito all'autorità e alla definizione delle condizioni per il suo corretto esercizio, fino al riconoscimento della legittimità di gestione del potere da parte degli stati dei non cristiani o al diritto di resistenza (ovviamente motivato da serie ragioni di coscienza) nei confronti dell'autorità e della legge.[11] La virtù che, in definitiva, costituisce per Tommaso l'ideale di riferimento nella gestione della politica è la *prudentia*: essa non si esaurisce in una semplice disposizione interiore che guida l'agire ma è un'attitudine esistenziale, un vero e proprio modo soggettivo di essere al mondo, che spinge di volta in volta alla ricerca di contenuti nuovi senza mai esaurirsi in essi.[12]

Purtroppo, per varie ragioni (anche di ordine ecclesiastico), il pensiero di Tommaso farà fatica a incidere sugli sviluppi successivi della riflessione e della prassi politica. L'unica eccezione è costituita dalla Scuola di Salamanca (XVI secolo) che, ricuperando in termini di riformulazione creativa

---

pe. Al re di Cipro, in *Scritti politici*, a cura di A. PASSERIN D'ENTREVÈS, Zanichelli, Bologna 1946, 103-131) – che sia istituito attraverso un'elezione e che sia vincolato da regole precise, che stabiliscono il limite di tempo e le forme di controllo da esercitare.

[11] Cf. su questi aspetti W. ULLMANN, *Il pensiero politico del Medioevo*, Laterza, Bari 1984.

[12] Cf. TOMMASO D'AQUINO, *Summa theologiae*, II-IIae, q. 56, art. 1c. Il debito nei confronti di Aristotele è, anche a questo proposito, rilevante. Il nesso tra «politica» e «prudenza» è stato discusso per la prima volta dal filosofo greco, il quale tuttavia più che intendere quest'ultima nella sua essenza concettuale, privata perciò della materia, la mette in stretto rapporto con l'esperienza. Per un approfondimento complessivo del pensiero tomista e del rapporto che esso intrattiene con quello aristotelico suggeriamo tra i molti studi: S. ARCOLEO, «S. Tommaso e la "politica" di Aristotile», in *Tommaso d'Aquino nella storia del pensiero*, Ed. Domenicane, Napoli 1976, I, 149-155; W. GEBAUER, *Die Aufnahme der Politik des Aristoteles und die naturretliche Begründung des Staates durch Thomas von Aquin*, Stuttgart 1936; L. LALANCE, *L'umanisme politique de St. Thomas d'Aquin*, Paris-Montréal 1965.

la filosofia politica aristotelica e tomista nel contesto della situazione del tempo caratterizzata dal moltiplicarsi delle guerre di conquista – si pensi all'espansione dell'occidente nelle Indie e nelle Americhe – e dalla nascita degli Stati nazionali, reagirà con forza all'assolutismo e all'ideologia della «ragion di Stato»,[13] in nome di una grande tensione etica e spingerà a costruire forme di partecipazione sociale proiettate verso lo sviluppo di un ordine giusto, rispettoso delle organizzazioni politiche locali e impegnato – è questo il titolo di maggiore merito di Francesco De Victoria[14] – a elaborare le basi di un vero e proprio *ius gentium* valido per l'intera umanità.[15]

2. L'autonomia degli ordinamenti mondani e la nascita della politica come scienza

A segnare decisamente la fine della sacralità della politica concorrono soprattutto due importanti eventi: la Riforma protestante e l'umanesimo rinascimentale. Insistendo sulla separazione dell'ordine soprannaturale da quello terrestre (o mondano), la Riforma sancisce la piena autonomia della politica da ogni forma di invadenza religiosa; a sua volta l'umanesimo rinascimentale, ricuperando lo spazio dell'attività umana e fornendo i criteri per la sua interpretazione, conferisce alla politica un proprio specifico statuto scientifico. Il rischio è tuttavia che la dimensione etica (anche per la troppa rigida dipendenza dalla religione, in particolare dal cristianesimo) venga fortemente ridimensionata e persino negata.

---

13 Sul tema della «ragion di Stato» cf. E. Meinecke, *L'idea della ragion di stato*, Sansoni, Firenze 1977.

14 Cf. soprattutto F. De Victoria, *Relectio de Indis recenter inventis*, CSIC, Madrid 1967.

15 Per un primo approccio alla teologia della Scuola di Salamanca cf. M. Adres, *La teología espanola en el siglo XVI*, 2 voll. (BAC), Madrid 1976; *La etica en la conquista de América*, CSIC, Madrid 1984.

2.1. Lutero e la dottrina dei due regni

La riflessione di Lutero si colloca sullo spartiacque tra medioevo ed evo moderno.[16] La dottrina che fa da supporto alla riflessione sulla politica è la concezione dei «due regni» (*Zwei Reiche*), che va inserita nell'orizzonte globale della teologia luterana. In particolare a influenzarla sono i famosi tre *sola* (*sola Scriptura, sola gratia, sola fides*) che sono alla base della sua teologia. Dal primo (*sola Scriptura*) discende la fondamentale distinzione tra vangelo e legge: distinzione che, pur non escludendo l'esistenza di un rapporto tra loro, assegna tuttavia il primato e la funzione salvifica al solo vangelo. La legge conserva una relazione esterna con la salvezza, limitata alla creazione di condizioni per la sua gratuita elargizione: essa ha infatti anzitutto una *funzione accusatoria* – è questo il cosiddetto significato teologico (*usus theologicus legis*) – nel senso che ricorda al cristiano il suo permanente stato di peccato; ma ha anche un'importante *funzione sociale* – è questo il significato profano o mondano (*usus politicus vel civilis legis*) – in quanto rende possibile, grazie al carattere coattivo che la contraddistingue, la convivenza umana, premessa necessaria per l'accesso alla salvezza.[17] Il rapporto tra i due regni va inserito in questo quadro; la prospettiva è quella di una netta distinzione che lascia sussistere tuttavia la possibilità (e l'esigenza) di un rapporto reciproco.[18]

Il *sola gratia* e il *sola fides*, mentre accentuano il carattere cristologico dell'esperienza salvifica, il fatto che la salvezza è opera esclusiva di Cristo e si attinge soltanto mediante un'adesione incondizionata alla sua persona, denunciano con chiarezza lo stato di corruzione della natura umana, provoca-

---

[16] In generale l'intera riflessione di Lutero si muove in questa prospettiva. Cf. per un approfondimento di questo tema: H. Blumemberg, *Die Legitimität der Neuzeit*, Surkamp, Frankfurt 1966.

[17] La dottrina dei due regni non è ancora in Lutero ben ordinata e dotata di un apparato concettuale ben definito. È presente nei suoi scritti in modo piuttosto frammentario e per accenni non sviluppati. Solo in seguito il luteranesimo perverrà a una più precisa codificazione.

[18] Per un puntuale accostamento a questa questione cf. *Loi et Evangile*, Labor et Fides, Genève 1982.

to dal peccato, e dunque l'impossibilità che ciò che appartiene all'umano possa in qualche modo concorrere all'acquisizione della salvezza o possa essere da essa riscattato. Su questo piano si rende soprattutto trasparente – più ancora che nella distinzione tra i due «regni» – l'influenza della dottrina agostiniana: il dualismo è infatti frutto qui di un'antropologia pessimista, dalla quale ha peraltro origine la stessa tensione escatologica.

Da quanto detto emerge, d'altronde, con chiarezza che la distinzione dei *due regni* – distinzione squisitamente teologica – non esclude l'importanza degli ordinamenti mondani e l'impegno politico a governarli, sia per procurare la pace esterna che per impedire le opere malvagie: presupposti necessari alla concreta attuazione del regno. La coscienza cristiana non è per Lutero schizofrenica, e l'impegno nel mondo – si pensi soltanto alla forte valorizzazione della professione (*Beruf*) – riveste grande importanza anche per il cristiano. A conferma di questa posizione, orientata a mantenere nettamente distinte le due sfere e a non negare valore a quella terrena, basti ricordare la lotta condotta da Lutero tanto nei confronti del *cesaropapismo* – di cui espressione emblematica è l'*Unam Sanctam* di Bonifacio VIII – che fa della legge un *instrumentum regni*, ponendola direttamente e in modo totale al servizio del vangelo, quanto del *radicalismo anabattista*, per il quale invece il vangelo è posto al servizio della legge.

La de-teologicizzazione della «politica», lungi dall'implicare la negazione della dimensione etica, ne rafforza piuttosto l'esigenza: il politico ricondotto nell'ambito della categoria della legge diviene realtà da gestire eticamente. Il limite di Lutero è tuttavia costituito dalla concezione prevalentemente negativa che egli ha dell'etica applicata alla politica. Il pessimismo antropologico, di cui si è detto, si traduce in una concezione riduttiva della legge (e dell'ordine giuridico statuale in genere) soltanto come strumento finalizzato a proteggere i buoni e a punire i malvagi, e non come via positiva per la promozione di una convivenza civile matura e responsabile. Di qui la piena legittimazione della pena e l'importanza assegnata al diritto penale, che si configura come il vero diritto; e soprattutto l'assenso dato alla guerra e alla pena di morte.[19]

2.2. Machiavelli e la negazione dell'etica

Di segno radicalmente diverso è il modo di affrontare i rapporti tra etica e politica proprio di Niccolò Machiavelli. Egli segna un momento di radicale rottura nei confronti dell'etica politica medioevale, non solo perché nega in partenza la possibilità del riferimento a categorie universali oggettivamente definibili, come quella di *bene comune* – l'unica definizione possibile di tali categorie è per lui quella volontarista, per la quale conta la decisione di chi è in autorità –, ma soprattutto perché affronta la questione delle forme di governo in una prospettiva del tutto funzionale, prescindendo perciò da qualsiasi riferimento ai valori.

Per comprendere gli sviluppi della dottrina politica di Machiavelli è necessario risalire alle origini della sua riflessione, in particolare alla visione precristiana della storia da cui prende avvio. La riabilitazione della ciclicità dei ritmi storici conduce alla sostituzione della Provvidenza, che garantisce il divenire, con la necessità e la ripetitività, e costringe soprattutto a una lettura del presente a partire dall'esemplarità del passato. Le situazioni, pur nell'apparente diversità delle forme esteriori, non fanno che riattualizzare leggi o paradigmi già sperimentati; non si danno possibili cambiamenti dettati dall'esercizio della libertà umana. Il metodo con il quale vengono indagati i fatti politici è quello della descrizione della situazione e del confronto con gli archetipi del passato per ricavare da questo accostamento le indicazioni per l'oggi.[20]

In tale contesto e sulla scia dei grandi studiosi dell'antichità (da Erodoto a Tito Livio ripetutamente richiamati nelle sue

---

[19] Per un maggiore approfondimento del pensiero di Lutero, cf. P. Althaus, *Die Ethik Martin Luthers*, Gütersloh 1965; A. Bondolfi, «Etica e politica nella dottrina luterana dei due regni», in *Ho Theologos* 3(1983), 491-504; G. Ebeling, «Leitsätze zur Zweireichelehre», in Id., *Wort und Glaube*, Mohr Verlag, Tübingen 1975, III, 574-592.

[20] Cf. E. Cassirer, *Il mito dello Stato*, Longanesi, Milano 1972.

opere) Machiavelli si propone – è questo l'assunto fondamentale del *Principe*[21] – l'emancipazione del tiranno, la nascita cioè di un nuovo principe che, in una società corrotta e caratterizzata da vistose diseguaglianze, sappia governare conservando e accrescendo il proprio potere. La figura di tale Principe, che ha il suo modello in Cesare Borgia, è tratteggiata con grande precisione, mettendo soprattutto l'accento sulla strutturale ambiguità che connota la sua persona e il suo comportamento. Il principe nuovo non è per natura né buono né cattivo; è una figura non morale o transmorale, per il fatto che, avendo come obiettivo quello di mantenere lo Stato, è talvolta forzato a non essere buono; deve cioè sapere agire anche contro la morale.[22]

La ragione di fondo che spiega questo modo di intendere la funzione del Principe e le modalità del suo esercizio è la concezione che Machiavelli ha della politica come «arte dello Stato»: una concezione per la quale ciò che conta è l'interesse dello Stato da salvaguardare a ogni costo e in termini assoluti, sacrificando ad esso ogni altro valore. L'etica è così del tutto accantonata e sostituita dall'obiettivo strategico-tecnico o, secondo altri, ridotta a questo obiettivo; il fine perseguito che è – come si è detto – la «ragion di Stato», rende funzionale a sé qualsiasi altro riferimento, compreso quello etico, il cui compito può essere soltanto quello di «mezzo» per la stabilizzazione della convivenza civile.[23] Questo radicale ribaltamento di prospettiva non impedisce a Machiavelli di fare ripetutamente appello all'universo morale. Pur rimettendo totalmente nelle mani del Principe la decisione del bene e del male, in quanto a lui è delegato dalla società il potere sovrano, egli non esita a

---

[21] Cf. N. Machiavelli, *Opere*, Mursia, Milano 1976. Accanto al testo de *Il Principe* si trovano qui altre interessanti opere, il cui accostamento è necessario per capire in tutta la sua estensione e complessità il pensiero di Machiavelli.

[22] Cf. Machiavelli, *Il Principe*, XIX, par. 107. Per un approfondimento di questi aspetti, che rinviano peraltro all'antropologia soggiacente al pensiero di Machiavelli – un'antropologia fortemente pessimistica incentrata sul riconoscimento dell'esistenza nell'uomo di una potenzialità «demoniaca» (*tenflische*) che lo fa non-uomo e che si manifesta in forma potenziata nel Principe di fronte alla necessità di conservare il potere – cf. F. Raab, *The English Face of Machiavelli. A Changing Interpretation 1500-1700*, London 1965.

[23] Anche la religione acquista un ruolo analogo, non esercitando altro compito che quello di favorire il rafforzamento dello Stato.

parlare di «virtù» dell'uomo politico come condizioni per dare stabilità alla repubblica. Ma tali virtù riassumibili, oltre che nella conoscenza delle leggi della storia, nell'astuzia (o abilità) e nella forza – è d'obbligo ricordare qui le famose metafore della «volpe» e del «leone» –, altro non sono che attitudini funzionali all'esercizio di una potenza assoluta.[24]

È merito di Machiavelli avere dato dignità alla politica come sapere autonomo, cioè come scienza caratterizzata da un proprio statuto epistemologico, e dunque definitivamente emancipata dalle radici filosofiche e teologiche.[25] Croce rileva giustamente, a tale proposito che «il nome di Machiavelli è diventato quasi simbolo della pura politica».[26] Ma questa «pura politica» è guidata da logiche del tutto utilitariste, da cui ha origine una concezione meramente strumentale dell'agire, la quale porta a giustificare comportamenti immorali o radicalmente cinici. Il fatto che molte nozioni tradizionali di etica vengano conservate (almeno formalmente) non significa che l'etica realmente persista. Esse vanno infatti soggette a grandi mutazioni di significato – si pensi soltanto al fatto che per il Principe di Machiavelli la «prudenza» è identificata con la capacità di «stare in piedi», che è come dire di conservare il potere –, così che diviene plausibile affermare che, piuttosto che alla nascita di una morale nuova, si assiste alla piena separazione della morale dalla politica.

3. Dal contrattualismo allo Stato etico

La visione pessimistica dell'uomo propria di Lutero e di Machiavelli conduce all'abbandono della tradizionale concezione «naturalistica» della politica, che era venuta sviluppandosi dalla filosofia greca (Aristotele) a quella medioevale

---

[24] Sul concetto machiavellico di «virtù» cf. H. MÜNKLER, *Machiavelli*, Fischer Wis. Taschenbuch, Frankfurt 1984, 313-328.

[25] Cf. in proposito B. BRUNELLO, *Machiavelli e il pensiero politico del Rinascimento*, Patron, Bologna 1964; P. CHABOD, *Scritti su Machiavelli*, Einaudi, Torino 1974; A. ZANINI, «Machiavelli, l'etica contro il politico», in *Belfagor* 1(1984), 31-40.

[26] Cf. B. CROCE, «Elementi di politica», in ID., *Etica e politica*, a cura di G. GALASSO, Adelphi, Milano 1994, 291-292.

(Tommaso d'Aquino). Ha così luogo un vero cambio di prospettiva rispetto al passato: mentre infatti per il pensiero classico si dà continuità tra «stato di natura» e «stato di cultura» e la politica ha le sue radici in un ordine naturale fondato sulla socialità dell'uomo;[27] per le posizioni che prendono il sopravvento la centralità va invece assegnata alla «cultura», e la politica è concepita come negazione della «natura», come espressione di un «contratto» del tutto convenzionale.

L'etica della politica è, in questo caso, ridotta alla produzione di «regole» che, mediando tra i diritti soggettivi, garantiscono l'ordinato articolarsi delle relazioni sociali. Anche la questione dei diritti umani si sviluppa in questo quadro: i diritti di libertà non sono altro che la risultante del confronto tra i diritti soggettivi e della conciliazione delle loro istanze nel contesto sociale.

Il passaggio da un modello «naturale» a un modello «contrattualista» è la conseguenza di questo processo, che ha il suo sbocco nel radicale ribaltamento dei rapporti tra etica e politica formulato dall'idealismo: la teoria dello «stato etico» di Hegel sancisce infatti la riduzione dell'etica alla politica, e decreta perciò la sua totale dissoluzione.

3.1. Hobbes e il concetto di Stato assoluto

Il punto di partenza del pensiero politico di Hobbes è la considerazione che, essendo l'uomo nello «stato di natura» guidato esclusivamente dall'istinto di conservazione e dal desiderio egocentrico, per costruire un ordine sociale è necessario dare vita a uno «stato artificiale» che imponga precisi indirizzi alla condotta umana. La via per accedere a una serie di regole comuni, alla cui base sta il principio: «non fare all'altro ciò che non piace sia fatto a te» (la famosa regola d'oro dell'ebraismo) è il contratto, frutto di una pattuizione che ha come attore contraente la società in quanto tale. Il contrattualismo ha dunque origine nel presupposto che punto di partenza di ogni progetto sociale è *l'individuo* con le sue passioni, i suoi bi-

---

[27] Cf. S. Veca, «Politica», in *Enciclopedia Einaudi*, X, 855-879.

sogni e i suoi interessi: le decisioni collettive avvengono attraverso accordi e negoziati tra individui. L'individuo accetta in questo caso l'imposizione di vincoli al suo comportamento in cambio dei benefici rappresentati dall'accettazione di analoghi vincoli da parte di altri contraenti: l'obiettivo è dunque, in definitiva, quello di ricavare per sé dei vantaggi.[28]

Il rispetto del patto da parte di tutti presuppone l'esistenza di un'autorità sovrana, al di sopra di esso, che abbia un potere incondizionato, al punto da essere considerata come il principio del bene e del male. L'assolutismo è pertanto qui giustificato in termini di obbligazione politica; esso è fondato sullo scambio di *oboedientia* da parte dei sudditi e di *protectio* da parte del sovrano ed è motivato dall'esigenza di superare lo stato di *bellum omnium contro omnes.* La consegna della propria libertà (o la sua delega) nelle mani di un potere assoluto, dotato del monopolio della forza, è condizione necessaria per fruire positivamente della libertà, disciplinando le proprie «passioni» – in questo senso l'obbedienza diventa «virtù» – e rispettando il giusto spazio della libertà altrui.[29]

La politica ridotta a ciò che è direttamente statuale diventa, per Hobbes, costruzione del tutto artificiale, ordine imposto attraverso un radicale decisionismo, che presuppone in partenza l'accordo dei cittadini – il patto –, ma che acquisisce successivamente totale autonomia. A farne le spese è l'etica, che viene totalmente assorbita nella politica. La prospettiva contrattualista (lo abbiamo rilevato nel primo capitolo) ha assunto ai nostri giorni, anche a causa della grave crisi in cui versa l'etica pubblica, nuova credibilità, soprattutto nella versione socialmente più aperta che tiene in seria considerazione le istanze derivanti dalla giustizia e dall'equità. Di notevole interesse è in proposito la teoria del comportamento razionale di Harsanyi, che ha il merito di mostrare la possibilità, all'inter-

---

[28] Cf. J.M. Buchanan, «I limiti della libertà», in *Quaderni di Biblioteca della libertà* 16(1978), 4ss.

[29] Per un approfondimento del pensiero di Hobbes cf. N. Bobbio – M. Bovero, *Società e Stato nella filosofia moderna*, Il Saggiatore, Milano ^{2}1984; M. Bovero, «Politica e artificio nella logica del modello giusnaturalistico», in *Politica e filosofia*, F. Angeli, Milano 1982, 71-95; T. Magri, *Saggio su The Hobbes. Gli elementi della politica*, Il Saggiatore, Milano 1982.

no dello stesso modello teorico, di tenere conto sia dei conflitti di interesse che possono originarsi tra le parti in causa, sia degli interessi comuni sussistenti, pervenendo a un accordo di cooperazione per raggiungere gli obiettivi condivisi.[30] Queste posizioni, per quanto estremamente utili per affrontare questioni di difficile soluzione legate all'odierna complessità sociale, denunciano lo svuotamento dell'etica e l'impossibilità di fondazione della politica su basi oggettive capaci di conferirle un senso globale.[31]

3.2. Dallo Stato di diritto di Locke all'assolutismo hegeliano

Il modello contrattualista sta anche a fondamento della dottrina sullo «Stato di diritto» di J. Locke.[32] La teoria dei diritti umani non affonda le sue radici in una preesistente «natura» con carattere di universalità – tale era la concezione classica che si ispirava all'idea di «diritto naturale» – ma nel riconoscimento dell'esistenza di diritti propri dell'individuo e della necessità di una loro limitazione, in vista del possibile esercizio da parte di tutti. Nasce così lo Stato di diritto, il cui compito è la tutela della libertà per ogni cittadino. La via del contratto è pienamente confermata, ma la differenza dal contrattualismo hobbesiano è costituita dal fatto che è qui abbandonato ogni riferimento a un principio di sovranità assoluta.

---

[30] Cf. J. Harsanyi, *Rational Behaviour and fargaining equilibrium in games and social situations*, Cambridge (Mass.) 1977. Posizioni diverse ma animate dalla stessa preoccupazione si trovano in J. Rawls, *Una teoria della giustizia*, Feltrinelli, Milano 1982. Per una precisa esposizione e un'accurata discussione di questa posizione cf. S. Veca, «Una teoria contrattualistica della giustizia», in Bobbio – Badaloni – Bodei, *Etica e politica*, 73-89. Per ulteriori approfondimenti cf. anche N. Bobbio, *Contratto sociale oggi*, Guida, Napoli 1980.

[31] Posizioni analoghe, pur nella diversità dei presupposti di partenza, si trovano nell'*utilitarismo* classico, che persegue l'obiettivo – è questo il principio da cui muove – di assecondare la tendenza alla crescita del benessere collettivo, il quale altro non è che la somma degli interessi di ciascuno dei membri che compongono la società (cf. J. Bentham, *An Introduction to Principles of Morals and Legislation*, Hofner Press, London 1948). Siamo ancora una volta di fronte, come a regola generale, al principio individualistico. La delineazione di un progetto di società «giusta», che si opponga a tutte le forme di totalitarismo, è qui rintracciata nell'assunzione della regola della massimizzazione dell'utilità prevista per ciascuno e per tutti (dunque su un criterio che ha un certo fondamento oggettivo).

[32] Cf. soprattutto J. Locke, *Due trattati sul governo*, UTET, Torino 1968.

Il mutamento intervenuto nel clima culturale fa sì che la libertà e i diritti dell'individuo acquisiscano il significato di valore ultimo per la giustificazione e il funzionamento del sistema politico, e che pertanto il contratto non possa più essere concepito come concessione da parte dei cittadini di una delega al potere assoluto di un sovrano, ma come lo strumento per dare vita a un potere rappresentativo dell'interesse generale di un popolo, configurato come complesso di individui dotati di diritti inalienabili di libertà e di partecipazione. La nascita della «democrazia liberale» – di cui Locke è il padre fondatore – coincide dunque con il trasferimento della sovranità dal principe al popolo o, più precisamente, con la distribuzione del potere tra Stato e individuo. Lo Stato conserva, anche in questo caso, il monopolio della forza, ma al popolo viene assegnato un ruolo attivo di controllo, reso necessario dal bisogno di istituire un nuovo equilibrio tra autorità e libertà.

I germi dell'autoritarismo, insiti fin dall'inizio nella prospettiva contrattualista e temperati dal liberalismo lockiano, riaffiorano, in termini radicali, nella teoria dello Stato di Hegel. Il grande valore che egli attribuisce alla formazione dello Stato lo spinge a legittimare pienamente il comportamento del Principe di Machiavelli: la necessità (e l'ineluttabilità) dell'assoggettamento dei piccoli domini non viene soltanto giustificata giuridicamente ma riconosciuta come avente in sé un alto senso morale.[33] Solo così è infatti possibile dare vita a quella forma di Stato che coincide con la stessa «realtà dell'Idea etica»; in altre parole, solo così – accettando cioè anche l'uso di metodi violenti e crudeli – è possibile fare sussistere la realtà dello Stato come effettiva prova dell'esistenza dello spirito nel mondo.[34]

> «Si è molto discusso un tempo – osserva Hegel – del contrasto di morale e politica e della pretesa che la seconda sia conforme al-

---

[33] Cf. G. Hegel, *Lezioni sulla filosofia della storia*, 4 voll., La Nuova Italia, Firenze 1963.

[34] L'idea etica non è colta dall'idealismo hegeliano soltanto nel fenomeno storico, ma è postulata dall'alto come realtà necessaria alla stessa esistenza dello Spirito. La «dialettica» supera la differenza tra l'essere e il dover essere, infondendo il dover essere etico all'essere empirico.

la prima. A questo punto, importa soltanto notare, in linea generale, che il bene di uno Stato ha una giustificazione completamente diversa dal bene del singolo, e che la sostanza etica, lo Stato, ha la sua esistenza non astratta, ma concreta, e che solo questa esistenza concreta, e non uno dei tanti pensieri generali scambiati per imperativi morali, può essere principio del suo agire e della sua condotta».[35]

L'etica non ha più, in questo caso, consistenza autonoma, ma si identifica del tutto con l'entità concreta dello Stato; è come dire che essa è radicalmente assorbita dalla politica così da coincidere con essa. Siamo qui di fronte non solo all'affermazione della superiorità della politica rispetto alla morale (intesa come morale privata o individuale), ma alla cancellazione della morale e alla sua sostituzione con la politica. Il che porta ad escludere *a priori* la possibilità che la politica istituisca rapporti con altre grandezze o desuma, in qualche modo, parametri valutativi oltre se stessa, e fa nascere la convinzione che essa sia il vero Assoluto o la vera Totalità. Il monismo hegeliano chiude, portandola alle estreme conseguenze, la parabola della moderna secolarizzazione della politica, facendo di quest'ultima il vero «Sacro», alternativo a quello religioso, sotto il cui segno deve stare l'intera realtà dell'esperienza umana nel mondo.

4. Max Weber e l'etica della responsabilità

Un interessante contributo sul rapporto tra etica e politica è infine offerto, in tempi più recenti, da Max Weber, mediante il ricorso alla categoria di *responsabilità*. Egli introduce la propria riflessione sull'etica partendo anzitutto dalla considerazione che il processo di razionalizzazione provocato dagli sviluppi della scienza e della tecnica ha dato luogo al «disincantamento» del mondo, nel senso che l'interpretazione che di esso si dà non fa più riferimento all'esistenza di forze misteriose che lo governano, ma connette tra loro i fenomeni attraverso

[35] G. HEGEL, *Lineamenti di filosofia del diritto*, par. 337.

cause intrinseche. Da questa secolarizzazione della realtà discende una visione «laica» dell'etica, ricondotta al piano della ragione e caratterizzata dalla presenza di valori diversi – è di Weber l'introduzione della formula *politeismo dei valori* – non sempre tra loro componibili.

Nell'ambito di questa visione del tutto «razionale» dell'etica, Weber rileva l'esistenza di due «modelli» (si può dire di due etiche): il primo modello è quello per il quale le azioni vengono giudicate secondo i principi, facendo riferimento cioè a qualcosa che sta prima e che si presenta con caratteri di assolutezza; il secondo è invece quello per il quale le azioni vengono giudicate secondo le conseguenze, facendo cioè riferimento a qualcosa che sta dopo, che è legato a ciò che l'azione concretamente produce. Le due categorie concettuali che egli utilizza per designare i due modelli descritti sono rispettivamente le categorie di *convinzione* e di *responsabilità*: ad esse corrisponde, l'assunzione di due atteggiamenti di fondo di fronte alle scelte: l'atteggiamento preoccupato esclusivamente del rispetto dei principi morali (comunque vadano le cose); e l'atteggiamento preoccupato invece del conseguimento dei risultati (o del successo), cioè dell'efficacia dell'agire.[36] La distinzione è, in definitiva, riconducibile ai concetti di *moralmente buono* e di *politicamente giusto* (o corretto) e riguarda, com'è facile intuire, il comportamento del *testimone* (o del santo o del martire), per il quale conta la bontà dell'intenzione soggettiva e la fedeltà ai valori, e il comportamento del *politico* (e, in senso più generale, di colui che esercita una professione), il quale deve dare conto dei risultati raggiunti.

---

[36] Per un'analisi precisa di queste categorie cf. M. WEBER, *L'etica della responsabilità*, a cura di P. VOLONTÉ, La Nuova Italia, Firenze 2000. Il libro raccoglie i due saggi dedicati da Weber a tale questione, e precisamente *Considerazione intermedia* (1916), in cui viene data la giustificazione teoretica della distinzione tra le due etiche, e *La politica come professione* (1919), in cui vengono esposti analiticamente il senso e le modalità di esercizio dell'*etica della responsabilità*. Quest'ultima è da WEBER originariamente definita come «etica dei risultati» (cf. ID., *La situazione della democrazia in Russia, 1905-6/17*, Il Mulino, Bologna 1981, 27-79), in quanto si attribuisce più importanza alle conseguenze. Il termine *etica della responsabilità* (*Verantwortungsethik*) viene successivamente introdotto da Weber nel contesto della polemica con le posizioni dei neokantiani e di Max Scheler (cf. anche ID., *Scienza come vocazione e altri testi di etica e di scienza sociale*, F. Angeli, Milano 1996).

La proposta di Weber sembra riproporre, a una prima impressione, il dualismo tra etica e politica che abbiamo visto caratterizzare una parte consistente della tradizione moderna, attraverso la distinzione di due etiche. Ma, a ben guardare, non è così. La dicotomia weberiana ha infatti un carattere metodologico e formale: intende sottolineare l'esigenza di superare l'astrattezza o la fuga dalla realtà, di preoccuparsi cioè – per usare un'espressione di Machiavelli – delle «grandi cose», senza dimenticare (o sottovalutare) per questo l'importanza dei principi o dei contenuti valoriali, che rivestono un ruolo decisivo per la stessa valutazione delle conseguenze o degli effetti dell'azione. È come dire, in altre parole, che etica della convinzione ed etica della responsabilità non sono tra loro radicalmente alternative; rappresentano piuttosto due forme complementari di etica, che si riferiscono a istanze costitutive del processo di definizione dell'eticità.

> «Non bisogna però cadere nella trappola di ritenere che egli [Weber] sia stato un difensore dell'etica della responsabilità *contro* l'etica della convinzione... Nonostante il rilievo dato all'etica della responsabilità Weber resta dunque convinto – come dice chiaramente nella parte conclusiva della *Politica come professione* – che solo la congiunzione di responsabilità e convinzione fa il "vero uomo", l'uomo maturo ed eticamente compiuto, capace di muoversi con sicurezza attraverso le vicende della vita e della storia».[37]

---

[37] P. Volonté, «L'inscindibilità di responsabilità e convinzione», in M. Weber, *L'etica della responsabilità*, 165. Il fatto che la politica non si identifichi *tout court* con la pura testimonianza, ma debba invece proporsi di dare spessore storico all'istanza emancipatrice, non significa che essa possa rinunciare alla fedeltà ai princìpi; significa semplicemente che tali princìpi non devono essere soltanto declamati, ma vanno tradotti in precise regole mediante le quali normare le scelte. I rischi che vanno respinti sono sia quello del realismo spietato (*Realpolitik*), originato dalla finalizzazione esclusiva della politica al successo, sia quello opposto (e non meno grave) del moralismo spicciolo e astratto, che non fa seriamente i conti con la realtà e con le effettive possibilità di cambiamento. L'etica che, in definitiva, occorre promuovere è quella che fa proprio un modello *teleologico*, per il quale la valutazione del comportamento deve avvenire in base all'accertamento delle conseguenze delle azioni. È come dire che la determinazione delle «regole» secondo cui procede l'agire politico deve fare spazio a una misurazione della proporzionalità esistente tra fini e mezzi, tra obiettivi positivi raggiunti (o almeno raggiungibili) e conseguenze negative dei processi messi in atto. L'adesione ai princìpi (o ai valori) non è espunta, ma coniugata con criteri che si riferiscono alla fatticità e all'efficacia (cf. A. Da Re, *L'etica tra felicità e dovere. L'attuale dibattito nella filosofia pratica*, EDB, Bologna 1986; S. Privitera, *Dall'esperienza alla morale. Il problema «esperienza» in teologia*, Edi Oftes, Palermo 1985).

La consapevolezza del rischio presente nell'etica della convinzione, in quanto ignora la distanza che separa la purezza dell'atto dalle condizioni in cui è chiamato a realizzarsi, si accompagna alla consapevolezza del rischio mortale intrinseco a un'etica della responsabilità che si risolvesse in un rimando senza fine o imboccasse la strada di una forma di mero (e vuoto) utilitarismo. Per questo Weber sottolinea la necessità della correlazione tra le due etiche, che vanno considerate come due momenti strutturanti – anche se diversamente combinati nel contesto delle situazioni concrete – l'etica in quanto tale. L'etica politica non è certo, anzitutto, un'etica della buona intenzione soggettiva, ma è un'etica dell'azione, che ha come obiettivo concreto la promozione sociale e che esige pertanto requisiti di competenza, professionalità ed esperienza che vanno al di là della correttezza personale e dell'astratta adesione ai valori; ciò non toglie che probità soggettiva e fedeltà ai valori rappresentino delle precondizioni dalle quali non è possibile prescindere.

Il rapporto tra etica e politica trova qui un'importante ricomposizione, sia in quanto avviene il riconoscimento della specificità di un'etica rispettosa delle dinamiche e delle leggi proprie della politica – è il senso vero dell'etica della responsabilità –, sia in quanto non manca di essere messo in evidenza il necessario riferimento a un quadro di princìpi e di valori – è questa l'istanza irrinunciabile dell'etica della convinzione – da cui la politica non può discostarsi se intende perseguire un progetto di autentica umanizzazione. La distinzione tra etica e politica è in tal modo salvaguardata, senza che questo significhi separazione; ciò a cui ci si ispira è infatti un modello dialettico di rapporti che favorisce il reciproco arricchimento.

5. Riflessioni conclusive

La storia del pensiero politico occidentale è dunque contrassegnata sul terreno dei rapporti con l'etica dall'oscillazione – come si è detto – tra teorie interpretative moniste e dualiste.[38] I passaggi dalle une alle altre non sono – come abbiamo

---

[38] A distinguere le teorie che affrontano i problemi del rapporto tra etica e politica in *moniste* e *dualiste* è stato recentemente N. Bobbio (cf. Bobbio – Badaloni – Bodei, *Etica e politica*, 7-14).

visto – lineari: al monismo dei primi secoli del cristianesimo, caratterizzato da un vero e proprio assorbimento della politica nell'orbita non solo dell'etica ma, più radicalmente, della fede, subentrano in epoca medioevale tentativi orientati a dare spazio alla distinzione tra le due sfere, mettendo contemporaneamente in risalto l'esigenza di continuità e di correlazione.

Ma il momento più fortemente critico dei rapporti tra etica e politica è costituito dalla modernità; con il formarsi degli Stati nazionali si fa strada infatti la convinzione che la politica è anzitutto luogo di esplicazione della «volontà di potenza» e che, pertanto, l'intromissione dell'etica rappresenti un elemento di danno: alla politica intesa come «governo» e «ordine» non serve la «benevolenza», la quale anzi rischia di essere del tutto controproducente.[39] Viene così affermandosi una profonda dicotomia (e incomunicabilità) tra le due sfere, le cui ragioni non sono solo interne alla politica – dovute cioè alla progressiva presa di coscienza della sua autonomia e del suo statuto scientifico –, ma sono legate anche a fattori esterni, primo fra tutti la tensione tra Stato e Chiesa. L'emancipazione della politica dalla soggezione al potere ecclesiastico coincide con la rivendicazione della sua autonomia dall'etica, soprattutto per il fatto che l'etica del tempo è, in larga misura, di matrice religiosa, essendo ancora assente l'elaborazione di un'etica laica razionalmente fondata. La necessità che gli Stati nazionali hanno di trovare in se stessi un fondamento assoluto li spinge ad assolutizzare la politica e le sue istanze come mezzo per contrapporsi, in termini adeguati, all'assolutezza del potere della Chiesa. L'etica viene così ridimensionata al livello della coscienza individuale, mentre se ne decreta la sostanziale inutilità sul terreno politico, o si tende a elaborare un'etica politica del tutto alternativa rispetto a quella che regola le azioni private, perché fondata su presupposti diversi e radicalmente incompatibili, giungendo persino – è il caso di Hegel, come abbiamo visto – ad affermare la superiorità della politica sulla morale, mediante il riconoscimento allo Stato della più alta sostanza etica.[40]

---

[39] MACHIAVELLI, *Il Principe*, cap. 18.

[40] HEGEL, *Lineamenti di filosofia del diritto*, par. 337. Una sintetica (e suggestiva) ricostruzione del rapporto tra etica e politica – dalla tradizione classica all'epoca moderna – si trova in F. TOTARO, «Per la convivenza buona», in *Il Progetto* 33(1986), 23-28.

Nonostante sul piano teorico si approfondisca il solco della separazione e si vada addirittura nella direzione di una svalutazione radicale dell'etica, l'esigenza del riferimento valoriale riemerge tuttavia sul terreno concreto. Dietro la stessa definizione della politica come «governo» e come «ordine», cui abbiamo accennato, non è difficile scorgere il riferimento a uno *zoccolo minimo* di eticità, rappresentato dall'esigenza di tutela della vita; mentre con il tramonto degli Stati assoluti e l'affermarsi della democrazia cresce l'esigenza di fare appello a valori quali il rispetto della libertà (Locke) o il riconoscimento della dignità umana (Kant) in quanto presupposti dell'ordinamento civile. Ciò risulta ancora più vero se si tiene conto del consistente rilievo che viene gradualmente assumendo la distinzione tra Stato e società e l'esigenza del concomitante rispetto dell'autonomia dei gruppi sociali, cui si accompagna la necessità che la politica aumenti il livello qualitativo della propria offerta, ma ridimensioni, nello stesso tempo, la propria sfera di intervento.

Un momento di svolta in tale direzione è rappresentato, sul versante teorico, dal modello weberiano che, introducendo – come si è detto – la distinzione tra due etiche ed esigendo nel contempo la loro interazione, può costituire un'interessante piattaforma da cui partire. La difficoltà consiste tuttavia nel passaggio all'individuazione dei contenuti (i principi o i valori) da attribuire alla cosiddetta «etica della convinzione», che rimane il referente ultimo per giudicare la positività e/o la negatività delle conseguenze delle azioni. La situazione di complessità con la quale occorre fare i conti e il radicale pluralismo culturale odierno rendono estremamente arduo ogni tentativo di fondazione. Anzi vi è chi considera non solo inutile ma persino controproducente e dannoso ogni sforzo fondativo, ritenendo che si tratti di una forma di violenza imposta alla realtà.[41]

---

[41] Di questo parere è ad esempio G. Vattimo, che propugna un'*etica della finitezza*, da cui è assente qualsiasi preoccupazione per la ricerca di fondamenti ultimi (cf. *La fine della modernità*, Garzanti, Milano 1985; Id., *La società trasparente*, Garzanti, Milano 1989). Ci sembra che talvolta si confonda, a tale riguardo, in modo troppo frettoloso l'argomentazione logico-fondativa con quella ideologica, che ne è la caricatura.

D'altra parte, l'istanza fondativa rimane, a nostro avviso, ineludibile. Sono infatti sempre presenti nello sviluppo di ogni etica riferimenti metaetici che meritano attenta considerazione, perché costituiscono (spesso solo implicitamente) la base delle posizioni che ciascuno esprime. Il chiarimento di tali presupposti è atto di onestà, che va premesso a ogni dialogo. È evidente che la ricerca di un'etica normativa capace di creare le condizioni per l'articolarsi di un'attività politica orientata all'edificazione di una società ordinata e giusta non può arrestarsi a livello metaetico; esige l'adozione di un processo ermeneutico che va dall'etica, come consapevolezza critica dell'agire, alla prassi politica; e, viceversa, dalla prassi politica, come offerta delle condizioni di possibilità in situazione, all'etica chiamata ad esprimere il giudizio definitivo. Ma esige soprattutto la ricerca di valori condivisi che giustifichino la possibilità di regole comuni, non esclusivamente frutto di convenzione sociale o del riferimento a parametri utilitaristi. La determinazione di un modello pratico di razionalità, che nasca dal confronto tra ragioni diverse convergenti in un minimo di ragione comune, può venire soltanto dallo sviluppo di una forma di comunicazione consensuale che componga i conflitti di interesse e crei possibilità di liberazione per tutti.[42]

A questo modello deve ispirarsi, in ultima analisi, l'etica pubblica, non dimenticando che le scelte, nella concretezza delle situazioni, non possono prescindere dalla coltivazione di attitudini soggettive come risultato della sintesi di più conoscenze ed esperienze, che consentono di andare oltre le norme generali (o le generalizzazioni) per fare i conti con la complessità degli ambiti in cui ci si muove ed elaborare creativamente, all'interno di essi, le linee di condotta da seguire. L'etica della politica non può essere ridotta a semplice calcolo; deve diventare sapere pratico, acquisito attraverso l'appello alla virtù della «prudenza» (o della saggezza), in quanto virtù che conduce al «bene agire».[43]

---

[42] La via dell'agire comunicativo (e della razionalità comunicativa) è stata percorsa in questi anni soprattutto da J. Habermas, «Dialektik der Rationdisierung», in *Aesthetik und Kommunication* 45/46(1981), 126-155. Cf. anche K.O. Apel, *Comunità e comunicazione*, Einaudi, Torino 1977.

[43] Cf. A. MacIntyre, *After Virtue. A Study in Moral Theory*, London 1981.

Capitolo terzo
L'ORIZZONTE TEOLOGICO

La riflessione sui rapporti tra etica e politica assume una valenza peculiare se la si situa nel contesto della tradizione ebraico-cristiana, che ha segnato profondamente di sé la storia dell'occidente. La fede non ha di per sé (e non deve avere) ricadute immediate sul terreno politico, ma offre prospettive di senso che influenzano (soprattutto attraverso la mediazione dell'etica) gli orientamenti che guidano le scelte e le azioni politiche.

Un momento decisivo di svolta nell'interpretazione della relazione fede-politica è costituito dal Vaticano II, che, acquisendo pienamente il fatto della laicità, e dunque dell'autonomia, della politica, sottolinea, da un lato, la necessità dell'etica ed evidenzia, dall'altro, il significato della fede (e della rivelazione) come fornitrice di un ulteriore orizzonte di senso al quale ancorare la prassi politica.

Partendo da tale svolta, l'attenzione verrà rivolta anzitutto alle teologie postconciliari – in particolare alla *teologia politica* e alla *teologia della liberazione* – facendo emergere (anche sulla spinta di esse) i modelli che hanno rispettivamente caratterizzato gli anni '70 e gli anni '80: modelli che conservano tuttora una viva attualità e meritano pertanto di essere attualizzati, non intendendoli come radicalmente alternativi ma come passibili di reciproca integrazione.

1. La svolta del Vaticano II

La svolta del Vaticano II è anzitutto contrassegnata dal pieno riconoscimento dell'autonomia della politica, come conseguenza dell'acquisita consapevolezza del carattere autonomo delle realtà temporali, e dunque della necessità di aprirsi ad esse in modo nuovo.

Questo riconoscimento non è avvenuto in tempi brevi; è frutto di un lungo e faticoso cammino, contrassegnato da fasi alterne (alcune fortemente conflittuali), che si è sviluppato per quasi due secoli. Il rapporto della Chiesa con la modernità non è stato, agli inizi, facile: i pericoli di storicismo, di soggettivismo e di relativismo, che la cultura moderna conteneva, hanno alimentato per reazione forme di resistenza che si sono tradotte in atteggiamenti di diffidenza e persino di radicale rifiuto.

Per comprendere il significato del principio di autonomia e le ragioni che ne hanno determinato l'acquisizione è necessario fare riferimento a vari documenti conciliari, in particolare al n. 36 della costituzione pastorale sulla Chiesa nel mondo contemporaneo *Gaudium et spes* (cf. anche il n. 41) e al n. 7 del decreto sull'apostolato dei laici *Apostolicam actuositatem*.[1]

A giustificare tale posizione è, da un lato, la netta affermazione dell'unità tra storia umana e storia di salvezza (nonostante manchi un vero approfondimento dei rapporti che tra esse devono istituirsi) e, dall'altro, la forte valorizzazione dell'aspetto laicale della Chiesa con l'assegnazione ai laici di un ruolo specifico, perciò di compiti propri.[2] Ciò che si tende soprattutto a sottolineare è che le realtà temporali sono un bene in sé, che hanno cioè un valore proprio (e non puramente strumentale), e che sono pertanto guidate da leggi e procedure proprie che occorre conoscere per orientarle verso obiettivi umanizzanti.[3]

---

[1] La riflessione si estende a tutto l'ambito delle realtà terrestri. L'applicazione del principio di autonomia alla politica è ripresa nel cap. IV della seconda parte della *Gaudium et spes* (nn. 73-76: *EV* 1/1562-1584). Quest'ultimo capitolo, forse per la sua introduzione tardiva nel documento e per la mancanza di un dibattito approfondito, non è particolarmente innovativo rispetto a quanto è detto in precedenza nella costituzione pastorale. Per una puntuale analisi della redazione del testo conciliare cf. G. Turbanti, *Un Concilio per il mondo moderno. La redazione della Costituzione pastorale «Gaudium et spes» del Vaticano II*, Il Mulino, Bologna 2000.

[2] Su questo ultimo punto cf. L. Sartori, *La chiesa nel mondo contemporaneo. Introduzione alla «Gaudium et spes»*, Ed. Messaggero, Padova 1995. Per ulteriori approfondimenti cf. anche P. Vanzan, «Dossier bibliografico con piste di ricognizione della "Gaudium et spes"», in *La Costituzione conciliare «Gaudium et spes» vent'anni dopo*, Gregoriana, Padova 1988; S. Dianich – E.R. Tura (edd.), *Vent'anni di Concilio Vaticano II*, Borla, Roma 1985.

[3] Cf. M. Flick, «L'attività umana nell'universo», in *La Costituzione pastorale sulla chiesa nel mondo contemporaneo*, Elledici, Leumann (TO) 1966, 581-631.

Economia, politica, istituzioni sociali e cultura devono essere pertanto studiate in se stesse – di qui l'importanza delle scienze sociali – in quanto fenomeni umani, che esigono rispetto delle competenze scientifiche e che rappresentano un terreno di dialogo tra tutti gli uomini di buona volontà.[4] I laici cristiani sono infatti chiamati a operare insieme agli altri, secondo le specifiche capacità e sotto la propria responsabilità, avendo di mira la giustizia del regno di Dio.[5] E sono insieme sollecitati a riconoscere la legittimità e la convenienza delle molteplici (e diverse) scelte temporali, rifiutando ogni forma di integralismo e accettando il pluralismo ideologico.[6]

L'autonomia delle realtà temporali non è però considerata dal concilio come assoluta; ma la sua delimitazione non può avvenire dall'esterno; è piuttosto determinata dal fatto che tali realtà sono ordinate al bene umano. Ciò vale ovviamente anche per la politica, la cui «laicità» non coincide con la neutralità e neppure semplicemente con una sua concezione del tutto «formale». La politica deve necessariamente avere un progetto; deve offrire, in altre parole, una proposta concreta di convivenza civile: il che implica un costante impegno a fornire contenuti valoriali, che il concilio definisce nella prospettiva di una «etica naturale».[7] L'attenzione alle dinamiche della socialità per orientarle verso la promozione umana collettiva rende necessaria la mediazione etica, che ha connotati peculiari in relazione alla natura della politica, dunque alla specificità dello statuto che la contraddistingue. Il concilio non esita a fornire alcuni cardini dai quali non è possibile prescindere: dalla centralità della persona e dal rispetto della sua dignità al significato positivo della socializzazione, perciò della necessaria interdipendenza tra persona e società; dall'affermazione che il bene comune non è riducibile alla somma degli interessi parti-

---

[4] Cf. J. Gremillon, «La chiesa nel mondo contemporaneo: un appello alla teologia», in *La teologia dopo il Vaticano II. Apporti dottrinali e prospettive per il futuro in un'interpretazione ecumenica*, a cura di J.M. Miller, Morcelliana, Brescia 1967, 653-686.

[5] *Apostolicam actuositatem*, n. 7 (*EV* 1/937ss).

[6] Cf. G. Mattai, «La vita della comunità politica», in *La Costituzione pastorale sulla chiesa nel mondo contemporaneo*, 991-1054.

[7] Cf. soprattutto *Gaudium et spes*, n. 74 (*EV* 1/1567ss). Riferimenti più ampi sull'esigenza della mediazione etica nell'approccio alle realtà temporali di trovano ai nn. 25-30 (*EV* 1/1396-1414).

colari ma deve invece tener conto della globalità dei bisogni della famiglia umana all'esigenza di rispettare la fondamentale uguaglianza di tutti i cittadini e di sollecitare la responsabilità e la partecipazione.[8]

Laicità e mediazione etica dunque, lungi dall'escludersi, sono reciprocamente correlate e interdipendenti: la tecnica non è infatti sufficiente a fornire da sola gli strumenti per il perseguimento delle finalità umanizzatrici della politica, la quale ha bisogno per questo di ricorrere all'etica. Ma, a sua volta, l'etica non può essere pensata come qualcosa di esterno, che si impone arbitrariamente alla razionalità della politica e tanto meno come una realtà che ha origine da altri mondi – ad esempio quello religioso – e che esautora pertanto la razionalità umana. È dunque necessaria un'etica autonoma, la quale può tuttavia essere stimolata, nella sua insorgenza, nel suo sviluppo e nella radicalizzazione delle sue istanze, da un orizzonte trascendente di interpretazione della vita.

> «Il complesso mondo della politica, a cui oggi vengono ricondotti i valori della secolarità, e quindi delle realtà temporali, fino a diventare il luogo teologico della mediazione tra fede e ragione, è dunque l'ambito in cui i cristiani giocano la carta delle loro virtù sia pure ispirate dalla fede. I presupposti dentro i quali deve muoversi l'azione politica del cristiano non sono più tuttavia di natura ecclesiologica – salvaguardata la comunione ecclesiale e il riferimento ai valori morali della fede – ma di natura storico-sociale».[9]

È qui adombrata la funzione della fede cui il concilio dà particolare rilevanza: essa non è più chiamata in causa sul terreno tecnico e neppure su quello etico-normativo, ma su quello metaetico, in quanto deputata a fornire il senso ultimo. Inserendoci nel tessuto dell'economia del *Logos* entrato nella storia, la fede conferisce ai valori profani, già di per sé aperti a

---

[8] Un'analisi accurata dei contenuti valoriali dell'etica sociale e politica proposti dal concilio si trova in W. Weber – A. Rauscher, «La comunità degli uomini», in *La chiesa nel mondo di oggi. Studi e commenti intorno alla Costituzione pastorale «Gaudium et spes»*, a cura di G. Baraùna, Vallecchi, Firenze 1966, 287-307.

[9] P. Nepi – M. Ivaldo, «Essere cristiani oggi. Impegno religioso e impegno politico», in P. Nepi – M. Ivaldo (edd.), *Cattolici e politica in un mondo diviso*, AVE, Roma 1979, 161.

un'interpretazione più profonda, una nuova e compiuta dimensione e ci fornisce una forma di discernimento degli eventi storici secondo il disegno di Dio, sottraendoli al rischio dell'ambiguità che è loro connaturale.[10]

La prospettiva scelta dal concilio – si veda soprattutto il n. 22 della *Gaudium et spes* – è decisamente cristologica: Cristo «nuova creazione», «pienezza» e «ricapitolazione» offre gli orizzonti di comprensione dell'universo umano e cosmico. Il ricupero della categoria di «creazione» in questo contesto, mentre consente il rispetto della realtà, a cui viene riconosciuto valore in sé, postula la sua integrazione nell'ambito della salvezza, assumendola e riscattandola mediante il coinvolgimento nei misteri dell'incarnazione e della pasqua. La consapevolezza della presenza del peccato nella vita dell'uomo e, più radicalmente, del mistero del male nella storia, dà ragione del ricorso a una forza trascendente, che restituisca alle cose la loro positività originaria e dia all'uomo la possibilità di viverle in pienezza mediante il supporto della grazia. L'impegno di trasformazione del mondo, lungi dall'essere ridimensionato, viene radicalizzato e relativizzato, perché emerge, da un lato, la sua importanza per l'edificazione del Regno e, dall'altro, la sua insufficienza, in quanto il Regno è in ultima analisi dono di Dio.

> «La radicalità dell'impegno e della resa – ha scritto lucidamente E. Schillebeeckx – non è spiegabile partendo dal puramente umano. Esso è, per natura, esplicita o anonima speranza in Dio come futuro dell'uomo. Forse i cristiani non hanno ancora tratto tutte le conseguenze dalla radicalità di questa prospettiva e stanno perciò ancora in dubbio dinanzi alla dinamica sociale e politica del nostro tempo, come davanti alla lotta per una maggiore dignità umana. Non si sentono perciò troppo "soddisfatti" nel loro benessere, mentre più della metà del mondo aspira a un minimo indispensabile di dignità umana?».[11]

---

[10] Cf. M.-D. Chenu, «I segni dei tempi», in *La Chiesa nel mondo contemporaneo. Commento alla Costituzione pastorale «Gaudium et spes»*, Queriniana, Brescia 1966, 85-102.

[11] E. Schillebeeckx, «Fede cristiana e aspettative terrene», in *La Chiesa nel mondo contemporaneo. Commento alla Costituzione pastorale «Gaudium et spes»*, 133.

A confermare questa visione non mancano importanti riflessioni di natura ecclesiologica, che, muovendo dalla considerazione che la Chiesa è «dentro» la storia, è cioè parte di un «mondo» non solo fenomenicamente ma anche teologicamente più grande,[12] rendono insieme trasparente l'autonomia della politica e la specificità del contributo del cristianesimo alla costruzione della società.[13] Il concilio non ha fatto, purtroppo, un grande sforzo per esplicitare in chiave teologica tale contributo, sia in rapporto alle strutture della fede che in riferimento alla forma della vita della Chiesa: si è accontentato di enunciare i principi rinunciando a dare vita a un serio confronto della proposta cristiana con le aspirazioni della coscienza politica moderna e non attribuendo il dovuto spazio alla dimensione politica della *caritas*, che avrebbe consentito di evidenziare la «novità» dell'approccio cristiano.[14]

Autonomia, necessità del ricorso all'etica e fede come orizzonte metaetico che fornisce al credente il senso ultimo dell'agire: sono questi i capisaldi metodologici ai quali il concilio ispira la riflessione sulla politica, nel rispetto di ciò che strutturalmente la costituisce, senza rinunciare tuttavia a mettere in luce il significato che riveste nella prospettiva della fede.

2. Le teologie del postconcilio

Le aperture del concilio hanno trovato immediatamente riscontro nella riflessione della teologia postconciliare, nella quale occupa un ruolo centrale il ricupero della dimensione «politica» della fede, la restituzione cioè di un valore essenziale al carattere storico e mondano del messaggio salvifico.

---

[12] Cf. L. Sartori, «La laicità nella dottrina del Vaticano II», in *Laicità nella chiesa*, Vita e Pensiero, Milano 1977, 35.

[13] G. Colombo ritiene che le motivazioni più profonde all'impegno temporale dei laici vadano rintracciate nel IV capitolo della *Lumen gentium*, dove viene radicalmente fondato il senso di tale impegno (cf. «L'insegnamento del Concilio Vaticano II sull'impegno politico dei cristiani», in Nepi – Ivaldo [edd.], *Cattolici e politica in un mondo diviso*, 103-128).

[14] Una precisa denuncia di questi limiti si trova in J.-Y. Calvez, «La comunità politica», in *La Chiesa nel mondo contemporaneo. Commento alla Costituzione pastorale «Gaudium et spes»*, 233-270.

Questo tipo di riflessione si è prodotto in due aree geografiche, nelle quali, per la diversità delle situazioni concrete, ha avuto luogo lo sforzo di coniugare tra loro, secondo ottiche profondamente differenziate, fede e politica: l'area *mitteleuropea*, all'interno della quale sono nate e si sono sviluppate la «teologia della speranza» e la cosiddetta «teologia politica» e l'area *latinoamericana*, dove è nata e si è sviluppata la «teologia della liberazione» (che si è successivamente estesa anche ad altre aree del terzo mondo, in particolare a quella africana e asiatica).

Tali correnti teologiche sono in continuità con i tentativi, attuati nell'immediato dopoguerra, di dare vita a una *teologia del mondo*, che restituisse al messaggio cristiano incidenza storica. Diversamente da questi tentativi, tuttavia, la «teologia politica» e la «teologia della liberazione» si muovono entro un orizzonte più ampio: la peculiarità che le caratterizza – e che, sotto questo profilo, le accomuna – consiste nel fatto che in esse il discorso politico non è affrontato tematicamente come una delle tante questioni che affiorano in un determinato momento storico, ma, in senso più globale, come una delle dimensioni «trascendentali» dell'intero messaggio di salvezza. Non si tratta perciò di un ampliamento in senso quantitativo dell'area di interesse della riflessione teologica, ma di un vero salto qualitativo nell'interpretazione del significato profondo del cristianesimo. In altre parole, l'obiettivo non è quello di offrire precisi orientamenti all'impegno politico dei cristiani, ma quello di riscoprire la dimensione «politica» della fede come una dimensione essenziale, che deve esprimersi in modo originale nel contesto dell'esistenza quotidiana. Per questa ragione tali teologie sono una vera e propria «ermeneutica della fede», la quale assume come luogo di ricerca e di impegno la situazione storica dell'umanità e le proposte di prassi liberatrice in atto. La riflessione sulla «politica» chiama così in causa il problema dell'identità del cristiano, e tocca in qualche modo l'essenza stessa del cristianesimo.

2.1. La teologia politica: il pensiero di J.B. Metz

La «teologia politica» (o «neopolitica») ha avuto come fondatore J.B. Metz, il cui pensiero costituisce una delle più robuste espressioni della ricerca teologica postconciliare.[15] Secondo Metz è mancata alla teologia, fin dagli inizi della modernità, la capacità di comprendere e di dare un senso al processo di secolarizzazione. La ragione di tale incomprensione va addebitata al fatto che la teologia, nonostante i profondi cambiamenti intervenuti nella realtà, ha continuato a riflettere con categorie di natura privatistica, favorendo così la de-socializzazione e la de-storicizzazione del messaggio cristiano. Le origini di questa lettura intimistica (perciò essenzialmente individualista) del cristianesimo sono, d'altronde, rintracciabili in eventi antecedenti, che hanno profondamente influenzato il cammino di sviluppo della proposta cristiana: si pensi alla *devotio moderna*, da un lato, e alla Riforma, dall'altro. La centralità assegnata in ambedue i casi all'individuo era dettata dall'esigenza di far uscire la fede da uno stato di eccessiva invadenza dell'ambito pubblico – nel regime di cristianità la politica era diventata una variabile dipendente della religione o del potere ecclesiastico – e dall'avanzare della concezione liberale dello Stato, per la quale la religione andava confinata nell'ambito della coscienza privata.

Ma il processo di privatizzazione della teologia – su questo Metz giustamente insiste – si è soprattutto sviluppato, in tempi a noi più vicini, come conseguenza dell'uso di categorie filosofiche limitative: il riferimento è qui in primo luogo alle categorie della metafisica essenzialista classica, ma anche a quelle dell'antropologia trascendentale di K. Rahner, nonché a quelle dell'esistenzialismo e del personalismo. In tutti questi casi, infatti, l'attenzione alla singola persona e alla relazione interpersonale va di pari passo con la rinuncia a una seria considerazione dei processi di socializzazione in corso, e dunque con la totale mancanza di rilevazione del peso che rivestono le strutture sociali e della funzionalità che finisce per caratterizzare gli stessi rapporti umani. Tutto ciò rifluisce (e non può non rifluire) sulla lettura del messaggio cristiano; lettura che

---

[15] Tra le opere più importanti di J.B. Metz ricordiamo: *Sulla teologia del mondo*, Queriniana, Brescia 1969; *Antropocentrismo cristiano*, Borla, Torino 1969; *La fede nella storia e nella società*, Queriniana, Brescia 1978; *Al di là della religione borghese*, Queriniana, Brescia 1981.

avviene in un'ottica esistenziale-personale – basti ricordare l'ermeneutica bultmanniana – eludendone gli aspetti storico-sociali e mettendo tra parentesi (o ignorandone del tutto) l'essenziale portata comunitaria.

Il pensiero di Metz prende dunque avvio dall'esigenza di de-privatizzare la fede e si traduce nella formulazione – sono le sue stesse parole – di una «*teologia politica* come ermeneutica della tradizione di fede, orientata all'azione, nei confronti della storia moderna della libertà».[16] La consapevolezza che ogni fenomeno umano ha risvolti «politici» obbliga la fede a ricuperare la dimensione politica che costitutivamente le appartiene, colmando la distanza tra «teoria» e «prassi», tra ortodossia e ortoprassi. Metz è consapevole del rischio che tale ricupero riproponga, sia pure sotto forme diverse, la tentazione della sacralizzazione della politica; che si istituisca, in altri termini, un corto circuito tra fede e politica con possibili rigurgiti integralisti. Ma egli sgombera il campo da tale rischio, mettendo l'accento sulla necessità di riabilitare la prospettiva escatologica del cristianesimo, di riscoprire cioè la rilevanza prospettica della fede, la quale non ha come compito quello di fornire soluzioni immediate (o tecniche) ai problemi politici quanto, piuttosto, quello di esercitare una funzione critico-profetica in nome della *memoria sovversiva* della passione, morte e risurrezione di Cristo. L'idea che scaturisce infatti da una lettura della storia nell'ottica della redenzione è quella di una giustizia e di una solidarietà universali, che prendono corpo nella caduta della distinzione tra «prossimo» e «nemico» e nell'attenzione privilegia-

---

[16] J.B. Metz, «L'autorità ecclesiale di fronte alle esigenze della storia della libertà», in J.B. Metz – J. Moltmann – W. Delmuller, *Una nuova teologia politica*, Assisi 1971, 79. Deprivatizzando la fede, nel segno della più radicale accettazione della mondanità del mondo, la teologia politica le ha restituito la connaturale dimensione di elemento critico-liberatore nei confronti della società. «Il discorso della teologia politica – osserva acutamente Metz (*Sulla teologia del mondo*, 111) – cerca di richiamare alla teologia attuale la coscienza del continuo processo che si svolge tra il messaggio escatologico di Gesù e la realtà politica e sociale. Esso sottolinea che la salvezza annunciata da Gesù, non già in senso naturale e cosmologico, bensì sociopolitico, è costantemente in relazione al mondo: come elemento critico e liberante di questo mondo sociale e del suo processo storico. Le promesse escatologiche della tradizione biblica – libertà, pace, giustizia, riconciliazione – non possono essere privatizzate. Esse spingono sempre di più alla responsabilità sociale».

ta alle vicende degli ultimi e dei sofferenti. La *memoria passionis* diventa in questo modo un ricordo pericoloso, che pone in allarme di fronte alle facili conciliazioni con i «fatti» e le «tendenze» della società; diventa un ricordo liberante di fronte alle costrizioni e ai meccanismi della coscienza dominante. Come tale essa preserva la politica tanto dalla tentazione del totalitarismo quanto da quella – non meno grave – di una neutralità asettica, che si traduce in assenza di orientamento, e introduce nell'azione politica una nuova fantasia morale, che sostituisce al gioco degli interessi il rinvio prioritario al bisogno e alla sofferenza altrui, facendo perciò maturare un'opzione disinteressata per i deboli e per i non rappresentati.

> «Coscienza politica *ex memoria passionis*, agire politico a partire dalla memoria della sofferenza umana: ciò potrebbe alludere – è Metz a rilevarlo – a una comprensione della politica, dalla quale è possibile far sorgere nuove possibilità e nuovi criteri per disporre dei processi economici e tecnologici. La memoria della sofferenza ispira una nuova forma di solidarietà, di responsabilità verso i più lontani, in quanto la storia della sofferenza unisce tutti gli uomini come una "seconda natura". Essa impedisce una comprensione puramente tecnica della libertà e della pace. Essa non permette nessuna pace e nessuna libertà a spese della storia della sofferenza, messa a tacere, di altri popoli e gruppi».[17]

In questo modo la fede nel Dio dei viventi e dei morti interroga le teorie post-teologiche della storia e della società, chiedendo loro se e fino a che punto esse non abbiano semplicemente dimezzato la storia o non l'abbiano addirittura condotta alla paralisi. Ma, soprattutto, introduce nel cammino di emancipazione l'attenzione al singolo soggetto e agli aspetti negativi e perdenti della vita, evitando sia che tale cammino venga pensato in termini di universalità astratta, con la conseguenza della schiavizzazione del soggetto storico, sia che esso assolutizzi in senso ideologico un progetto di liberazione, tagliando fuori aspetti essenziali dell'esperienza

---

[17] METZ, *Sulla teologia del mondo*, 104.

cristiana. La redenzione dell'umanità in Cristo, e perciò l'universale solidarietà di tutti gli uomini dinanzi a Dio, è dunque il referente dal quale la politica riceve, in senso forte, la sua dimensione etica; dimensione che le conferisce il carattere di lotta storica incessante per la restituzione di dignità ad ogni uomo e per l'affermazione di una sempre più ampia solidarietà nei confronti di coloro ai quali tale dignità è sottratta.

Il rispetto dell'autonomia dell'uomo e del mondo, e dunque della «laicità» della politica, è pienamente confermato sia dall'ecclesiologia che dall'etica. La «teologia politica» implica infatti una Chiesa che, più ancora (e prima ancora) di essere «maestra», diventi «testimone» attraverso una prassi esistenziale ispirata ai valori del Regno. Ma implica anche l'assegnazione di una particolare importanza all'etica in nome delle «riserve escatologiche», il cui compito è di fare giudizio della situazione storica e di sollecitare l'impegno a un costante cambiamento. «La teologia politica – è ancora Metz a rilevarlo – come teologia escatologica può raggiungere e determinare il suo orientamento all'azione solo in maniera mediata, per la strada di un'etica politica».[18] L'etica che pertanto scaturisce (ma forse è più appropriato parlare di una «metaetica») ha il carattere di un'etica del mutamento. Più che definire priorità materiali o suggerire piste operative, essa delinea gli orizzonti entro i quali l'agire deve inscriversi e indica come criterio fondamentale il precetto dell'amore.[19]

2.2. La teologia della liberazione latinoamericana

Un analogo tipo di riflessione è sviluppato dalla «teologia della liberazione», che nell'immediato postconcilio prende

[18] J.B. Metz, «La teologia politica in discussione», in *Dibattito sulla «teologia politica»*, Brescia 1971, 249.

[19] Per una riflessione sugli sviluppi successivi della «teologia politica» cf. *Ancora sulla «teologia politica». Il dibattito continua*, Queriniana, Brescia 1975; *Dibattito sulla «teologia politica»*; I. Mancini, *Teologia, ideologia, utopia*, Queriniana, Brescia 1974; D. Sölle, «Mystik und Widerstand», in *Neue Wege* 77(1983), 283-293; Id., *Teologia politica*, Brescia 1973; M. Xaufflaire, *Introduzione alla «teologia politica» di J.B. Metz*, Queriniana, Brescia 1974.

piede nel continente latinoamericano. La pesante situazione di sottosviluppo economico e di oppressione – conseguenza soprattutto dell'ideologia della sicurezza nazionale che ispira l'azione degli Stati Uniti agli inizi degli anni '60 – provoca la crisi delle teorie riformiste incentrate sul concetto di sviluppo e dà origine a un'interpretazione della realtà secondo i paradigmi della dipendenza, che evidenziano le cause strutturali dell'arretratezza, nonché all'elaborazione di una teoria della liberazione che presuppone la riconquista dell'identità di popolo e la ricerca di un modello alternativo di crescita sociale.

Nello stesso periodo la svolta conciliare si traduce nella nascita delle comunità di base, all'interno delle quali avviene la riscoperta della parola di Dio, letta in prospettiva esistenziale e sociale per farne scaturire le linee di una prassi liberatrice; mentre cresce la consapevolezza dell'unità di destino del continente, e perciò l'esigenza di un coinvolgimento unitario delle Chiese locali e nazionali. La ricerca teologica non può prescindere da questi dati; è soprattutto sollecitata dalla metodologia inaugurata dal concilio, che ha delineato con chiarezza nuove forme di rapporto tra fede e storia, Chiesa e mondo, attese umane e speranza cristiana, a un impegno diretto nel sociale e si trova spinta a fare uso per questo, tanto nella fase dell'analisi situazionale quanto in quella propositiva, di categorie filosofiche, in particolare di quelle del marxismo nate in occidente e destinate a subire profonde modificazioni in forza della trasposizione in contesti diversi.

L'identificazione della categoria di *salvezza* con quella di *liberazione*, colta in tutto il suo spessore spirituale e materiale, cioè come liberazione integrale e plenaria, storica e metastorica assegna alla soteriologia un posto centrale e obbliga perciò a rileggere gli eventi della storia della salvezza secondo quest'ottica: esodo, promessa, incarnazione e pasqua – per non citare che i principali – sono tappe di un cammino attraverso il quale la liberazione viene compiendosi, e rinviano tuttavia a una pienezza che avrà luogo alla fine della storia. Ciò, oltre a conferire profonda unità al messaggio, l'orienta immediatamente verso l'impegno politico. La «teologia della liberazione» si incarna infatti in una cristologia, un'antropologia e un'ecclesiologia al cui centro vi è il progetto liberatore; essa si propone come una teologia militante orientata verso un obiettivo operativo.[20]

La novità metodologica più rilevante è costituita dal ribaltamento del tradizionale rapporto teoria-prassi; a ricevere il primato è infatti la prassi che diviene punto di partenza e di arrivo della ricerca teologica. Il percorso è dunque dalla prassi alla prassi, passando attraverso la teoria come strumento volto a definirne le istanze e a delinearne i contorni. La teologia acquista così il significato di *atto secondo* che rinvia alla liberazione. Il primato dell'ortoprassi implica l'esistenza di una componente etica come elemento costitutivo della riflessione teologica *tout court* e obbliga a considerare le scienze sociali come parte integrante del discorso teologico. D'altra parte, il fatto che la liberazione sia un'istanza etica fondamentale, non vanifica la possibilità (anzi la necessità) di una specifica riflessione etica, che prenda seriamente in considerazione l'oppressione e che si sviluppi come servizio alla liberazione del popolo.[21]

L'etica della liberazione, che si presenta storicamente come il tentativo teorico di chiarificazione di una *prassi* originata dalla constatazione del fallimento dell'«ideologia dello sviluppo»[22] e che, rifiutando pertanto ogni tentazione riformista, concentra la sua attenzione sulle condizioni strutturali entro le quali il soggetto si trova a vivere, è un'etica che ha nella persona e nella prassi di Gesù di Nazaret il proprio fondamento e che si inserisce insieme pienamente nella realtà, lasciandosi da essa interpellare, nella prospettiva di un'attenzione privilegiata – è questa l'ottica prescelta – ai poveri, cioè all'umanità emarginata. Essa esige pertanto un ripensamento radicale dei problemi morali in un orizzonte nuovo e comporta l'adozione

---

[20] Un approccio completo (se pure sintetico) alla «teologia della liberazione» nei suoi elementi costitutivi e nella sua struttura complessiva è rappresentato dall'opera di G. Gutierrez, *Teologia della liberazione*, Queriniana, Brescia 1972. Per gli aspetti metodologici e per l'accostamento alle categorie filosofiche cf. E. Dussel, *Metodo para una filosofia de la liberación: superación analéctica de la didàctica hegeliana*, Salamanca 1974.

[21] Una precisa illustrazione delle linee di fondo della «etica della liberazione» è rinvenibile in E. Dussel, «L'etica della liberazione. Ipotesi fondamentali», in *Concilium* 2(1984), 103-119; M. Vidal, «Teología de la liberación y etica social cristiana», in *Studia Moralia* 15(1977), 207-218.

[22] Cf. Dussel, «L'etica della liberazione», 109.

di un'alternativa storica di cambiamento: l'approccio alle questioni morali non può infatti essere individuale ma sociale, collettivo, solidale; mentre l'obiettivo non è tanto quello di risalire al fondamento del giudizio etico, quanto piuttosto quello di definire un *ethos* concreto, che ha inizio in un profondo cambiamento esistenziale, il quale comporta l'ingresso in un nuovo tipo di solidarietà. I contenuti di tale *ethos*, il cui criterio fondamentale è l'opzione per i poveri, sono ricavabili solo attraverso una seria diagnosi della realtà sociale – essenziale è, al riguardo, la correlazione accennata tra teoria e prassi – e attraverso precisi orientamenti operativi, rinunciando a ricercare una sistematicità universale del pensiero etico per muoversi in una prospettiva decentrata e parziale, capace per questo di incidere sulla realtà.[23]

2.3. Qualche rapida osservazione critica

Il limite che accomuna la «teologia politica» europea e la «teologia della liberazione» latinoamericana è l'assenza di un'etica sistematica, la quale, mettendo a fuoco il livello dello *umano* cui occorre riferirsi in ogni forma corretta dall'agire, costituisce una condizione essenziale per dare concretezza all'impegno politico, spingendolo ad acquisire i valori che ne definiscono il senso e fornendogli concrete indicazioni normative.[24]

---

[23] Interessanti approfondimenti sull'etica della liberazione si trovano in: C. Boff, *Teologia de lo politico. Sus mediaciones*, Salamanca 1980; L. Boff, *Teologia della cattività e della liberazione*, Queriniana, Brescia 1977; E. Dussel, *Ethics and Theology of Liberation*, Mary Knoll 1978; Id., *Filosofia Etica Latinoamericana*, 5 voll. México 1977, Bogotá 1979, 1980; Id., «Può legittimarsi "una" etica di fronte alla "pluralità" storica delle morali?», in *Concilium* 10(1981), 102-115; I. Ellacuria, *Hacia una fundamentatión filosofica del metodo teologico latino americano: Liberación y cautiverio*, México 1976; G. Gutierrez, *La forza storica dei poveri*, Queriniana, Brescia 1981; J. Miguez Bonino, *Fare teologia in una situazione rivoluzionaria*, Queriniana, Brescia 1976; F. Moreno Rejon, «Perspectivas para una ética de la liberación», in *Moralia* 4(1982), 135-150; A. Moser, «Novas Inquietaçoes na Teologia Moral», in *Rev. Ecl. Bras.* 40(1980), 5-61; J.L. Segundo, *Liberazione della teologia*, Queriniana, Brescia 1976; M. Vidal, «La preferencia por el pobre, criterio de moral», in *Studia Moralia* XX/2(1982), 277-304.

[24] La debolezza dell'etica della liberazione è messa a fuoco con precisione da Vidal, «Teología de la liberación y Etica social cristiana», 207-218. I limiti di ordine etico della «teologia politica» sono ben evidenziati da D. Sturm, «Praxis and Promise. On the Ethics of political Theology», in *Ethics* 92(1982), 733-750.

Questa carenza, non secondaria, è in parte compensata dalla forte (e giustificata) critica espressa da ambedue le teologie nei confronti del modo di intendere la mediazione umana da parte dell'etica dell'autonomia, divenuta dominante in Europa a partire dagli anni '60. È stato per primo Metz a muovere in termini radicali tale critica, rilevando come l'etica dell'autonomia, muovendosi all'interno della prospettiva illuminista, si fa propugnatrice di una morale borghese, incentrata sull'ipertrofia del soggetto e perciò su una ragione individualistica e chiusa, in definitiva non solidale. All'accusa di «privatismo» e di «idealismo», la teologia della liberazione aggiunge la rilevazione che il rischio connesso a tale modello è di consolidare la concezione dello sviluppo occidentale, giustificandone *a priori* la legittimità in base all'assunzione acritica dei valori borghesi, e di penalizzare pertanto tutto ciò che non corrisponde a tale concezione, perpetuando lo stato di marginalità dei popoli oppressi. All'indiscutibile validità di questa denuncia non corrisponde tuttavia uno sforzo adeguato per proporre una vera (e consistente) alternativa. L'etica della teologia politica è un'etica civile, a-ideologica, democratica e pluralista; la libertà emancipativa che essa promuove è ancora troppo astratta, collocandosi a livello trascendentale e non entrando perciò nel merito dei processi storico-sociali.

Al contrario, per la teologia della liberazione l'etica ha connotati estremamente concreti: la libertà può infatti realizzarsi pienamente solo nella solidarietà che conduce all'effettiva liberazione del povero.[25] L'istanza emancipativa è riferita alla situazione concreta e all'esperienza vissuta, e non a un'astratta proclamazione dei diritti dell'uomo, preoccupata esclusivamente di una universalità formale e della ricerca del fondamento dei giudizi morali.[26] Tuttavia l'univocità di interpretazione del messag-

---

[25] «Il punto di partenza dell'etica della liberazione non può essere, quindi, né un uomo astratto, né un uomo segnato dal successo. Il suo punto di partenza dev'essere l'uomo mutilato, oppresso da una situazione di flagrante ingiustizia. L'obiettivo che l'etica della liberazione si prefigge è anzitutto quello di dar vita a una prassi liberatrice, capace di strappare quest'uomo dalle maglie dell'oppressione, propiziandogli condizioni di vita più favorevoli» (A. Moser, «La rappresentazione di Dio nell'etica della liberazione», in *Concilium* 2[1984], 84).

[26] La critica alla categoria dei diritti dell'uomo si riferisce soprattutto alla loro interpretazione borghese. Per la teologia della liberazione il fatto che la ragione mora-

gio cristiano dovuta al ricorso a una sola categoria – quella di liberazione – e la tendenza a ricavare direttamente da essa un'ipotesi esclusiva di emancipazione politica denunciano aspetti preoccupanti di ambiguità. Se infatti sono evidenti, da un lato, il mancato rispetto dell'autonomia della razionalità morale e la tendenziale riduzione della fede all'impegno storico-mondano, emerge con chiarezza, dall'altro, il rischio dell'ideologia, la ricerca cioè di legittimazione teologica per opzioni puramente mondane, con la caduta nell'integralismo.

La fecondità delle prospettive aperte dalle teologie postconciliari non deve farcene dimenticare i limiti; deve stimolare piuttosto la ricerca a superarli, valorizzando appieno le indicazioni positive che da esse scaturiscono.

3. Dalla prospettiva escatologica alla mediazione etica

Le riflessioni fin qui fatte ci consentono di sgomberare il campo da due modelli di interpretazione del rapporto tra fede e politica, che, per quanto di segno opposto, sono ugualmente unilaterali e devianti. Il primo è il *modello deduttivistico*, fondato sulla convinzione che dalla fede sia possibile ricavare, in maniera consequenziale, un progetto politico ben definito: il processo di secolarizzazione ha reso manifesta l'impossibilità di tale deduzione, sottraendo non solo la politica ma anche l'etica (in quanto realtà *umana*) a ogni forma di dipendenza o di copertura sacrale.[27] Il secondo è il *modello separatista*, per il quale fede e politica corrono su binari paralleli, nel senso che la fede non ha alcuna incidenza sulla politica (e più radicalmente sull'etica), la quale è caratterizzata da fini (e leggi) del tutto autonomi: le conseguenze di questa proclamata «neutralità» della fede sono pesanti tanto sul versante religioso che su

le tragga origine dalla prassi di liberazione e sia strettamente dipendente dalla storia effettiva di tale prassi, obbliga a una radicale revisione e a una nuova impostazione della stessa tematica dei diritti dell'uomo.

27 Cf. R. Coste, *La responsabilità politica della chiesa*, Coines Edizioni, Roma 1974.

quello politico: da una parte, la fede perde infatti il suo carattere storico-concreto, riducendosi a una credenza astratta e spiritualizzata e provocando l'insorgere di una forma di schizofrenia tra l'essere credenti e l'essere cittadini; dall'altro, la politica (e prima ancora l'etica) si priva dell'apporto di valori che appartengono alla definizione dell'*humanum* e le conferiscono la spinta a un vero cambiamento.

Il superamento dei due modelli descritti comporta pertanto che fede e politica vengano rapportate tra loro in modo fecondo, adottando una prospettiva dialettica, che eviti sia il pericolo di una rigida dipendenza sia quello di un radicale dualismo. La possibilità di dare vita a questo tipo di rapporto è strettamente dipendente tanto dalla capacità di restituire alla fede la sua rilevanza esistenziale e storico-sociale, quanto dall'affermarsi della convinzione che la politica non si riduce a un insieme di decisioni tecnico-funzionali, ma è un servizio globale alla promozione umana.[28]

3.1. La dimensione escatologica della fede

Il primo tentativo di mettere in atto una relazione positiva tra fede e politica si è sviluppato negli anni '70 mediante la produzione di un modello incentrato sul ricupero della dimensione escatologica della fede, con riferimento privilegiato ai contributi della «teologia politica» e della «teologia della liberazione» – ai quali ci siamo riferiti – e tenendo in considerazione le profonde modificazioni intervenute in ambito socioculturale.[29]

3.1.1. Dilatazione e approfondimento della coscienza politica

A provocare l'insorgenza di tale modello sono stati i profondi cambiamenti del senso e delle dimensioni della «politica»

---

[28] Per un approfondimento della necessità di superare i due modelli qui richiamati cf. A. Cavadi, *Ripartire dalle radici. Naufragio della politica ed etiche contemporanee*, Cittadella, Assisi 2000, 83-95.

[29] Abbiamo sviluppato, agli inizi degli anni '70, la riflessione su questo modello in un nostro saggio «Fede e impegno politico. Ricerca dell'identità cristiana», in *RTM* 20(1973), 467-490.

tanto nella coscienza soggettiva che nella vita collettiva, a seguito soprattutto dell'avanzare del complesso *fenomeno della secolarizzazione* che ha reso sempre più trasparente la responsabilità dell'uomo nella storia. Si è così determinato il passaggio da un atteggiamento di attesa passiva e rassegnata alla convinzione che il mondo è una realtà da costruire e il futuro un programma da gestire. E questo proprio nel momento in cui lo sviluppo delle scienze umane forniva validi strumenti di analisi della realtà sociale nei suoi condizionamenti culturali, psicologici, economici e politici, e lo sviluppo tecnologico offriva all'uomo ampie possibilità di intervento, non solo nel campo della natura ma anche nei settori delle strutture sociopolitiche.

Ciò ha acuito la crescita della *sensibilità politica*; ha fatto maturare cioè la convinzione che le sorti dell'umana convivenza, le condizioni di vita e di progresso, non dipendono dal destino cieco della natura o dal gioco incontrollabile delle contingenze o dalla struttura consacrata di un ordine sociale immutabile, ma dal libero intervento dell'uomo e dalla responsabile gestione del bene comune. L'uomo prende sempre più consapevolezza che ha in mano le redini del proprio destino futuro. In questo modo la sensibilità politica si trasforma in *coscienza politica*, che reclama l'assunzione di precisi impegni e rende necessario il ricorso alla *razionalità scientifica dell'analisi sociale*, quale mezzo di conoscenza dei dinamismi della realtà e quale premessa indispensabile per fornire all'azione politica efficaci metodologie di intervento. Il non ricorrere a questi strumenti costituisce una forma di evasione dalla storia, e perciò di infedeltà alle legittime esigenze della coscienza politica.

Da questa nuova interpretazione della responsabilità umana scaturisce una dilatazione di *orizzonte della prassi politica.* L'attività politica, che appariva in passato come un settore particolare di attività, accanto a quello familiare, professionale, economico e sociale ecc., assume carattere di *globalità*, in quanto dimensione sottesa a ognuna di queste attività. E ciò soprattutto perché l'analisi scientifica dei fenomeni sociali permette di individuare le vere radici strutturali, e quindi politiche, di ogni attività o di ogni comportamento, focalizzando i complessi dinamismi che stanno alla base delle attività settoriali. Il fatto che come risultato di questa convinzione si tenda a «politicizzare» tutto, a considerare cioè ogni situazione particolare come parte integrante di un più vasto gioco politico, non rappresenta un'indebita manipolazione della realtà. È infatti la realtà ad essere in sé «politicizzata»; prenderne atto e inserirsi responsabilmente nel quadro politico non è solo legittimo, ma doveroso. Ignorare tale dimensione o prescindere anche soltanto dall'analisi sociale che potrebbe portarla alla luce, è un atto di irrealismo ingiustificato e, in definitiva, di complicità con chi detiene il potere.

La prima conseguenza di ciò è il riconoscimento che non si dà una vera neutralità politica, in quanto non è possibile né lecito stare al di fuori della fitta trama di interessi, che sono alla base di qualsiasi attività di portata sociale. La seconda è la presa di coscienza del peso politico di tutte le istituzioni; peso che occorre accuratamente ponderare e controllare. Esse infatti si inseriscono in forma molto più consistente e determinante che non la singola persona nel tessuto sociale, e ne riflettono i dinamismi di base e le tensioni, così che si può dire che ogni attività istituzionalmente organizzata svolge una doppia funzione di rilevanza politica: quella positiva o negativa che gioca per se stessa e quella dipendente dall'uso politico che la società ne fa, in quanto parte di un più vasto e complesso ingranaggio.[30]

Se dall'ordine formale delle considerazioni teoriche si passa ai contenuti concreti dell'analisi sociopolitica diviene, d'altronde, ogni giorno più evidente la constatazione di una situa-

---

[30] L'universalizzazione della politica, cui si fa riferimento qui, può comportare, se non si è attenti a fare spazio alle necessarie distinzioni, un allargamento a dismisura della categoria del «politico», una vera inflazione, con la conseguenza di stemperarne la specificità. È fondamentale, per evitare tale rischio, la costruzione di una *teoria della società*, che riconduca ad essa anche la riflessione sullo Stato, tenendo conto del fatto che ogni forma di organizzazione politica deve essere oggi valutata nella sua adeguatezza (o meno) ad interpretare l'assetto dei rapporti sociali. È come dire (ma su questo torneremo) che i problemi nuovi che emergono non sono più tanto connessi all'affermazione dello Stato come entità politica autonoma, ma al processo di trasformazione della società e ai poteri egemonici – si pensi a quello economico e a quello dell'informazione – che condizionano profondamente la stessa gestione dello Stato. La dimensione della «politicità» si estende pertanto ad altre aree forti della vita associata; il che non può tuttavia esimerci da una corretta ridefinizione dell'azione politica, che restituisca ad essa il ruolo di orientamento essenziale della vita collettiva.

zione conflittuale come struttura di fondo della società contemporanea a tutti i livelli. Al di là delle divergenti valutazioni delle situazioni particolari, è evidente che la società attuale è dominata da profondi squilibri e diseguaglianze, frutto di un'ingiustizia istituzionalizzata e coscientemente gestita. La realtà tragica con cui ogni giorno ci confrontiamo è quella di un mondo dove pochi privilegiati concentrano nelle loro mani la ricchezza e il potere e dove enormi masse di persone vivono in condizioni indegne dell'uomo, emarginate ed escluse, prive di sufficienti beni materiali e culturali, senza potere decisionale né possibilità di partecipazione responsabile alla costruzione della propria storia. Una società così strutturata si organizza accuratamente in modo da perpetuare lo *status quo*, assicurando il privilegio alle classi dominanti ed emarginando radicalmente le classi più povere.

3.1.2. L'interpellanza rivolta alla teologia

Questa situazione non può non interpellare la riflessione teologica. Se infatti la teologia deve essere riflessione critica sull'esperienza della salvezza nella storia, non può prescindere dal riferimento al contesto socioculturale in cui viene elaborata, e non può non considerarne le tensioni più autentiche come «luoghi» a partire dai quali ricomprendere la parola di Dio. Il problema è quello di sapere come essa debba tenere conto dei dati esposti; *in quale misura e secondo quale prospettiva* li debba cioè assumere e utilizzare. L'interrogativo che occorre porsi è il seguente: esiste uno «specifico» (un *proprium*) dell'impegno politico del cristiano e della Chiesa, che possa essere in qualche modo desunto da un accostamento critico alla Parola e realizzato a partire dalla comprensione che l'uomo ha oggi di se stesso e della storia in dimensione «politica»?

È qui in gioco – è facile intuirlo – la questione dell'identità cristiana; questione che, pur proponendosi oggi sotto varie angolazioni, si fa più acuta sul terreno della «politica», dove le difficoltà di identificazione sono maggiori: forse perché si tratta di un terreno che coinvolge la prassi e che solleva interrogativi inquietanti, avendo a che fare con situazioni che reclamano risposte immediate e impegni precisi da parte di ogni uomo di buona volontà. La secolarizzazione ha contribuito a purificare la fede, liberandola dalle sovrastrutture sacrali che in passato ne condizionavano profondamente le modalità espressive. Ma da questo processo di liberazione possono derivare i due rischi che abbiamo già segnalati: quello di vanificare il messaggio cristiano, riducendolo a una proposta soprannaturalistica e storicamente irrilevante, e quello di farlo coincidere con un'ideologia umanistica di liberazione, svuotandolo del suo contenuto rivoluzionario, legato alla preservazione della dimensione trascendente.

La domanda circa lo «specifico» dell'impegno politico del cristiano e della Chiesa deve allora essere riproposta nei seguenti termini: esiste un *proprium* di tale impegno a livello di contenuti, nel senso che la fede ha una risposta concreta e organica ai problemi della convivenza organizzata, è in grado cioè di offrire un modello articolato di società e di indicare gli strumenti per realizzarlo? O invece tale *proprium* va situato soltanto a livello di intenzionalità, nel senso che la fede ha il carattere di un'ispirazione o di un'illuminazione globale e profonda della condizione umana, colta in tutta la ricchezza delle sue dimensioni, e perciò anche nella sua dimensione sociale e politica?

Nel primo caso siamo di fronte all'ipotesi espressa nella sua fase originaria – quella preconciliare – dalla «dottrina sociale della Chiesa», concepita come un ampio *corpus* di princìpi teorici e pratici, attraverso il quale vengono delineate le modalità concrete per l'edificazione della convivenza umana secondo il piano di Dio. È evidente in questa ipotesi il rischio dell'integralismo, l'abbandono cioè della lezione della secolarizzazione, per la quale si esige il rispetto delle leggi derivanti dall'analisi sociale della realtà e dalla definizione delle modalità di intervento su di essa. Tale posizione ha fatto spesso da paravento all'adesione a interpretazioni ideologiche della realtà sociale; se infatti si ritiene che il vangelo non contenga ricette risolutive dei complessi problemi sociali e politici del mondo moderno e che, d'altra parte, tali soluzioni vadano rintracciate, è inevitabile che si ricorra alla precomprensione culturale del tempo e agli strumenti ideologici e pratici attraverso i quali tale precomprensione si esprime, con il rischio di adeguarsi, di volta in volta, a indirizzi conservatori o rivoluzionari, attribuendone indebitamente la paternità al messaggio evangelico. L'importanza di tali strumenti per una corretta lettura della realtà storica non può essere messa in dubbio; ma non si deve dimenticare che la loro assunzione globale in nome del vangelo conduce a una visione del tutto immanente del messaggio, perciò al suo svuotamento.

Nel secondo caso – quello della ricerca del *proprium* sul versante dell'intenzionalità – il problema è quello di istituire una relazione adeguata tra ispirazione del messaggio cristiano e analisi sociale, al fine di salvaguardare l'autonomia delle rispettive sfere di competenza e di superare nel contempo le forme di dualismo, che attentano all'unità della proposta evangelica, favorendo l'evasione dalla realtà storico-sociale.

3.1.3. L'unità fondamentale del piano di Dio

L'assunzione di quest'ultima prospettiva, più in sintonia con lo spirito del vangelo e più fedele alle esigenze dell'attuale momento storico, implica una chiarificazione dei presupposti metodologici e di contenuto necessari al suo corretto dispiegarsi.

Il punto di partenza, sul terreno teologico, è costituito dalla presa di coscienza della fondamentale unità del piano di Dio. Uomo e mondo sono assunti, nel progetto divino, in modo globale. La salvezza, comunione degli uomini con Dio e tra loro, non è qualcosa di puramente ultramondano, nei confronti del quale la vita presente sarebbe soltanto una prova; è qualcosa di reale fin d'ora, che coinvolge tutta la realtà umana e cosmica, la trasforma e la conduce alla sua pienezza. Il centro del disegno salvifico di Dio è infatti Gesù Cristo che, con la sua morte e con la sua risurrezione, cambia l'universo e rende possibile l'accesso degli uomini alla loro piena liberazione, la quale abbraccia l'uomo nella sua totalità: corpo e spirito, individuo e società, persona e cosmo, tempo ed eternità. Cristo, immagine del Padre e uomo perfetto, assume l'esistenza umana in tutte le sue dimensioni.

In questa prospettiva l'azione dell'uomo nel mondo acquista una valorizzazione religiosa. L'aldilà è visto come la realizzazione piena della vita presente. La salvezza cristiana, lungi dal deprezzare questo mondo, gli conferisce significato e consistenza. In questo mondo infatti il regno di Dio è già presente, anche se non ancora in modo pieno. Da ciò appare chiaro che non esistono due storie, una profana e l'altra sacra, ma un solo divenire umano assunto irreversibilmente da Cristo, Signore della storia. La storia della salvezza ha il contenuto stesso della storia umana; è infatti il divenire storico dell'umanità a essere posto nell'orizzonte salvifico.

La difficoltà di elaborazione delle categorie, che consentono di esprimere questa visione unitaria della storia, continua a sussistere; forte è infatti il timore di ricadere nei vecchi dualismi o di non riuscire a conservare il carattere di gratuità della salvezza. La rivelazione contiene tuttavia al riguardo preziose indicazioni, che le teologie postconciliari hanno ricuperato e che hanno a che fare con i grandi temi della creazione e dell'escatologia. La creazione è pienamente inserita nel processo salvifico; anzi, essa costituisce il primo atto di salvezza, in quanto dà inizio alla storia come avventura umana e come luogo delle gesta salvifiche di YHWH. L'atto creatore è legato, fin quasi a identificarsi, con il gesto che liberò Israele dalla schiavitù d'Egitto, che è un atto squisitamente politico; è la rottura con una situazione di oppressione e l'inizio della costruzione di una società giusta e fraterna, l'abolizione del disordine e l'avvio di un ordine nuovo. L'esodo è la lunga marcia verso la terra promessa, nella quale sarà possibile dare vita a una società libera dalla miseria e dalle alienazioni.

Un'analoga prospettiva politica si ricava dal confronto con il tema della promessa. L'Antico Testamento è interamente sotto il suo segno; essa si realizza nella storia in modo sempre parziale attraverso le promesse – gli eventi storici di liberazione – che sono insieme compimento di qualcosa e anticipazione del futuro. L'escatologia biblica è caratterizzata dalla compresenza di due dimensioni tra loro complementari: l'attenzione al presente, in quanto in esso la promessa trova *già* realizzazione in fatti storici precisi, e la proiezione nel futuro come tensione verso ciò che *non* è *ancora* realizzato e che costituisce il compimento pieno di quanto la promessa annuncia. La predicazione profetica è contrassegnata da questo modulo interpretativo; il rapporto tra presente e futuro assoluto non va concepito secondo il *cliché* che distingue tra «promesse materiali o temporali» e «promesse spirituali», ma piuttosto riconoscendo negli avvenimenti di liberazione il carattere di vera, se pure parziale, attuazione della promessa. È come dire che la promessa escatologica indica un cammino di liberazione che va al di là di ogni previsione sfociando in nuove e insperate possibilità.

L'unità del piano di Dio, qui descritta riceve il suo suggello nell'evento-Cristo, che è il momento culminante della rivelazione cristiana. In lui il divino e l'umano sono definitivamente riconciliati; egli è parola di Dio e risposta dell'uomo; è l'immagine del Dio invisibile e il primogenito di tutta la creazione. L'azione liberatrice di Cristo – fatto uomo in questa storia una, e non in una storia marginale alla vita degli uomini – sta al centro del fluire storico dell'umanità. La lotta per una società più giusta, più a misura dell'uomo, si inscrive, dunque, pienamente nel cuore della storia salvifica: tutto l'uomo e tutti gli uomini sono chiamati in causa, e con essi il mondo delle cose. La liberazione portata da Cristo, attraverso il mistero pasquale, è redenzione dell'uomo dal peccato, non inteso come realtà privata e intimistica, ma come fatto sociale e storico. È rottura dell'amicizia con Dio e con gli uomini e, conseguentemente, divisione interiore. Le situazioni di ingiustizia non sono casuali, non sono frutto di un destino ineluttabile. Alle loro spalle esiste sempre una precisa responsabilità umana. La riscoperta della dimensione collettiva del peccato è allora la strada per capire la redenzione di Cristo. Se il peccato è al riguardo – per usare un'espressione di Gonzalez-Ruiz – «una specie di struttura o di ambito che condiziona oggettivamente lo stesso cammino della storia umana», la redenzione non può che essere liberazione che include la dimensione sociopolitica. La vita cristiana è una sorta di permanente *pasqua*, un esodo dal peccato alla grazia, dalla morte alla vita, dall'ingiustizia alla giustizia, dall'infraumano all'umano. Cristo ci fa entrare infatti, mediante il dono dello Spirito, in comunione con Dio e con tutti gli uomini, riconciliandoci così pienamente con la vita.

Il processo da lui inaugurato deve essere portato a compimento dall'uomo mediante l'impegno a costruire un mondo più giusto, con la consapevolezza che questo è già opera salvifica. La crescita del Regno è un processo che ha luogo nell'azione liberatrice, pur non esaurendosi in essa. La salvezza cristiana non può esimersi dal denunciare costantemente i limiti e le ambiguità degli eventi storici, non esclusi quelli positivi, annunciandone il compimento nel futuro ultramondano e non dimenticando che la logica dell'evangelo è la logica della croce, la quale rimane «segno di contraddizione», sconfessione della sapienza umana nella sua pretesa di legittimazione assoluta, perciò nella sua autosufficienza. Senza eventi storici di liberazione non c'è crescita del Regno, ma l'avvento definitivo del Regno avrà luogo solo come conseguenza di un atto dall'alto. L'opera di liberazione politica è dunque evento salvifico, anche se non è tutta la salvezza; è annuncio di una realtà che, nella sua pienezza, deve ancora realizzarsi.

> «Chi riduce l'opera salvifica – ha scritto G. Gutierrez – è piuttosto chi la limita al fatto squisitamente "religioso" e non coglie la globalità del processo; chi pensa che l'opera di Cristo non riguardi l'ordine sociale nel quale viviamo se non per contraccolpo e tangenzialmente, non alla radice e direttamente, chi con la scusa di proteggere il significato della salvezza (o i propri interessi...) la toglie da dove batte il polso della storia, da dove alcuni uomini, alcune classi sociali combattono per liberarsi dalla schiavitù e dall'oppressione cui li tengono sottoposti altri uomini e altre classi sociali; chi non vuole vedere che la salvezza di Cristo è una liberazione radicale da ogni miseria, da ogni sfruttamento, da ogni alienazione; chi vuole "salvare" l'opera di Cristo la "perderà"».[31]

3.1.4. Chiesa e politica

L'escatologia cristiana diventa allora il motore di una storia orientata al futuro, la molla di un impegno volto alla liberazione dell'uomo e all'umanizzazione del mondo. La rivelazione ci parla di un Dio che possiamo attendere solo con una speranza attiva. L'ordine sociale è messo profondamente in causa dalla promessa contenuta nel mistero della morte e ri-

---

[31] GUTIERREZ, *Teologia della liberazione*, 18.

surrezione del Signore. La speranza che vince la morte deve gettare le radici nella prassi storica, deve prendere corpo nel presente per cambiarlo; altrimenti altro non è che un'evasione, una sorta di sterile futurismo. Il superamento della frattura tra vita religiosa e realtà sociale – superamento dovuto alla riscoperta della «carica critica e liberante del mondo sociale e del suo processo storico» contenuta nel messaggio evangelico – costringe la Chiesa a ridefinire il senso della sua missione, a divenire a sua volta «istituzione critica della società», ponendosi totalmente al servizio della liberazione umana. Essa è la prima depositaria dell'azione liberatrice del vangelo; e lo è tanto più quanto più diviene al proprio interno spazio di libertà, rinunciando all'uso dei mezzi potenti e facendosi povera di strutture e di privilegi per annunciare la speranza nel regno di Dio. Lo è nel momento in cui scopre un fecondo rapporto con il mondo, basato sulla percezione che i confini tra Chiesa e mondo – come osserva E. Schillebeeckx – svaniscono non solo in direzione della Chiesa, ma anche in direzione del mondo e dell'umanità. La Chiesa non è qualcosa di diverso dal mondo; essa è nel mondo; è il mondo nella sua tensione al Regno. Il dualismo Chiesa-mondo va dunque radicalmente superato, restituendo all'azione della Chiesa per la costruzione di una società giusta valore salvifico, pur nella consapevolezza del limite di ogni azione storica, dunque non rinunciando a coltivare l'attesa del futuro assoluto.

3.1.5. Quale identità dell'impegno cristiano?

Il compito del cristiano (e della Chiesa) è dunque un compito di denuncia e di annuncio, di critica delle strutture oppressive e di impegno responsabile a rinnovarle per favorire il processo di liberazione umana. La possibilità di definire correttamente questo duplice compito è legata all'utilizzo di alcune categorie che la cultura degli anni '70 ha elaborato in modo puntuale, prima fra tutte quella di *utopia*. Sulla scorta delle grandi indicazioni offerte dalla tradizione classica – si pensi a Tommaso Moro e a Tommaso Campanella – si assegnano in quegli anni alla nozione di utopia alcuni connotati che la rendono particolarmente idonea a interpretare il senso della politica.[32] Il primo è lo stretto *rapporto con la storia*, nei confronti della quale essa deve assolvere a una duplice funzione: denunciare l'ordine esistente mettendone a fuoco i limiti e annunciare la possibilità di un ordine nuovo capace di promuovere la vera liberazione. Fra la denuncia e l'annuncio si colloca il tempo della costruzione, che conferisce credibilità all'utopia: se infatti essa non sfociasse in un'azione volta a cambiare il presente diventebbe pura evasione dalla realtà. Il secondo carattere è perciò la *verifica costante del progetto nella prassi*. È merito del marxismo aver segnalato questa esigenza, ponendo l'accento sul primato della prassi nell'esperienza umana e rilevandone l'imprescindibilità sul versante sociopolitico. L'utopia non può rimanere un ideale astratto; deve tradursi in un impegno reale a far nascere una nuova coscienza, nuove strutture di convivenza e nuove forme di rapporto interumano. Infine – è questo il terzo e ultimo connotato che deve caratterizzare l'utopia – la *razionalità*, non staticamente concepita come strumento di conservazione dell'ordine (o disordine) esistente, ma dinamicamente intesa come creatività, frutto dell'apporto della fantasia e dell'intuizione; in una parola, come immaginazione al servizio del cambiamento della realtà.

Il rapporto tra fede e politica può allora essere chiarito, evitando di incorrere negli (opposti) rischi segnalati dell'integralismo e dell'evasione. Ciò che infatti la categoria di utopia rende possibile è tanto la salvaguardia della forza critica e liberatrice del messaggio evangelico nei confronti di tutte le

[32] Cf. T. Moro, *L'utopia o la migliore forma di repubblica*, a cura di T. Fiore, Laterza, Bari 1942. Oltre a Tommaso Moro e sulla scia della *Repubblica* di Platone altri filosofi e letterati del Cinquecento e del Seicento hanno elaborato teorie utopiche da applicare alla politica; le più note tra esse sono *La Città del Sole* di T. Campanella, *La Città felice* di F. Patriti e *La Nuova Atlantide* di F. Bacone. Il tema dell'utopia è poi stato ripreso nel primo Ottocento dal socialismo romantico (Saint-Simon, Owen, Fourier, Proudhon) e, più recentemente, dalla Scuola di Francoforte (*Dialettica negativa* di Adorno), da Bloch (*Spirito dell'utopia*, 1918, e *Il principio speranza*, 1954-56) e da H. Marcuse (*Fine dell'utopia*). Per un'analisi complessiva del significato dell'utopia nella storia del pensiero occidentale cf. L. Muword, *The Story of Utopia*, New York [2]1941; K. Mannheim, *Ideologia e utopia*, Il Mulino, Bologna 1974; E. Bloch, *Experimentum mundi*, Queriniana, Brescia 1980, C.-G. Dubois, *Problèmes de l'utopie*, Lettres modernes, Paris 1968; A. Prevost, *L'utopie de Thomas More*, Nouvelle Societé Mame, Paris 1979; J. Servier, *Histoire de l'utopie*, Gallimard, Paris 1967; J. Szacki, *Utopie*, Iskry, Warszawa 1968; F. Venturi, *Utopia e riforma nell'illuminismo*, Einaudi, Torino 1970.

ideologie e di tutti i sistemi politici quanto la sua reale incidenza sulla realtà storica, perciò sui processi socioeconomici e politici indirizzati verso la liberazione umana. Fondamentale è a tal fine la distinzione tra «coscienza utopica» e «scelta utopica»: la prima designa quell'atteggiamento di fondo che pone l'uomo in uno stato di permanente tensione, facendogli sentire la precarietà di ogni scelta e rendendolo disponibile al «nuovo», al «diverso», all'«alternativo»; la seconda designa invece un atteggiamento segnato dalla pretesa di raggiungere – tutto e subito – il risultato, cioè il ribaltamento della situazione, senza verifica concreta delle possibilità, perciò con il rischio di fallimenti da cui nascono stati di pesante frustrazione.

Dietro tale distinzione si cela in realtà una diversa (persino antitetica) interpretazione dell'utopia. Nel primo caso utopia è, in senso positivo, «ciò che non ha luogo ma può averlo» (ciò che non è ma può essere); è, in altre parole, il vero futuro cui occorre tendere impegnandosi a costruirlo, con la consapevolezza realistica che la possibilità di attingerlo è sempre parziale e che occorre tuttavia perseguirlo con una profonda aderenza alla realtà. L'utopia è in questo caso – per usare un'espressione di E. Bloch – la dimensione trascendentale o «escatologica» della speranza umana: dimensione che apre l'uomo verso il «non ancora» e lo spinge a impegnarsi per realizzarlo. Nel secondo caso il termine utopia è assunto nella sua valenza negativa, la più frequente nell'uso comune, e si identifica con qualcosa che non potrà mai realizzarsi, il puro futuribile o la chimera. La «scelta utopica» porta con sé il pericolo di dare spazio a quest'ultima accezione, di dimenticare che la politica è l'arte del «possibile», il quale sta tra l'ideale e la realtà, ed esige attenzione alle situazioni concrete.

Diverso è il significato che riveste la distinzione tra «coscienza ideologica» e «scelta ideologica». Con la locuzione «coscienza ideologica» si intende designare l'atteggiamento dogmatico e preclusivo di chi tende a inglobare l'intera realtà entro alcune categorie interpretative, approdando a una visione totalizzante ed escludente. Con «scelta ideologica» si allude invece a una scelta concreta, realistica, basata sull'analisi scientifica della realtà sociale e implicante una rigorosa conformità ad essa; una scelta che si apre all'apporto di altri contributi e si qualifica soprattutto per l'assunzione di un forte impegno nella prassi. Anche in questo caso la differenza è dovuta al diverso significato che si attribuisce al concetto di ideologia. Secondo l'accezione più frequentemente in uso (e più negativa) l'ideologia coincide con un'interpretazione globale del mondo e della vita – una vera *Weltanschauung* – che ha come esito, se radicalizzata (è quanto si verifica nel caso della coscienza ideologica), l'insorgenza di posizioni integraliste. Secondo un'altra accezione – oggi fortunatamente sempre più in uso – l'ideologia è invece semplicemente uno strumento di lettura parziale (e provvisoria) della realtà sociale, necessaria a costruire una prassi di cambiamento: in questo caso ha il carattere di una strategia, volta a ricercare le vie adeguate per rendere incisiva l'azione politica.[33]

L'impatto fecondo tra fede e politica non può dunque aver luogo che nel segno del rapporto tra «coscienza utopica» e «scelta ideologica», vincendo la tentazione in passato frequente – si pensi agli anni '70 – di dare vita a scelte utopiche con una coscienza profondamente ideologica, di tendere cioè verso mete ideali (e astratte) con la pretesa del loro immediato perseguimento, dimenticando i tempi di evoluzione propri della storia; o, inversamente – è questo l'atteggiamento maggiormente diffuso – di dare vita a scelte ideologiche con una coscienza rigidamente ideologica, tendendo semplicemente alla conservazione dello *status quo*. Al di là della differenza di prospettive di fondo, le due posizioni convergono attorno a una comune matrice integralista, che, nel primo caso – quello dell'utopismo radicale – ha in aggiunta il grosso svantaggio dell'inefficienza, perciò della sterilità.

Se si vogliono superare – com'è doveroso – i rischi segnalati, è dunque necessario impegnarsi in scelte concrete, capaci di incidere nella realtà, in una parola in «scelte ideologiche», conservando tuttavia la consapevolezza della loro precarietà e tendendo perciò al loro costante superamento grazie

[33] L'azione politica, per essere razionale ed efficace, ha bisogno di un'analisi delle strutture esistenti e della ricerca di strumenti idonei a modificarle; in una parola, di un preciso progetto e dell'individuazione delle vie concrete attraverso le quali renderlo operativo.

agli stimoli derivanti dalla «coscienza utopica». L'utopia ha bisogno di misurarsi con le ideologie storiche del cambiamento per potersi incarnare e diventare strumento vivo di trasformazione della realtà; a loro volta, le ideologie del cambiamento hanno bisogno di una sporgenza utopica per non chiudersi nell'orizzonte del presente e non generare un sistema totalizzante. Utopia e ideologia devono rimanere pertanto in uno stato di permanente tensione, in un rapporto aperto e dialettico di reciproca interdipendenza, nel quale il primato di valore dev'essere riservato all'utopia, che è il lievito mediante il quale tutte le ideologie (anche le più perfette e le più capaci di interpretare la situazione storica) vanno costantemente fermentate.

> «L'utopia così intesa non è l'ideologia, ma ne è, potremmo dire, lo scopo o l'ultimo significato. L'ideologia può descrivere la migliore società possibile. L'utopia va ancora più lontano, dovendo essere ciò che dà un significato all'esistenza umana in una tale società. Semplificando – forse eccessivamente – potremmo dire che l'utopia è in grado di trionfare sulla precarietà di qualunque società umana, fosse anche la migliore possibile. E trionfa anche sulla densità e sulla realtà di quella società a venire. Bisogna anche notare che l'utopia non appare necessaria solo per il fatto degli eventuali limiti della società futura, di cui possiamo già scorgere, più o meno chiaramente, la presenza effettiva; ma sembra altrettanto indispensabile per gli elementi di riuscita e di successo umano ai quali quella società può giungere, conferendo loro una compiutezza di significato».[34]

3.1.6. Fede, religione ed escatologia

Il rapporto tra utopia e ideologia ripropone, a ben vedere, sotto forma diversa, la questione del rapporto tra coscienza e struttura, tra rivoluzione interiore (o della coscienza) e rivoluzione strutturale (o del sistema). È necessario superare, a tale riguardo, ogni forma di manicheismo, evitando di incorrere tanto in uno spiritualismo disincarnato quanto in un materia-

[34] F. Biot, *Teologia del fatto politico*, Coines Edizioni, Roma 1974, 284.

lismo vuoto perché senz'anima. Questo diventa possibile solo mettendo in atto un'integrazione dialettica delle due istanze, senza dimenticare il primato di valore della coscienza, con la consapevolezza – come ha scritto Péguy – che «la rivoluzione sarà morale o non sarà». La relazione tra fede e impegno politico può, in questo contesto, fare proprio il paradigma del rapporto tra fede e religione com'è venuto proponendosi a seguito del processo di secolarizzazione. La necessità di liberare la fede da contaminazioni «religiose» di tipo sacrale non ha significato rinuncia a un rapporto con la «religione», non potendo sussistere una fede «allo stato puro» e dovendo pertanto accettare una mediazione storica come quella religiosa. Non c'è fede senza religione, né evidentemente religione senza fede. La fede deve costantemente purificare la religione nelle sue espressioni concrete, nel suo linguaggio, nei suoi simboli, nelle sue strutture (elementi legati al particolare contesto socioculturale in cui si incarna); d'altra parte, essa ha bisogno della religione per esprimersi in modo vero e costruttivo.

Analogo è il rapporto tra fede e azione politica: il piano su cui l'impatto deve verificarsi è anzitutto quello dell'utopia, che affonda le sue radici nella dimensione escatologica della fede. La tensione alla pienezza del Regno (e la garanzia che verrà) proietta costantemente la storia verso il futuro, e il riconoscimento che l'impegno a costruire una società più libera e più giusta ha un legame con il Regno avvalora l'impegno umano. Così concepita la fede assicura all'utopia un fondamento assoluto e la sottrae al rischio della caducità e di una permanente proiezione in avanti senza una meta definitiva. La funzione utopica della fede si traduce perciò anzitutto in un potere critico positivo, che riconosce in ogni situazione di crescita umana il valore di anticipazione prefigurativa del Regno, ma ne rivela nel contempo i limiti spingendo l'uomo verso un futuro ulteriore. L'atteggiamento del credente appare dunque ispirato al dinamismo storico e all'immaginazione creativa, superando ogni forma di dogmatismo e di integralismo.

D'altra parte, questa tensione escatologica, per assolvere adeguatamente il proprio compito, dovrà essere di continuo verificata nella prassi sociale per farsi impegno reale, senza purismi intellettuali e senza illegittime pretese; in una parola, dovrà essere costantemente revisionata e concretizzata mediante il ricorso alle ideologie storiche di liberazione dell'uomo. Dire questo non significa accettare un dialogo indifferenziato e paritetico con qualsiasi ideologia, ponendole tutte sullo stesso piano. Nella Bibbia infatti l'uomo è rivelato a se stesso negli elementi essenziali che lo costituiscono e nei valori che devono normare il suo agire. Si impone perciò un confronto critico tra le costanti dell'antropologia biblica e le prospettive e gli obiettivi di sviluppo della convivenza offertici dalle ideologie contemporanee. La fedeltà alla logica dell'incarnazione obbliga la fede a entrare nella dinamica contingente e provvisoria delle strutture umane, legate al contesto storico in cui l'uomo vive. L'affermazione della non-neutralità, sul piano politico, di ogni struttura comporta la presa di coscienza che le strutture ecclesiali e le scelte che la Chiesa fa hanno un'indubbia rilevanza politica. La presunzione della possibilità di non contaminazione della Chiesa sul piano ideologico è assolutamente falsa, e si è risolta in passato – la storia lo testimonia –, ma può anche risolversi oggi, in una contaminazione di fatto con le ideologie dei detentori del potere, contribuendo al consolidamento dello *status quo*.

Le scelte storiche dei cristiani devono in certa misura farsi ideologiche, meglio i cristiani devono assumere, nella lettura della realtà sociale e nell'impegno di promuoverne il cambiamento, le indicazioni che provengono dalle ideologie di liberazione del tempo, nel rispetto profondo dell'autonomia dell'analisi sociopolitica e con il senso della provvisorietà, e perciò la tensione al superamento di ogni schematismo chiuso e riduttivo. Non è questo, del resto, il compito di contestazione permanente della fede? Le «riserve escatologiche», a cui rinvia e che sono costituite dai valori della giustizia, della comunione umana e della pace, denunciano il limite di qualsiasi sistema di convivenza umana. L'utopia che viene qui proposta è infatti il luogo di incontro tra la liberazione politica e la comunione di tutti gli uomini con Dio; comunione che passa attraverso la liberazione dell'uomo dal peccato, radice ultima di ogni ingiustizia e di ogni conflitto. La fede ci garantisce che questo progetto è possibile, che gli sforzi per realizzarlo non sono vani, che il definitivo si sta costruendo nel provvisorio; e tutto ciò perché Cristo è morto e risorto per noi. In questo senso essa assume l'utopia umana e la trascende assicurandoci l'attuazione della «patria dell'identità». Essa ci apre così al dono del futuro, promesso da Dio, evitandoci di confondere il Regno con una tappa storica del processo di emancipazione umana. Grazie a ciò ci fa radicalmente liberi per impegnarci nella prassi sociale. Anzi esige e giudica costantemente questo impegno.

3.2. La necessità della mediazione etica

Il rapporto fede-politica illustrato, che conferisce alla fede il carattere di orizzonte interpretativo trascendentale della realtà storica, funzionale soprattutto a denunciarne lo scarto rispetto alle promesse del Regno e ad alimentare la speranza nella possibilità del diverso, pur avendo avuto una grossa funzione storica ha messo in luce, sul finire degli anni '70, alcuni consistenti limiti strutturali e l'incapacità di far fronte alle domande del momento. Il processo di mutamento, che si è prodotto in quegli anni, con l'emergere di nuove forme di soggettività e di nuovi comportamenti collettivi, restituisce centralità alla valenza etica e obbliga a interpretarla con parametri più aggiornati.

D'altra parte, una più approfondita riflessione sul patrimonio di tradizioni e di esperienze scaturenti dal cristianesimo denuncia l'insufficienza di una lettura puramente formale e prevalentemente critico-negativa del rapporto fede-storia, e la necessità di ricuperarne la dimensione propositiva connessa ai valori derivanti dall'evangelo. La variabile etica diviene così il punto di convergenza tra le istanze del contesto socioculturale e l'ispirazione del messaggio cristiano.

3.2.1. Le nuove dimensioni della domanda etica

Il paradosso, che si fa strada a partire dagli anni '80 (e che tuttora persiste), è costituito dalla concomitante presenza di una crisi radicale dei valori – per la quale ci si può persino domandare se, come aveva profetizzato Nietzsche, non siamo ormai «al di là del bene e del male» – e di un'insistente domanda di valori, ai quali ancorare l'esistenza sia individuale che collettiva.

L'ambivalenza di questa situazione diviene comprensibile solo facendo riferimento a quanto è accaduto negli anni precedenti: si vuole alludere qui al succedersi sullo scenario del mondo occidentale di due grandi figure di messianismo secolarizzato o di utopia laica, che hanno avuto come epicentro lo sviluppo scientifico-tecnologico e il cambiamento politico rivoluzionario. Nell'immediato dopoguerra la ricerca di uno *status* di sempre maggiore benessere ha portato all'esaltazione di un modello quantitativo di crescita, caratterizzato dalla massimizzazione della produttività e del consumo, cioè dall'accumulazione di beni destinati a soddisfare i bisogni umani. L'ideologia del progresso – una sorta di secondo illuminismo – riduceva, nello stesso tempo, la conoscenza a potere, trasformando la ragione in ragione meramente strumentale. L'attenuarsi progressivo delle risorse e la depressione economica del mondo occidentale, ma soprattutto i processi di massificazione e di omologazione, frutto dell'industrializzazione selvaggia e dell'urbanesimo, nonché i primi sintomi del disastro ecologico, contribuirono tuttavia, a partire dalla metà degli anni '60 del XX secolo, a far crescere un atteggiamento di sospetto nei confronti della razionalità tecnologica. Ciò che in quegli anni emerge è, in altri termini, la convinzione che la crescita quantitativa è insufficiente; anzi che provoca, se esasperata, una preoccupante dequalificazione della vita; la minaccia che incombe è infatti quella della sparizione del soggetto, della sua soppressione nei meccanismi di adattamento di un universo artificiale, nelle strutture anonime di un mondo privo di sentimenti e di passioni. La consapevolezza che il mondo «ominizzato» non è un mondo più umano rende trasparente come le risorse cruciali di una civiltà non siano quelle legate alla manipolazione tecnica, ma quelle connesse alla creazione di condizioni qualitative nuove, che esigono il superamento del sistema in atto.

All'ideologia dello sviluppo (meglio sarebbe dire dello sviluppismo) si sostituisce pertanto, sul finire degli anni '70 – come abbiamo già rilevato – quella del cambio politico rivoluzionario: la contestazione all'autorità costituita e alle istituzioni tradizionali e la nascita di gruppi portatori di nuove esperienze culturali danno vita a un movimento *statu nascenti* impegnato nella creazione di un nuovo ordine sociale. Anche questa prospettiva si rivela tuttavia di breve durata. Le resistenze opposte dal sistema e l'eccesso di semplificazione della realtà, spesso interpretata secondo schemi del tutto ingenui, nonché l'assenza di forme efficaci di intervento e soprattutto il venir meno della totalizzazione ideologica, sono altrettanti fattori che hanno concorso a ridimensionarne la portata, a far affiorare nelle coscienze la percezione che la politica non è tutto, che esistono bisogni profondi e ineludibili della persona che non possono essere del tutto soddisfatti attraverso il semplice cambiamento strutturale.

La risposta alla situazione di disagio che è venuta a crearsi è consistita nel ritorno al «personale».

> «Quello che è stato chiamato riflusso, ritorno al privato – osservava in quegli anni F. Alberoni – ha questa origine: la riscoperta e la riaffermazione di cose giudicate e vissute come essenziali a livello individuale e collettivo e tutte egualmente minacciate dalla potenza del negativo... In realtà se c'è una cosa che caratterizza questa nostra epoca è la ricerca di ciò che ha valore, e la "crisi dei valori" è dovuta – oggi – tanto ad una ricerca spasmodica del nuovo che scaturisce dall'incessante processo scientifico-tecnico-economico, quanto dalla fragilità di cose giudicate fino a ieri essenziali e che, di fronte alla prova suprema, non superano l'esame».[35]

Sono evidenti i rischi o le ambiguità di questa svolta: individualismo e privatizzazione della vita, qualunquismo ideologico e sfiducia verso ogni forma di impegno. La fuga nel «privato» è spesso espressione di un atteggiamento rassegnato e rinunciatario, funzionale alla conservazione dello *status quo*. Non meno evidenti sono tuttavia le prospettive positive che si aprono e che rivelano l'esigenza di istanze più radicali per le quali si esigono nuovi valori, nuovi stili di vita e di comportamento; in una parola, un nuovo *ethos*. Ecologia, rifiuto della mentalità economicista e mercantile, ricupero della dimensione dell'individuo e dei problemi dell'esistenza, risignificazione

---

[35] F. Alberoni, *Le ragioni del bene e del male*, Garzanti, Milano 1981, 172.

del rapporto tra felicità e libertà, disgusto nei confronti dell'ideologia, ricerca della sensazione e abbattimento delle frontiere razziali ed economico-sociali sono i segni del nuovo che sta nascendo.[36] Mutano le polarità dell'immaginario, orientandosi in direzioni diverse e alternative.[37] Ad essere sottoposto a radicale critica è il modello culturale dominante, che contrappone razionalità a sentimento, soggetto a oggetto. Il pericolo di istanze regressive è senz'altro in agguato: il bisogno è infatti prevalentemente avvertito come «mancanza» e come minaccia di una perdita, perciò come espressione di un'inquietudine legata al venire meno di essenziali punti di riferimento: nonostante l'abbondanza dei mezzi a disposizione e gli alti livelli di libertà raggiunti, la società occidentale vive l'incubo di un futuro indecifrabile, sul quale incombe la possibilità di una perdita, la cui «cifra» più significativa è costituita dal terrore atomico e dalla catastrofe ecologica.

> «Ciò che caratterizza il mondo contemporaneo è l'ampiezza e lo spessore della perdita a cui corrisponde la violenza del suo ricomparire. Nel mondo moderno l'essere come valore non è soltanto un residuo o una nostalgia, è anche continuamente ritrovato. Però viene ritrovato attraverso una lacerazione, per catastrofe».[38]

È allora essenziale trasformare il negativo in positivo, il bisogno come «assenza» in bisogno come «progetto» mediante una rivoluzione delle forme di vita, che crei le condizioni per

---

[36] Per una definizione dei bisogni radicali, della loro irriducibilità entro le categorie tradizionali e del rapporto con i valori si rinvia ai numerosi saggi di A. Heller: «Per bisogni radicali intendo – rilevava in un'intervista – quei bisogni nati nella società capitalista, in conseguenza dello sviluppo della società civile, ma che non possono essere soddisfatti entro i limiti di questa società. Quindi i bisogni radicali sono fattori di superamento della società capitalistica... La teoria dei bisogni radicali è una teoria aperta perché, dal punto di vista della prassi, fa dipendere solo dai bisogni, dai contenuti espressi, dal grado di coscienza acquisita, il carattere rivoluzionario di una classe, di uno strato sociale e dei programmi politici dei partiti e del movimento» (*Per cambiare la vita*, intervista di F. Adornato, Roma 1980, 156-157). L'attenzione eticopolitica dell'autrice si concentra, in modo particolare, attorno ad alcuni bisogni, quali il ricupero della dimensione dell'individuo, la qualità della vita, i problemi dell'esistenza, il rapporto tra felicità e libertà. Cf. per un approfondimento del suo pensiero: A. Heller, *La teoria dei bisogni in Marx*, Milano 1974; Id., *Per una teoria marxista del valore*, Roma 1974; Id., *Sociologia della vita quotidiana*, Roma 1975; Id., *L'uomo del rinascimento*, Firenze 1977; Id., *Istinto e aggressività*, Milano 1978; Id., *Morale e rivoluzione*, Roma 1979; Id., *La filosofia radicale*, Roma 1979.

[37] G. Durand, *La structure anthropologique de l'imaginaire*, Bordas 1973.

[38] Alberoni, *Le ragioni del bene e del male*, 101.

lo sviluppo di una nuova identità personale e una nuova solidarietà sociale. È indispensabile, in altri termini, promuovere una nuova qualità di vita, in cui vengano mediati i bisogni soggettivi con quelli collettivi, grazie anche alla produzione di supporti istituzionali adeguati. Lo spazio etico, in quanto crocevia in cui si intersecano e si compenetrano il «personale» e il «sociale», il «privato» e il «pubblico» acquista un peso determinante; esso è in grado infatti di istituire le condizioni per lo sviluppo di una nuova civiltà, nella quale trovino risposta le istanze di liberazione umana.

3.2.2. Il ruolo dell'etica nell'esperienza cristiana

La crisi di valori che investe la società e che abbiamo visto essere alla radice dell'attuale crisi della politica, coincide con una sempre più acuta presa di coscienza del significato che essi rivestono per la vita dell'uomo. Il pluralismo ideologico e culturale e il venir meno di un orizzonte simbolico unitario – elemento essenziale di fondazione delle «civilizzazioni culturali» – riduce lo spazio dell'agire politico al perseguimento dei fini immediatamente raggiungibili, trascurando i fini ultimi, cui tutti i mezzi vanno gerarchizzati. L'insoddisfazione dilagante denuncia la necessità di andare oltre, rinvenendo valori nuovi che consentano di dare vita a un progetto alternativo di società.

La risposta, in chiave teologica, a questa situazione può essere data soltanto a partire da una precisa ridefinizione del ruolo dell'etica nell'ambito dell'esperienza cristiana. L'etica – lo si è già rilevato – ha acquisito d'altronde, a seguito della secolarizzazione, uno spazio autonomo, dotato di consistenza propria. I valori morali sono percepiti come valori umani; la positività di questa prospettiva non può far dimenticare il rischio di una loro riduzione al «fattuale» – è questa la conseguenza dell'eccesso di credibilità attribuito alle scienze umane – e perciò di un'identificazione dell'etica con la mera descrizione del costume. Essenziale è dunque il ricupero dello spazio etico come spazio critico, riproponendo con forza la distinzione tra fatto e valore e assegnando a quest'ultimo il giudizio sui comportamenti, in nome di una razionalità che coglie le profondità dell'umano e ne reinterpreta il significato nell'attuale contesto storico-sociale. Ma ancora più essenziale è ridescrivere i contorni di tale spazio, superando la tentazione dell'individualismo – l'etica è stata per troppo tempo identificata con l'etica privata – per ricuperarne la dimensione «sociale» non come qualcosa di aggiunto, ma come realtà che appartiene costitutivamente alla natura più profonda dell'eticità.

> «Si tratta proprio anzitutto di fare giustizia del mito del superamento della dialettica pubblico-privato, in quanto le analisi politiche, economiche e sociologiche hanno rivelato l'inadeguatezza di questo schema concettuale: non si dà coincidenza puntuale tra interesse particolare e interesse generale, ma essi possono solo tentare di trovare un loro equilibrio, che rimane di *natura instabile*, giacché va continuamente ricostituito in relazione al tipo di società in cui deve calarsi e all'evolversi della medesima. Là dove si persegue il mito del superamento della dialettica pubblico-privato, la sintesi, comunque si presenti, non può non comportare costrizione autoritaria per il singolo e per quelle relazioni interpersonali che ne condizionano lo sviluppo».[39]

Il momento etico rimane un momento «prepolitico», ma non per questo estraneo alla realtà della politica; anzi ne costituisce il momento fondante, in quanto deputato a fornire il quadro dei valori da cui dipendono le scelte operative.

Anche sul versante del cristianesimo, l'esigenza di ritorno all'etica si fa sentire con forza. L'evangelo non va confuso con l'etica né tanto meno ridotto ad essa. L'amore salvifico di Dio è anteriore a ogni etica, che, nella sua necessaria forma di «legge», divide il bene dal male. D'altra parte,

> «se Dio non è, manicheisticamente, un principio del bene opposto al principio del male, se il Nuovo Patto non è, così come invece proponevano gli gnostici, l'amore "opposto" alla legge, ma l'amore che è "prima" di ogni storica divisione tra bene e male, allora il vangelo di Dio si colloca amorevolmente in ogni contesa etica e attende l'uomo là dove si libera dalla prigionia della legge, nella fede che si apre al dono».[40]

---

[39] L. VERGA, «Prospettive del pluralismo sociale oggi: problemi teoretici», in *Il pluralismo sociale nello Stato democratico*, Milano 1980, 115.

[40] G. RUGGIERI, «Riflessioni teologiche in margine alla crisi della soggettività borghese», in *Teologia e progetto/uomo in Italia*, Atti dell'VIII Congresso Nazionale dell'ATI, Assisi 1980, 97.

L'attuale contesa etica diviene perciò la «dimora»[41] da abitare, perché Dio stesso vi stabilisce la sua residenza, anche se essa va costantemente relativizzata dalla fede, la quale non legittima l'etica ma la schiude al mistero di Dio, che è insieme il suo inveramento e il suo oltrepassamento. L'attuale ricerca di valori va presa sul serio, superando la tendenza a indulgere verso un modello intellettuale e idealistico della fede e ricuperando la funzione costitutiva della prassi evangelica. La salvezza si rende infatti visibile nella forza intelligibile di una prassi, il cui paradigma fondamentale è la sequela di Gesù.

> «[La fede] non è infatti un'ideologia sovrapposta all'azione, ma l'azione stessa intesa come risposta di tutto l'uomo all'azione salvifica di Dio... Essa tende per sua natura a "esistenzializzarsi", a "storicizzarsi", a tradursi nella prassi della vita».[42]

È dunque necessario vincere la tentazione della privatizzazione e interiorizzazione dell'esperienza di fede per ricuperarne lo spessore oggettivo, la dimensione esistenziale e operativa. Cristo è per il credente modello esistenziale di una prassi di vita,

> «non è un traguardo esteriore, una norma generale di comportamento, un ideale al di fuori del tempo. Influisce e incide sulla condotta dell'uomo non tanto dall'esterno quanto dall'interno».[43]

L'irriducibilità e la trascendenza del messaggio divino divengono evidenti solo se si continua a farne sprigionare la virtù liberatrice nei confronti dei condizionamenti socioculturali e delle situazioni umane. Se si vuole che la fede svolga il suo compito di provocazione delle coscienze e di contestazione del mondo, occorre inserirla nelle dinamiche del quotidiano e ne-

---

[41] L'espressione è ancora di RUGGIERI (*Riflessioni teologiche*). Egli, ricuperando una delle più antiche definizioni dell'*ethos* – quella del fr. 119 di ERACLITO: «*Ethos anthropos daimon*», che si può tradurre «L'*ethos* è all'uomo demone/dio» – dà ad essa il seguente significato: «L'*ethos* è dimora dell'uomo, luogo dove egli conferisce dignità alla sua esistenza» (*ivi*, 94).

[42] P.M. NALEPA, *Paura e speranza. La scissione tra fede e vita come problema teologico e pastorale*, dispense ad uso privato degli studenti, Accademia Alfonsiana, Roma 1978, 1.

[43] H. KÜNG, *Essere cristiani*, Queriniana, Brescia 1976, 687-688.

gli assetti della convivenza. Nulla è più pericoloso della ghettizzazione dell'esperienza religiosa, del tentativo di salvarla sottraendola al rischio delle contaminazioni storiche.

> «[Questo] provincialismo religioso – ha scritto H. Zahrnt – si può paragonare al tentativo di coltivare un orticello con pergola in un paese totalmente industrializzato. Per un certo tempo questo può succedere, ma solo col consenso, almeno tacito, del padrone delle industrie. Quando questi non sarà più d'accordo, questo orticello dovrà sparire».[44]

Se è vero che il cristianesimo è storia di salvezza, che la rivelazione piena di Dio si è compiuta in Gesù Cristo nel momento in cui egli si è fatto storia, accettando radicalmente la condizione umana, allora la realtà storica non può più essere considerata

> «il campo applicativo di verità astratte, ma diventa il luogo privilegiato dal quale si parte e si ritorna al processo di conoscenza. La prassi trasformatrice non è il momento dell'incarnazione degradata di una teoria limpida e ben pesata, ma la matrice di una conoscenza autentica e la prova decisiva del suo valore».[45]

3.2.3. Lo spazio dell'etica nel rapporto tra fede e politica

L'etica sembra perciò essere l'ambito in cui è possibile far sprigionare la potenza simbolica propria di un approccio alla realtà, capace di renderne trasparente il senso ultimo e insieme di rispettarne la struttura secolare.

> «È attraverso il Dio della Bibbia – osserva G. Baget Bozzo – che compare l'idea di uno spazio, diverso da quello dei rapporti politici tra uomo e uomo, diverso dalle relazioni di forza: uno spazio non fisico, ma spirituale. È questo lo spazio che libera dalla condanna del peccato, dall'impotenza, dall'estraneità dell'uomo all'uomo. La Legge crea uno spazio che è riempito dai comportamenti umani in cui si danno prassi, relazioni, società, ma che non è costituito da essi. Esso è formalmente dato dalla Presenza di

---

[44] H. ZAHRNT, *Alle prese con Dio*, Queriniana, Brescia 1976, 140.
[45] G. GUTIERREZ, «Vangelo e prassi di liberazione», in *Rassegna di teologia* XV(1974)1, 26.

Dio attraverso il suo comandamento. La Legge è il nesso tra storia ed escatologia, è lo spazio della seconda realtà, la realtà spirituale: l'escatologico scavato all'interno dello storico. È mediante essa che l'uomo ritrova la coscienza perduta della sua realtà originaria, il suo Adamo interiore. La Legge non è dunque una versione speciale del sacro, ma ne è la rottura: non è un'alternativa all'escatologico, ma ne è invece la presenza. Sorge così lo spazio dell'etica in cui il comportamento umano si vincola all'escatologia, deborda dalla storia e dalla prassi... I profeti, creando il linguaggio dell'etica, hanno prodotto il linguaggio dell'escatologia nella storia, un linguaggio non più sacrale, ma portatore della radice stessa della secolarità. E hanno compiuto così bene questa impresa che il linguaggio etico ha potuto mostrare tutta la sua valenza secolare, tacendo persino il nome di Dio. Nella cultura europea post-cristiana l'esperienza etica perde ogni linguaggio relativo alla Presenza, ne smarrisce il senso, ma ne conserva il segno. L'etica secolare è il volto di Dio segnato come Presenza-Assenza. L'uomo appare come il vuoto lasciato dall'impronta divina che si è ritirata; un altro modo di esprimere l'immagine».[46]

L'etica è dunque ineliminabile dalla secolarità della nostra cultura; ne è anzi il fondamento. Essa è lo spazio nel quale è possibile instaurare il rapporto tra fede e politica nella prospettiva del linguaggio «simbolico», attraverso cui si esprime la «logica» della fede, la quale implica una presenza che non diviene possesso e un'assenza che non significa lontananza. Essa consente il superamento dei modelli tradizionali della «presenza» e della «mediazione culturale», che portano con sé la tentazione della cattura della politica a scopo di potere, e il ricupero positivo del modello evangelico della testimonianza e del paradosso. L'etica garantisce infatti la politica dai rischi della pura strumentalità e della semplice ricerca del successo e, in quanto misura assoluta, rende visibile il disegno affidato a tutti gli uomini: quello della costruzione di una fraternità universale fondata sulla giustizia e permeata dall'amore.

La congiuntura attuale reclama, nella sua complessità, la delineazione di un *ethos* che interpreti i bisogni umani emergenti, uscendo tanto dalla condanna aprioristica quanto dal ni-

---

[46] G. Baget Bozzo, *Dal sacro al mistico. Parlare del cristianesimo come se fosse la prima volta*, Rizzoli, Milano 1981, 112-115.

chilismo aproblematico.[47] Necessario diventa allora il confronto con le nuove forme di soggettività, contrassegnate dal bisogno di superare la contrapposizione fra piacere e dovere, impulsi e desideri, passioni e proibizioni, divieti e norme, in nome del rifiuto della soggettività borghese, incentrata sulla volontà di dominio, non misconoscendo il pericolo di assolutizzare il diritto soggettivo, ancorandolo esclusivamente al principio del piacere.

> «Nella nuova soggettività emergente, attraverso le astratte formulazioni dei propri intellettuali, ma ancor più nel quotidiano e concreto radicalismo dei nuovi bisogni, l'*ethos* si presenta come assoluta legge di atomistica libertà, dove il "corpo senza organi", senza legami che lo possano relativizzare a un qualsiasi ordine, è pura macchina desiderante, espansione di bisogni non normati da altro che dal proprio puntuale emergere. E tutto ciò si vuole istanza etica più vera e più rispettosa dell'uomo di quanto non riesca ad essere la obsoleta razionalità borghese, nemica dell'individuo e del piacere».[48]

La via alternativa è costituita dall'impegno a restituire significato alle relazioni sociali e a costruire assetti strutturali giusti. L'attenzione realistica alle possibilità storiche del cambiamento deve accompagnarsi al riconoscimento del valore di un'azione che si incarna nel quotidiano con lucidità e con coraggio, dando vita a un *ethos*, che è insieme frutto della scoperta razionale di valori indispensabili per la promozione umana ed espressione dell'esperienza della fede, la quale concorre a radicalizzarne e a interiorizzarne le istanze.[49]

Il rapporto tra fede e politica sembra dunque trovare nell'etica un momento fecondo di mediazione. La dimensione morale è infatti sempre più esigita tanto dalla fede per potersi incarnare quanto dalla politica per poter ricuperare il suo potenziale umanizzante. L'etica è inoltre una sorta di campo «neutro», che, in quanto appannaggio dell'esercizio della ra-

---

[47] Su questi aspetti cf. il nostro saggio *L'etica come mediazione: il paradosso cristiano*, in G. Ruggieri – R. Orfei – F. Stame – G. Piana, *La necessità dell'inutile. Fede e politica*, Marietti, Casale Monferrato 1982.

[48] Ruggieri, *Riflessioni teologiche*, 95.

[49] Cf. E. Schillebeeckx, *Per amore del vangelo*, Cittadella, Assisi 1993.

zionalità umana, non può essere totalmente assorbito né dalla fede né dalla politica, e che ha tuttavia legami profondi con ambedue: essa riceve infatti dalla fede nuovi impulsi, che raggiungono la politica senza per questo alterare le leggi che la governano, e dalla politica nuovi stimoli che esigono un costante sforzo creativo. Essa non va infatti concepita come un astratto assioma della ragione da cui discende una serie di precetti, ma come un'intuizione, un fermento e un'ispirazione, che, conferendo alla politica un senso, le impedisce di corrompersi o di banalizzarsi. Da essa può infatti derivare un insieme di modelli comportamentali concreti che alimentano l'azione politica e la orientano al fine cui naturalmente tende: il servizio integrale dell'uomo e della famiglia umana.

4. La necessità di integrazione dei due modelli

I modelli delineati – quello del ricupero della dimensione escatologica della fede e quello della mediazione etica – per quanto profondamente diversi, lungi dall'essere alternativi, sono tra loro complementari. È senz'altro merito del primo la capacità di fornire alla politica una prospettiva aperta e critica che la spinge verso una pienezza mai definitivamente conquistabile, e la sottopone perciò a continua verifica, impedendole di chiudersi in un sistema totalizzante. Il limite di questa impostazione è l'adozione di un'ottica più negativa che positiva, più critica che propositiva. Quando poi – come avviene con la teologia della liberazione – l'urgenza dei problemi costringe a misurarsi con una proposta concreta, la scelta finisce per cadere su un'ideologia storica – il marxismo – come via per il cambiamento. Al rischio dell'astrattezza subentra, in questo caso, quello di un'identificazione troppo diretta del messaggio cristiano con un progetto politico particolare; identificazione che fa correre il pericolo di un forte impoverimento del messaggio.

È indubbio merito del secondo modello quello di prendere sul serio l'esigenza di concretezza, evitando il pericolo della caduta nell'ideologia. L'etica costituisce, da questo punto di vista, un interessante spazio di mediazione, richiamando l'attenzione su ciò di cui la politica ha bisogno per fondarsi – i valori che vanno posti alla base della costruzione di una corretta convivenza umana – e non dimenticando l'apporto che la fede può dare in quanto esperienza umana che coinvolge il comportamento individuale e sociale.

Nonostante l'importanza dell'etica come variabile intermedia tra fede e politica, è rischioso tuttavia arrestarsi a questo livello. L'etica non esaurisce la ricchezza del messaggio evangelico; anzi non costituisce neppure il suo aspetto più originale e rivoluzionario. A sua volta, la politica non può accontentarsi di essere asservita a un ordine, per quanto perfetto, che la circoscrive entro un perimetro ben definito; ha bisogno di essere spinta costantemente «oltre»; ha, in definitiva, bisogno di una sporgenza utopica o di una proiezione escatologica. Il cristianesimo non può dunque svolgere soltanto la funzione – per quanto importante – di interprete di istanze valoriali radicali che devono animare di sé la politica; deve soprattutto diventare stimolo permanente al cambiamento, spingendo la politica a superare la propria autosufficienza, a riscoprire la propria relatività, e dunque a ricuperare la propria identità vera per dare il proprio contributo alla promozione della città degli uomini.

> «La fede contesta decisamente – ha scritto F. Biot – la sufficienza della politica. Indubbiamente la politica è totalizzante: in essa tutte le attività umane, anche quelle che talvolta vengono dette private, vengono riprese dal punto di vista della società che si sta facendo. Ma il suo punto di vista non è unico. Non è nemmeno ultimo almeno rispetto alla fede, che attende il regno dei cieli. In ogni tappa della storia, anche in quella tappa ultima nella quale, ipoteticamente, l'umanità potrebbe aver raggiunto umanamente il proprio coronamento, la fede, se può rallegrarsi di vedere un qualche abbozzo, più o meno riuscito, di ciò che deve accadere, proclama anche che l'abbozzo non è la compiutezza».[50]

L'integrazione dei due modelli è perciò necessaria, se si vuole che l'istanza utopica non venga meno all'esigenza di concretezza e che l'esigenza di concretezza si apra all'istanza utopica, conferendo così alla politica quella dimensione escatologica, che le consente di porsi al servizio della promozione del Regno.

---

[50] Biot, *Teologia del fatto politico*, 288.

II

I nodi critici attuali e il problema delle regole

Capitolo quarto

SOCIETÀ CIVILE E SOCIETÀ POLITICA

La debolezza della società civile in occidente è frutto di una serie di cause, che interagiscono tra loro in modo discontinuo, talora contraddittorio. L'analisi che su di esse si conduce tende spesso a privilegiare quelle strutturali, lasciando in ombra, o almeno sottovalutando, quelle storico-culturali ed etico-sociali, che meritano invece più attenta considerazione. Non si vogliono (e non si devono) certo negare le responsabilità di una politica guidata da logiche stataliste e centralizzatrici, che hanno favorito la burocratizzazione dei processi sociali e la deresponsabilizzazione dei cittadini, incrementando il malcontento e la disaffezione nei confronti della cosa pubblica. Ma sarebbe riduttivo, e addirittura fuorviante, addossare esclusivamente le colpe alle istituzioni pubbliche, in particolare ai partiti e alla concezione dello Stato da essi promossa.[1]

Le ragioni della situazione attuale sono più complesse; hanno radici più profonde, che rinviano alle dinamiche socioculturali, che hanno caratterizzato, fin dalla nascita, lo sviluppo della società e che concorrono in qualche misura a spiegare (pur senza giustificarlo) lo strutturarsi anomalo del sistema politico. Società civile e società politica non sono infatti realtà separate, ma mutuamente interagenti; non si può, in altri termini (se non aderendo a una prospettiva semplicistica e manichea) contrapporre una società animata da tensioni ideali e valoriali a uno Stato clientelare e corrotto: si farebbe opera di falsificazione della realtà. I fenomeni negativi, che hanno con-

---

[1] Per un'accurata analisi di questo aspetto della questione, cf. P. Farneti, *Sistema politico e società civile,* Giappicchelli, Torino 1971.

trassegnato la conduzione della vita pubblica, non dipendono soltanto dal cattivo funzionamento delle istituzioni o dalla loro occupazione ad opera dei partiti, per quanto importanti siano questi fattori; sono anche espressione di un costume diffuso che investe l'intera società. Ciò che tali fenomeni denunciano è la persistenza di uno scarso senso civico e di appartenenza collettiva, l'assenza di un *ethos* culturale comune, che costituisce la base necessaria per l'instaurarsi di una positiva convivenza civile. Le rivendicazioni settoriali, il prevalere di interessi particolaristici e corporativi, la tendenza all'autoreferenzialità e al perseguimento di obiettivi esclusivamente individuali o di gruppo, oltre a provocare la segmentazione del tessuto sociale, creano le condizioni per la trasformazione della politica in politica dello scambio, destituendola di ogni tensione progettuale.[2]

La riacquisizione di significato della società civile e la restituzione ad essa delle funzioni che è chiamata a svolgere per il bene dell'intera collettività sono dunque strettamente dipendenti, prima ancora che da una riforma della politica, dalla capacità che la società ha di ricuperare al proprio interno una cultura e un'etica del sociale, che dia luogo alla produzione di un nucleo di valori condivisi, capaci di interpretare correttamente le esigenze di una società pluralistica e differenziata come l'attuale e di favorire la convergenza verso obiettivi di bene comune.[3] La possibilità di questo ricupero è oggi

---

[2] È quanto viene acutamente rilevato dal documento preparatorio della XLIII Settimana sociale dei cattolici italiani, in cui si legge: «È destituita di fondamento la rigida contrapposizione tra società civile e società politica, con la tendenza a considerare la seconda come l'origine di tutti i mali e a vedere nella prima il soggetto da cui partire per restituire alla vita associata valori fondanti. In realtà, esiste una profonda continuità tra società civile e società politica, nel senso che, al di là delle responsabilità specifiche dell'una o dell'altra, le dinamiche che le qualificano sono spesso strettamente intrecciate e interagenti. Ad esempio la conduzione clientelare della politica, la sua trasformazione in politica dello scambio o della mediazione tra interessi corporativi e la perdita di tensione progettuale sono anche la conseguenza dell'emergere di tali logiche all'interno della società civile» (*Quale società civile per l'Italia di domani?*, XLIII Settimana Sociale dei Cattolici Italiani, documento preparatorio, n. 27).

[3] Il documento della COMMISSIONE PER I PROBLEMI SOCIALI E IL LAVORO dal titolo *Chiesa e lavoratori nel cambiamento*, del 1987, evidenzia con chiarezza l'esigenza di fare spazio a un'etica e a una cultura del «sociale». «Più che porre mano ai singoli problemi, ciò che oggi occorre tenere sott'occhio è il fatto sociale stesso, nella sua globalità, e la sua necessità di essere rimotivato e rifondato. Siamo eredi di una cultura che ha considerato il fatto sociale o come un accessorio della vita privata, o come stru-

maggiore che per il passato, se si considera che, a fronte della crisi delle ideologie e della politica, o forse proprio a causa di questa crisi, emergono nuovi fermenti culturali e nuovi soggetti portatori di istanze etiche: si pensi ai movimenti che si sono venuti sviluppando a partire dai primi anni '80 – da quello femminista a quello ecologico – o alla sempre più ampia diffusione delle associazioni di volontariato sociale e assistenziale; movimenti e associazioni che appaiono accomunati dalla ricerca di una nuova piattaforma valoriale, capace di restituire senso e qualità alla vita personale e collettiva. L'impegno per la produzione di un *ethos* comune, frutto dell'integrazione di proposte derivanti da modelli culturali diversi, costituisce pertanto il primo imperativo al quale obbedire se si intende ridare spazio a una società civile, che interpreti adeguatamente i bisogni umani e si ponga al servizio della loro crescita.

Ma la sfida che ci sta dinanzi non si esaurisce (e non può esaurirsi) nella creazione di presupposti etico-culturali, per quanto essenziali. Il *deficit* attuale di società civile è anche determinato da fattori di ordine istituzionale, che hanno a che fare con la conduzione organizzativa della vita associata. È significativo, al riguardo, che alla debolezza della società civile corrisponda un'altrettanto grave debolezza dello Stato, dovuta alla scarsa identificazione con esso dei cittadini, pur in presenza, come in Italia, di un massiccio intervento pubblico.[4]

---

mentale all'individuo. Stenta perciò ancor oggi ad emergere, nonostante i decenni di vita democratica, una cultura del sociale, che sospinga a realizzare un'interazione tra il singolo e il soggetto sociale; che evidenzi, per il singolo, il senso del vivere insieme ad altri soggetti all'interno di una storia particolare, di un territorio, di una struttura; che metta in risalto, per il soggetto sociale, lo spessore della dignità irrinunciabile del singolo individuo, dotato di libertà e di responsabilità. È ovviamente un problema culturale, prima ancora che sociale e politico. Occorre pertanto elaborare una cultura che sappia coniugare libertà e corresponsabilità, autonomia e interdipendenza, efficacia e solidarietà, ricerca del bene comune e difesa del bene dei singoli» (*ivi*, n. 26). Cf. anche COMMISSIONE EPISCOPALE PER I PROBLEMI SOCIALI E IL LAVORO DELLA CEI, *Democrazia economica, sviluppo e bene comune*, 1994, n. 48.

[4] «Se proviamo a inquadrare il caso italiano alla luce di simili categorie, vediamo subito che i conti non tornano. Infatti, nel caso italiano, coesistono un debole Stato e una debole società civile. Si noti che la debolezza dello Stato può benissimo accompagnarsi (è questo il caso italiano) a una grande espansione del "pubblico". La "debolezza" (e la "forza") delle istituzioni statali, così come di quelle extrastatali – ancorché misurabili mediante i consueti strumenti con cui si misura l'istituzionalizzazione organizzativa – dipendono, in ultima analisi, da credenze pubbliche e atteggiamenti valoriali. In Italia, la fonte della debolezza dello Stato sta nella scarsa riserva di leal-

La questione politica dunque ritorna ed esige di essere affrontata radicalmente, evitando di ridurre tutto al solo cambio delle «regole del gioco» o alla sola modifica dei rapporti di potere e puntando sulla ridefinizione dei fini che l'azione politica deve perseguire. Sarebbe tuttavia anacronistico e improduttivo enfatizzare tale settore, dimenticando che i processi che si sviluppano nella società attuale (e ancor più si svilupperanno in quella futura) sono sempre più legati alla rilevanza di altri ambiti – quelli dell'economia e dell'informazione in particolare – che dispiegano un forte condizionamento sull'articolarsi della vita associata. La cultura dominante è infatti ampiamente dipendente dalle logiche del sistema economico, che utilizza i *media* come supporto per la diffusione di stili di vita e di modelli comportamentali, nonché per l'alimentazione di *status symbol* funzionali alla propria espansione.

Il riscatto della società civile e il destino della democrazia sono legati alla riappropriazione di questi ambiti: democratizzazione dell'economia e dell'informazione sono obiettivi fondamentali da perseguire per promuovere una vera civilizzazione. Nel contempo essenziale è il ripensamento del ruolo della politica, la quale, lungi dal dover ridimensionare i propri compiti, deve incrementarli, rinnovando le modalità della sua azione per svolgere una funzione di controllo e di guida necessaria al conseguimento del bene comune.

Le difficoltà a mettere in atto processi di riforma in questi ambiti sono enormi. La globalizzazione economica e l'affermarsi del pensiero unico sembrano rendere impossibile il raggiungimento delle mete delineate. Non mancano tuttavia anche in Italia segnali di inversione di tendenza, che aprono spiragli di speranza: dal crollo del regime dei partiti tradizionali con l'esigenza di una seria riforma istituzionale al moltiplicar-

---

tà e di identificazioni collettive di cui lo Stato dispone... E questo *deficit* di lealtà e identificazione è causa di alcuni tipici mali dello Stato italiano (*in primis* inefficienza della pubblica amministrazione e assenza di *ethos* amministrativo dei funzionari) la cui ineliminabilità, retroagendo sulla società italiana, fornisce propellente alla "fuga dallo Stato" in un circolo vizioso che si alimenta all'infinito» (A. PANEBIANCO, «Società civile e sistema politico», in *La società civile in Italia*, a cura di P.P. DONATI, Mondadori, Milano 1997, 82).

si di iniziative di cooperazione e di solidarietà sociale fino a forme sempre più diffuse di reazione all'attuale gestione dei *media* e di coscientizzazione attorno alle conseguenze negative indotte dal sistema economico, che genera sperequazioni e nuove sacche di povertà.[5]

Su questi due versanti – quello etico-culturale e quello strutturale – tra loro strettamente connessi, si muovono le riflessioni qui proposte, con l'intento di fornire alcune piste utili da percorrere per restituire centralità alla società civile e stabilire un corretto rapporto tra essa e la società politica.

1. Presupposti antropologico-sociali e istanze etiche

Se si vuole uscire da una visione puramente pragmatica della società civile, che tende a ridurla a luogo di scambi funzionali senza prospettive valoriali o a trasformarla in area di acquisizione del consenso e di compensazione degli squilibri sociali provocati dal cattivo funzionamento delle istituzioni pubbliche, è anzitutto necessario ripensarne radicalmente il fondamento in chiave antropologica ed etica. Non è infatti sufficiente – anche se molto importante – constatare empiricamente che essa coincide con quella specifica sfera di relazioni sociali, culturali e associative che hanno origine spontaneamente e che sono finalizzate allo sviluppo di forme di reciproca collaborazione volte a progettare la convivenza sociale. E neppure è sufficiente illustrare le dinamiche che la connotano, il suo essenziale riferimento cioè a una serie di sottosistemi, che hanno la funzione di mezzi simbolici per un interscambio che favorisca l'integrazione dei soggetti;[6] o affermare infine – come fa Parsons – che essa costituisce l'ambito nel quale viene elaborata, mantenuta e sviluppata l'eticità della società.[7]

[5] Cf. *Quale società civile per l'Italia di domani?*, n. 10.

[6] Cf. P.P. Donati, *Teoria relazionale della società*, F. Angeli, Milano 1991, cap. IV.

[7] Cf. T. Parsons, *Comunità societaria e pluralismo. Le differenze etniche e religiose nel complesso della cittadinanza*, F. Angeli, Milano 1994. Non lontana da questa concezione è quella di N. Luhmann che guarda alla società civile come a una serie di sottosistemi, relativamente autonomi, che sviluppano forme di comunicazione tese a favorire il formarsi di comportamenti etici improntati alla fiducia e alla stima reciproca.

1.1. Il «sociale» come struttura originaria

Queste importantissime constatazioni sociologiche, che fanno della società civile la base comunicativa e morale della società, l'area nella quale prende corpo la solidarietà sociale frutto della mediazione tra la libertà degli individui e il senso del «noi», presuppongono la riscoperta di un'originarietà del sociale, che ha luogo nel riconoscimento di una co-umanità da cui è possibile far scaturire un *ethos* collettivo. Questa istanza, resa più acuta nell'attuale contesto sociale da forme crescenti di interdipendenza strutturale, che sollevano la necessità di una sempre più profonda relazionalità tra i soggetti, ha trovato espressione negli sviluppi dell'antropologia personalista, che guarda all'uomo come individualità irripetibile e come apertura agli altri, come essere dotato di valore assoluto e come essere intrinsicamente sociale, così da non potersi realizzare che nel quadro di un tessuto di relazioni. La società non è pertanto qualcosa di accidentale o accessorio, ma è espressione di una dimensione costitutiva dell'umano, il suo essere relazionale, ed è l'ambito della sua piena promozione. La persona rinvia dunque alla società come elemento essenziale del suo costituirsi, mentre la società, a sua volta, ha di mira la persona come suo ultimo fine. Ciò comporta sia il superamento di un'antropologia individualista, che conduce all'atomismo sociale, sia di un'antropologia collettivista, che riduce l'uomo a mezzo, privandolo della sua irripetibile dignità.

La centralità della società civile e la sua irriducibilità sia al mercato che allo Stato trova qui la sua ragion d'essere. L'esigenza dello sviluppo di relazioni sociali non imposte istituzionalmente dall'alto né ispirate a motivazioni puramente utilitariste e strumentali, ma derivanti da istanze che affondano le loro radici nella costituzione relazionale della persona da cui trae ori-

---

Tra i testi più interessanti che affrontano la questione della società civile, sforzandosi di offrirne una definizione che – pur nella diversità e spesso complementarità delle prospettive di approccio – tiene conto dei diversi elementi che la costituiscono, segnaliamo: B. Geremek e altri, *The Idea of Civil Society*, National Humanities Center, NC, Research Triangle Park 1992; N. Irti, *Società civile*, Giuffré, Milano 1992; A. Seligman, *L'idea di società civile*, Garzanti, Milano 1993; K. Tester, *Civil Society*, Routledge, London 1992; G. Weigel – R. Royal (edd.), *Verso una società civile libera. Cento anni di dottrina sociale cattolica*, Mondadori, Milano 1994.

gine la socialità,[8] e che sono perciò capaci di connettere in modo fecondo senso e funzionalità, è legata al superamento di un'interpretazione dell'uomo tanto come *homo economicus* che come *homo politicus*, e alla disponibilità ad aprirsi alla ricezione di una *humanitas* nella quale l'originarietà e la gratuità della relazione diventano fondamento di reciproci diritti e doveri. La società civile, che affonda le sue radici nella realtà della persona come soggetto di relazioni, il cui sviluppo non può tuttavia prescindere dalle strutture storico-sociali, diviene la via per superare l'esclusività dei rapporti Stato-individuo e individuo-mercato, e perciò per contrastare tanto lo statalismo totalizzante che il mercato dominato da logiche privatistiche esasperate. Lungi dall'opporsi alla società politica o alla libera iniziativa economica, essa costituisce il fondamento della loro plausibilità e il principio regolatore della loro azione, in quanto luogo nel quale si forma l'*ethos* che sostiene l'agire nelle altre sfere fornendo a esso un senso che rinvia a un orizzonte metapolitico e metaeconomico. Dalla società civile scaturisce infatti un'etica autonoma che fa appello ai due poli indissociabili della dignità della persona e dell'apertura alla comunità degli uomini, e che deve tradursi in modelli di convivenza fondati sul rispetto della libertà dei singoli e sulla promozione di uno sviluppo solidale:[9] modelli che consentono di dare vita a un agire civile contrassegnato dalla mediazione di responsabilità e di solidarietà, perciò volto alla crescita dei singoli e della comunità umana.

1.2. Princìpi regolatori dello strutturarsi della vita sociale

La produzione di questi modelli implica in primo luogo una corretta definizione dei principi che sono alla base dell'articolarsi della vita associata e l'elaborazione di un paradigma che delinei con precisione i rapporti che devono istituirsi tra loro. Il magistero sociale della Chiesa ha ravvisato nei prin-

---

[8] P.P. Donati, «Alla ricerca di una società civile. Che cosa dobbiamo fare per aumentare la capacità di civilizzazione del nostro paese?», in Id., *La società civile in Italia*, 21-80, soprattutto 64-66.

[9] Cf. *Gaudium et spes*, nn. 1-11 (*EV* 1/1319-1354).

cìpi di sussidiarietà e di solidarietà i fondamenti dello strutturarsi della vita sociale, ribadendo costantemente la loro inscindibilità e sottolineando la necessità di articolare in un equilibrio dinamico i loro rapporti. Sussidiarietà e solidarietà non sono infatti grandezze in antitesi ma interdipendenti, nel senso che la sussidiarietà costituisce la forma mediante la quale viene costruendosi la vita sociale e la solidarietà fornisce i contenuti perché tale costruzione avvenga nel segno di un'autentica reciprocità umana. È vero tuttavia che, nell'ambito della dottrina sociale della Chiesa, si è di volta in volta insistito sull'uno o sull'altro principio a seconda dei contesti storico-sociali e delle esigenze da essi scaturenti. L'invadenza eccessiva degli Stati e delle loro istituzioni ha provocato in un primo tempo l'accentuazione del principio di sussidiarietà, interpretato in chiave fortemente difensiva, mentre la crescita dell'interdipendenza e la constatazione delle crescenti sperequazioni hanno contribuito a porre in seguito l'accento sul principio di solidarietà come principio capace di assicurare un deciso orientamento al bene comune.

La situazione attuale non è esente da qualche rischio. La ripresa giustificata del principio di sussidiarietà come antidoto allo statalismo e alle forme accentrate di conduzione della vita pubblica non è sempre immune da tentazioni privatistiche. Il significato del principio di sussidiarietà è quello di sottolineare che ogni costruzione sociale si fa a partire dalla persona e per la persona, dando vita a un tessuto di relazioni che consentano a ciascun individuo e a ciascun gruppo di esprimere la propria creatività. Ma tale principio deve prendere positivamente forma nella ricerca di aggregazioni ispirate al principio di solidarietà: solo così può diventare fattore decisivo di un processo destinato a creare le condizioni per lo sviluppo di una società civile che faccia debitamente fronte alle esigenze della collettività. Perché questo avvenga è necessaria una corresponsabilizzazione dal basso e il riconoscimento dell'insostituibilità dello Stato come elemento equilibratore dei processi sociali, al fine di evitare tanto lo statalismo che l'anarchia. L'applicazione corretta del principio di sussidiarietà, sia nei rapporti tra società e Stato che all'interno delle istituzioni dello Stato, implica il rispetto dell'autonomia delle comunità più piccole e la predisposizione di strumenti perché vengano messe in grado di gestirla adeguatamente; ma implica insieme un forte senso dell'appartenenza collettiva, che può essere espressione solo di un sentimento di autentica solidarietà, la quale, come rileva Giovanni Paolo II:

> «passa attraverso tutte le comunità in cui l'uomo vive: la famiglia, in primo luogo, la comunità locale e regionale, la nazione, il continente, raccordandole tra di loro secondo il principio di sussidiarietà che attribuisce a ciascuna di esse il giusto grado di autonomia».[10]

È come dire che devono entrare in stretto rapporto una visione della sussidiarietà come promozione di una sempre più vasta responsabilità sociale e una visione non sostitutiva ma responsabilizzante della solidarietà come impegno di ciascuno verso tutti e come aiuto offerto a chi vive in condizioni di marginalità a riscattarsi.

1.3. La necessità di un *ethos* pubblico

La possibilità di attuare, in modo fecondo, questa coniugazione è soprattutto connessa alla crescita di stili di vita relazionali che alimentino il livello di civiltà dei cittadini, dando vita a un *ethos* pubblico incentrato su valori condivisi, volti ad accrescere il senso dell'appartenenza. Il superamento dei conflitti negativi, generati dal prevalere di interessi particolaristici che producono disgregazione sociale, e l'abbandono di un'interpretazione puramente formale o procedurale della democrazia, che rischia di ridurla a un contenitore vuoto con il pericolo della caduta in esperienze autoritarie, sono resi possibili solo dal ricupero di precisi contenuti valoriali, che promuovano una tensione ideale e l'affermarsi di forme di solidarietà umanizzanti. La cultura della società civile trova infatti espressione nei modelli che informano un'etica civile e che vengono trasferiti anche nei comportamenti istituzionali, fornendo alle decisioni politiche la base per individuare ciò che è «comune» e va salvaguardato. Se si intende evitare che la po-

---

[10] Giovanni Paolo II, *Lettera ai vescovi italiani*, 6 gennaio 1994, n. 7.

litica si attesti sulla mediazione degli interessi con la conseguente caduta in una situazione di scambio corporativo, è indispensabile andare oltre il livello dell'utilitarismo o del contrattualismo per fare spazio al riconoscimento di valori fondanti, che hanno origine in diritti fondamentali della persona. È necessario in altri termini, dare vita a un'etica della socialità, nella quale la correlazione tra sussidiarietà e solidarietà si incarni in un'effettiva presa di coscienza dei diritti e dei doveri di cittadinanza. Si tratta di far crescere, in definitiva, la consapevolezza che l'acquisizione dei diritti va di pari passo con il riconoscimento dei doveri nei confronti degli altri. Sussidiarietà e solidarietà rinviano infatti a una maturazione della responsabilità collettiva quale condizione per promuovere una convivenza civile in cui ciascuno venga riconosciuto come persona e messo in grado di svolgere i propri compiti sociali.[11]

Non mancano segnali preoccupanti che vanno in direzione diversa. Familismo e particolarismo, clientelismo e sfiducia nelle istituzioni, assenza di senso dello Stato e del bene comune – elementi negativi alla cui insorgenza non è estranea la stessa tradizione del mondo cattolico – hanno concorso a generare una cultura civile assai debole, al punto che qualcuno ha giustamente denunciato la carenza in Italia di un «*ethos* pubblico da democrazia liberale».[12] La mentalità dominante è ancora contrassegnata dall'oscillazione tra gli opposti poli dell'individualismo anarchico e dello statalismo clientelare, e la tendenza prevalente è a fare propri come parametri di riferimento il successo, la competizione, il rampantismo e l'arbitrio individuale e a far nascere di conseguenza sistemi autoreferenziali, che escludono in partenza ogni attenzione ai valori di appartenenza e di solidarietà.

La reazione a questo stato di cose non può ignorare il fenomeno della complessità sociale che genera diversità, instabilità e conflittualità: fattori strutturali da non demonizzare ma che esigono, se si vogliono evitare i germi disgreganti che da essi si sprigionano, la ridefinizione del bene comune in una prospettiva più duttile e differenziata, capace di interpretare le

---

[11] Cf. *Democrazia economica, sviluppo e bene comune*, n. 48.
[12] A. Panebianco, *L'Italia che non c'è*, Rizzoli, Milano 1995, 11.

esigenze di ciascun soggetto e di ciascun gruppo sociale. Non si tratta di negare le differenze o di bandire gli interessi individuali o di gruppo, ma di trasformare le differenze in occasioni di arricchimento comune e di far evolvere gli interessi particolaristici in interessi generali, privilegiando ciò che è finalizzato al bene di tutti. L'intreccio tra motivazioni soggettive e coscienza collettiva, che ha le sue radici nella relazionalità umana e da cui scaturisce l'esigenza della reciprocità, è reso oggi più urgente dallo stato di radicale interdipendenza in cui viviamo. Purtroppo all'universalità strutturale non corrisponde un'altrettanto consistente universalità sul terreno culturale e politico; sembrano anzi accentuarsi, a questo livello, forme di chiusura settaria – basti ricordare il ritorno dei nazionalismi e dei conflitti etnici e razziali – spesso dettate dal bisogno (legittimo) di salvaguardare le differenze dinanzi a processi di omologazione indotti dalla trasversalità e pervasività degli strumenti di comunicazione sociale.

La necessaria mediazione tra il personale e il sociale, tra il particolare e l'universale implica l'affermarsi della convinzione che

> «particolare e universale non sono di per sé necessariamente in antitesi; il vero particolare (infatti) è quello che, proprio perché si riconosce come particolare, si apre all'universale; mentre, d'altro canto, il vero universale non è frutto di una omogeneizzazione appiattente, ma di un dinamismo frutto della convergenza in unità di diverse espressioni particolari».[13]

Ma la mediazione richiamata esige anche (e soprattutto) la coltivazione di un'istanza etica forte che sappia spingere ogni cittadino a rintracciare, nel quadro di una situazione pluralista come l'attuale, le ragioni della convergenza attorno a obiettivi di interesse generale, sventando il pericolo di conflitti insanabili tra individui e gruppi, tra culture e istituzioni.

La società civile può (e deve) diventare l'ambito dell'appropriazione di un profondo senso civico, che implica il superamento del rischio tanto di ridurre l'uomo a semplice cittadino

---

[13] *Quale società civile per l'Italia di domani?*, n. 13.

quanto di ridurre la società a mero luogo di lotta per l'affermazione degli interessi individuali. Essa, in quanto «insieme dei luoghi della comunicazione e del dialogo, dove le persone si incontrano per scambiarsi le loro opinioni e le loro persuasioni per un mondo migliore», può trasformarsi in spazio nel quale «si forma l'identità umana, la quale richiede la salvaguardia della memoria storica».[14] In essa è possibile dar vita a quei processi culturali che favoriscono l'integrazione dei cittadini alla nazione cui appartengono; integrazione che è legata – come giustamente osserva G.E. Rusconi – alla consapevolezza «di costituire una comunità con una storia e un'identità comune, di fatto coincidente con l'appartenenza nazionale».[15] Ma soprattutto attraverso di essa è possibile acquisire una serie di comportamenti concreti ispirati alla fiducia negli altri e nelle istituzioni, ad un profondo senso dello Stato e alla ricerca di forme partecipative capaci di sostenere lo sviluppo dell'autonomia della società e di stimolare, nel contempo, il coinvolgimento *nella* e la riappropriazione *della* politica da parte dei cittadini; di far maturare, in definitiva, un'intelligenza critica delle situazioni e di stimolare l'apertura alle esigenze del bene comune visto non soltanto nella prospettiva del presente ma anche del futuro.

L'*ethos* pubblico, che la società civile deve promuovere, è dunque radicato in valori comuni quali l'onestà e il rispetto dell'altro, la giustizia e l'equità, ma è soprattutto caratterizzato dalla crescita di una cittadinanza attiva, fondata su reciproci diritti e doveri; è un *ethos* che deve avere, in altri termini, come obiettivo lo sviluppo di alcune fondamentali virtù sociali, ma soprattutto la costruzione di un uomo sociale, il cui impegno è volto alla realizzazione di una società più abitabile.[16] La produzione di tale *ethos*, il cui spazio originario dev'essere anzitutto quello della vita quotidiana, è strettamente dipendente dalla capacità di aprirsi alla ricchezza di provocazioni che provengono dai numerosi movimenti portatori di valori presenti nella società, creando spazi di dialogo e forme di convergenza

---

[14] *Quale società civile per l'italia di domani?*, n. 38.

[15] G.E. Rusconi, *Se cessiamo di essere una nazione*, Il Mulino, Bologna 1993, 13.

[16] Cf. nota ecclesiale Commissione «Giustizia e Pace» della CEI, *Stato sociale ed educazione alla socialità*, 1995, nn. 68-73.

attorno a obiettivi comuni di promozione umana, senza dimenticare l'apporto delle religioni, capaci di fornire un orizzonte di senso, che, oltre a impedire alla politica di divenire totalizzante, offre ai valori umani la possibilità di una interpretazione più radicale.

Nel perseguimento di questi fini, d'altra parte, non si può sottovalutare l'importanza della costruzione di reti e di sfere di azione, di luoghi e di momenti che rendano concretamente trasparenti i legami tra i soggetti e incrementino forme di reciprocità e di scambio, volte a far crescere un nuovo simbolismo sociale. La cultura dei sottosistemi, capaci di autoregolazione e destinati a migliorare i processi comunicativi, e la produzione di spazi comuni per il libero associarsi non sono irrilevanti ai fini della promozione di comportamenti etico-sociali autentici. Così come non è irrilevante l'adozione, a livello istituzionale, di regole che accrescano la partecipazione e favoriscano la codecisione dei cittadini. La tendenza ad avvicinare il più possibile il livello decisionale alla base, attraverso un'informazione corretta e capillare è la via più efficace per alimentare la maturazione di una società civile adulta e dar corso all'attuazione di una democrazia reale – non puramente formale – basata sul rispetto dei diritti e sull'allargamento del dialogo e della cooperazione.

La realizzazione di una solidarietà comune passa anzitutto

> «attraverso il riconoscimento reciproco della dignità umana, la condivisione dei bisogni e dei problemi, l'individuazione di politiche che realizzino tali obiettivi, l'orientamento dei rapporti nel senso della giustizia sociale»; ma esige soprattutto «che ogni cittadino, sentendosi responsabile, si assuma in prima persona il dovere di un'attiva e creativa partecipazione alla costruzione del bene comune».[17]

2. La democratizzazione dell'economia e dell'informazione

La rilevanza degli aspetti strutturali, cui si è accennato, rende immediatamente evidente la necessità di un'attenta rifles-

---

[17] Commissione ecclesiale «Giustizia e pace» della CEI, *Educare alla socialità*, 1995, nn. 45 e 47.

sione su alcuni ambiti di organizzazione della vita associata, nonché sui meccanismi e sulle dinamiche che sono alla base della loro strutturazione. La politica occupa, in questo quadro, un ruolo di primo piano, che non può esserle misconosciuto. Ma – come già si è rilevato – essa non esaurisce in sé tutto l'arco delle questioni relative alla conduzione della vita sociale. Come non vanno addebitati ad essa tutti i mali che affliggono la società, così non è possibile ricondurre solo ad essa la ricerca della loro soluzione. Ciò è ancora più vero oggi in presenza di altri poteri, in particolare di quelli economico e massmediale, che assumono un'importanza sempre maggiore nella costruzione delle forme di convivenza. Vi è anzi il rischio, non puramente ipotetico, che tali poteri prendano il sopravvento in misura così ampia da trasformare la politica in una loro variabile dipendente, sottraendole la funzione di guida che le compete nella definizione e nel perseguimento del bene comune. Il futuro della democrazia è dunque legato alla democratizzazione dei sistemi economico e dell'informazione, alla possibilità cioè che essi vengano gestiti (o almeno controllati) dai cittadini.

2.1. Lo sviluppo di un'economia civile

La società civile è l'ambito privilegiato a partire dal quale possono attivarsi una serie di iniziative in questa direzione. Senza sovraccaricarla di compiti che non può assolvere e riconoscendo la funzione delle varie sfere che compongono il sistema sociale e l'esigenza del rispetto della loro autonomia, è tuttavia fondamentale restituire alla società civile capacità di intervento sul terreno dei processi economici. Il nesso tra società civile e sistema economico non è infatti secondario ai fini della crescita di una democrazia partecipativa. Il peso sempre più determinante dell'economia sugli sviluppi della vita personale e sociale – basti pensare a ciò che sta producendo la globalizzazione dei mercati e il parallelo affermarsi del cosiddetto «pensiero unico» incentrato su parametri puramente economicistici – rendono necessaria l'elaborazione di un progetto di sviluppo, in cui non si dia spazio al solo criterio dell'efficienza, ma si ponga attenzione alla promozione di ciascuno e di tutti.

L'assenza (o almeno la debolezza) della società civile si riflette anche su questo terreno, favorendo fenomeni quali l'aumento delle diseguaglianze individuali, territoriali e di categoria, la crescita della disoccupazione e la difficoltà a modificare il modello statalista di *welfare*: fenomeni che non dipendono dalla scarsità delle risorse – è significativo che questi mali si producano in presenza di un aumento della ricchezza e del reddito medio – ma che derivano invece dalla carenza di coscienza sociale, che è alla radice dell'incremento di beni superflui e della scarsa offerta di beni relazionali, ma soprattutto dell'incapacità di promuovere un'organizzazione sociale, capace di sviluppare un mercato del lavoro aperto alle domande della società.

L'economia civile, che non può essere del tutto identificata con l'organizzazione *no profit* – si incorrerebbe nel pericolo di ridurla a una concezione residuale o di mera supplenza – ha bisogno di un serio incremento della qualità civile della società: incremento basato sulla crescita della fiducia interpersonale e istituzionale e sull'abbandono di forme oligarchiche di accentramento del potere economico per aprirsi a una pluralità di centri decisionali, che garantiscano l'esercizio della partecipazione. Ma soprattutto basato sul ricupero di valori come la reciprocità, l'altruismo e la solidarietà, che costituiscono il presupposto essenziale per il corretto sviluppo del sistema economico. È infatti sempre più evidente che il buon funzionamento dell'economia non dipende esclusivamente dall'affermarsi del principio dell'interesse individuale o dal solo perseguimento di una logica mercantile e neppure dalla crescita di una semplice conoscenza tecnica del tutto neutrale, ma dalla capacità di promozione sociale delle persone, dalla progettazione di istituzioni che alimentino il livello di cooperazione dando vita a processi collettivi di decisione, dalla moltiplicazione delle sfere associative che facilitino l'articolarsi delle relazioni, dall'attenzione alle risorse umane e ambientali; in definitiva, da una visione allargata dello sviluppo, che sappia mediare gli aspetti quantitativi e qualitativi, puntando sul conseguimento di un'autentica civilizzazione sociale.

È significativo che ciò che fino a ieri era definito eticamente inaccettabile risulti oggi economicamente improduttivo;

l'assenza di una riflessione complessiva sulle possibilità e i limiti dello sviluppo – assenza dovuta al prevalere dell'ideologia del progresso indefinito di stampo illuminista – ha infatti determinato l'incapacità di fare i conti con fenomeni come il disastro ecologico o la conflittualità sociale, o ancora le sperequazioni tra i popoli e le culture; fenomeni che mettono sotto processo il sistema attuale non soltanto dal punto di vista morale, ma anche economico.

Appare chiara la necessità di ripensare in chiave di reciproca integrazione valori come quelli dell'efficienza e della solidarietà, mentre cresce la consapevolezza che è oggi più lungimirante essere cooperativamente competitivi piuttosto che conflittualmente competitivi;[18] ciò che si fa strada è, in definitiva, la convinzione che il rapporto dell'economia con l'etica è ineludibile non solo per ragioni di ordine etico, ma anche di buon funzionamento della economia. Il corretto uso delle risorse ambientali, evitando sia gli sprechi di ciò che non è rinnovabile sia l'inquinamento, l'eliminazione delle diseguaglianze attraverso la produzione di beni essenziali (rinunciando a rincorrere l'incremento del superfluo) e la loro equa distribuzione, e l'affermarsi di un mercato del lavoro aperto, che argini la disoccupazione, sono altrettanti obiettivi che l'economia deve perseguire se intende concorrere mediante la produzione di beni alla promozione umana.

I meccanismi economici del mercato possono dispiegare positivamente la loro funzione solo se gestiti da una società civile ispirata democraticamente.

> «I fini e i valori – scrivono i vescovi italiani nel 1994 – non sono immanenti al mercato in modo automatico: non c'è libertà solo perché c'è libero mercato, piuttosto il mercato è libero in quelle società dove si persegue e si assicura la libertà. La società civile che organizza e orienta il mercato, deve saper dare ad esso il giusto valore. Ciò si può fare, tracciando i confini della sfera delle relazioni mercantili in modo che non venga ostacolato il raggiungimento dei fini degni di essere perseguiti».[19]

---

[18] S. ZAMAGNI, «Economia civile come forza di civilizzazione per la società italiana», in *La società civile in Italia*, Mondadori, Milano 1997, 159-192.

[19] *Democrazia economica, sviluppo e bene comune*, n. 20.

In questo contesto particolare rilievo merita il «terzo settore», rappresentato da quelle attività che si sviluppano al di fuori sia della sfera politico-istituzionale che del mercato e la cui principale finalità non è il profitto, ma l'utilità sociale e il bene comune, cioè la risposta a istanze sociali mediante la produzione di «beni relazionali». Tale settore, nella misura in cui è in grado di conservare la propria autonomia e di non rinunciare al paradigma dell'efficienza, evitando di incorrere nella dipendenza dai fondi pubblici – dipendenza che obbliga a mantenersi in un ruolo di pura esecutività, e dunque a perdere la funzione di innovazione e di sperimentazione – e nella misura in cui conserva un forte radicamento sociale, può diventare parte costitutiva di una vera «economia civile», non assolvendo soltanto a una funzione integrativa (mai sostitutiva) del «pubblico» – soprattutto nell'ambito di alcuni settori – ma concorrendo anche a rendere trasparente l'importanza di valori fondamentali, quali la tolleranza, la solidarietà e la condivisione, che devono diventare paradigmi ai quali l'economia si ispira nel proprio sviluppo.

2.2. La gestione e il controllo dell'informazione

Ciò che si è detto per l'economia vale analogamente (e a maggior ragione) per l'informazione, che riveste un ruolo decisivo nella produzione e nella diffusione del costume sociale, cioè dei modelli di comportamento e degli stili di vita della cultura dominante. L'universalità e la pervasività dei *media* li trasforma in canali privilegiati di costruzione dell'opinione pubblica, cioè di formazione dei gusti, delle propensioni e degli orientamenti ideologici più diffusi.

La centralità dell'informazione per lo sviluppo della vita democratica rende doverosa la ricerca di un sistema di garanzie, che ne assicuri la reperibililità e il controllo dei contenuti. Si tratta, in altre parole, di dare vita a un sistema di «informazione civile» orientato a favorire la possibilità di gestione e di controllo dei *media* da parte dei cittadini con l'obiettivo di sviluppare un'informazione pluralistica e disinteressata, di proteggere l'utenza dal condizionamento dei poteri industriali, commerciali e politici, e di difendere la *privacy* degli individui.

L'attuazione di questo disegno è resa possibile, oltre che dalla promulgazione di un'agile e severa legislazione *antitrust*, dalla strutturazione di alcune grandi aziende in *public companies* secondo una logica di vera democratizzazione economica, ma anche (e più ancora) dall'affermarsi nella società di centri di formazione dell'opinione pubblica, che vanno potenziati mediante opportune incentivazioni. La crescita delle nuove tecnologie multimediali interattive può costituire l'occasione per una svolta radicale in questo settore: alla passività del consumo si sostituisce infatti una forma di partecipazione, che, per quanto in parte condizionata da scelte fatte altrove, può creare le condizioni per l'originarsi di un nuovo sistema di cittadinanza.

3. L'insostituibile funzione della politica e le prospettive del cambiamento

Da quanto fin qui detto risulta evidente che la costruzione della democrazia passa attraverso l'elaborazione di un nuovo rapporto tra mercato, Stato e società civile. La delineazione di tale rapporto non può avvenire senza il riconoscimento dell'insostituibile funzione della politica; funzione che dev'essere fortemente potenziata e profondamente rinnovata nelle sue modalità di esercizio.

Il ruolo che la politica deve esercitare, tanto nei confronti del mercato che dell'informazione, non è secondario ma essenziale. Fondamentale è infatti il governo del mercato attuato mediante l'offerta di regole che ne assicurino lo spazio ma ne definiscano anche i limiti; così come indispensabile è intervenire a disciplinare la gestione dei *media*, nel rispetto dell'autonomia dei soggetti sociali, offrendo indirizzi generali e forme di sostegno adeguate. Per questo risulta allarmante il fatto che, a fronte della globalizzazione economica e dell'informazione, si assista ad una conduzione ancora molto provinciale della politica, conseguenza della persistente pretesa di autarchia degli Stati nazionali e dell'assenza di un'autorità internazionale dotata di poteri consistenti.

Ciò che va ridefinito è dunque il concetto di Stato, evitando tanto di assolutizzarlo quanto di ridurlo a un ruolo puramente suppletivo e residuale. Se infatti è vero che lo Stato-nazione è divenuto troppo piccolo per affrontare problemi che vanno al di là della sua possibilità di controllo e troppo grande per fare spazio a forme di partecipazione che esigono ambiti territoriali e culturali più limitati, non è meno vero che esso conserva inalterati compiti di intervento in alcuni settori sociali e di stimolo all'azione collettiva, interventi che non possono essere demandati ad altri.

L'interazione dei princìpi di sussidiarietà e di solidarietà – interazione da cui ha origine una concezione organica della vita sociale – è la via da percorrere per procedere a una definizione corretta dei rapporti tra società civile e società politica, superando da parte di quest'ultima la tentazione dell'egemonia e quella (opposta) della marginalizzazione. Il principio di sussidiarietà non va inteso come rinnegamento delle forme sempre più complesse di costruzione sociale o come rinuncia a dare ad esse una diretta espressione politica. La sua concreta applicazione non implica

> «un'interpretazione riduttiva dei compiti e delle attribuzioni dello Stato, come se ad esso – nei confronti delle istituzioni inferiori o sotto ordinate o territorialmente più limitate – spettasse solo il potere di sostituirsi al titolare originario, quando questi si dimostrasse incapace di dare adeguate risposte ai bisogni sociali. Né tanto meno si può accettare, in nome del principio di sussidiarietà, un concetto così evanescente dello Stato e dell'intervento pubblico tale da cancellare i compiti propri della comunità».[20]

Società civile e società politica devono correlarsi tra loro, mantenendo differenziate le proprie sfere di autonomia e i propri compiti, ampliando però nel contempo il reciproco confronto e la vicendevole cooperazione. Solo una società civile capace di produrre un *ethos* condiviso è in grado di far nascere forme politiche vitalmente democratiche; d'altra parte, solo un'organizzazione politica che tuteli e promuova le autonomie sociali è in grado di sostenere una società civile matura nella quale si sviluppi una vera responsabilità solidale. Essenziale è, in altre parole, la costruzione di una società

---

[20] *Educare alla socialità*, n. 42.21; cf. anche n. 17.

politica che si apra alle esigenze della società civile; altrettanto essenziale è però anche lo sviluppo di una comunità civile che abbandoni la pretesa dell'autosufficienza e riconosca l'importanza delle istituzioni pubbliche. Al riconoscimento di centralità della società civile da parte di chi fa politica deve corrispondere la capacità della società civile di riappropriarsi della funzione politica non sottovalutandola e non delegandola ai soli professionisti.[21]

Se è vero infatti che esiste il pericolo che il ricupero della società civile avvenga sul terreno politico in termini funzionali, che si pensi cioè a una società civile asservita alle logiche della politica – a conferma di questo pericolo sta il fatto che il rinnovamento in corso in Italia è in larga misura concepito come problema di assetto dello Stato, anziché come questione di riorganizzazione del sistema sociale – non è meno vero che esiste l'opposto pericolo, quello di una società civile che rivendica un'assoluta autonomia e che pertanto, oltre a suscitare il rifiuto per la politica alla quale pretende di sostituirsi, finisce per rinunciare a una prospettiva aperta e universalistica della vita associata. Il superamento della mera legittimazione strumentale (e autoreferenziale) della società civile da parte del potere politico così come dello svuotamento delle funzioni della politica e dello Stato da parte della società civile implica l'attivazione di una dialettica positiva tra le istituzioni pubbliche e le soggettività sociali.

Il rafforzamento tanto della società civile che dello Stato – la crescita cioè di uno Stato che promuova l'autonomia della società civile e di una società civile che incrementi un forte senso dello Stato – può trovare risposta solo nel rinnovamento di entrambi. Ciò implica, sul versante della società, la promozione di un forte senso civico attraverso il potenziamento della responsabilità individuale e di un autentico spirito comunitario, il rispetto delle istituzioni pubbliche e lo sviluppo di un consistente associazionismo volontario;[22] e, sul versante politico, lo strutturarsi dello Stato a partire dalla rivalutazione

---

[21] Cf. Panebianco, «Società civile e sistema politico», 81-83.
[22] Cf. *Democrazia economica, sviluppo e bene comune*, n. 48.

dei diritti di cittadinanza, mediante interventi istituzionali che alimentino il senso della solidarietà in un'ottica di reciprocità e con l'esclusione di ogni forma di assistenzialismo.

Al di là del discorso sui valori e sui fini, che resta comunque prioritario, si impone la necessità di ridefinire le regole. La complessità sociale e la crescente domanda di beni che rispondano a bisogni sociali e favoriscano il cambiamento della qualità della vita, rendono necessaria la produzione di forme di socializzazione, che diano vita a processi di differenziazione e di integrazione e concorrano a costruire rapporti positivi tra i vari sottosistemi nel rispetto delle norme di convivenza. Mentre il superamento della situazione di scarsa identificazione collettiva o di limitata appartenenza esige una riforma della politica e dello Stato, tesa a ridimensionare il potere dei partiti e a dare origine a un regime caratterizzato dal riequilibrio dei rapporti tra i poteri istituzionali e da forme di decentramento del potere socio-politico, che restituiscano alle comunità locali la possibilità di esercitare direttamente il controllo sociale e offrano un reale supporto alla libera espressione dei singoli e delle aggregazioni sociali, spingendoli verso obiettivi di sviluppo solidale.

La rinascita della società civile dipende anzitutto dalla capacità che essa ha di diventare, al proprio interno, ambito originale e creativo di produzione di valori autonomi, che configurano un *ethos* collettivo condiviso. Ma, a sua volta, tale capacità è legata – come abbiamo visto – alla democratizzazione di alcuni settori dell'organizzazione della vita associata e da un profondo rinnovamento della politica e dello Stato, che hanno il compito di conferire ai processi associativi la finalizzazione al bene comune. A queste condizioni – e solo a queste – la società civile può diventare soggetto storico privilegiato di rinnovamento della vita collettiva e concorrere alla promozione del senso della cittadinanza.

Capitolo quinto

LA DEMOCRAZIA E LE DIFFICOLTÀ DELLA SUA CRESCITA

L'acquisizione della democrazia quale sistema ideale di conduzione della vita pubblica – acquisizione prodottasi in tempi lunghi e non senza contrasti[1] – è andata di pari passo con l'affiorare dei limiti della sua pratica attuazione, in ragione soprattutto delle rapide trasformazioni intervenute all'interno della società. Le sfide derivanti da tali trasformazioni hanno infatti imposto (e impongono) una profonda revisione dei metodi di gestione della vita democratica per adeguarli alle nuove domande emergenti e contribuire così a dilatare gli spazi della partecipazione.

In discussione non è il valore della democrazia, che è decisamente acquisito sul piano dottrinale; sono soprattutto le modalità del suo esercizio di fronte alle gravi minacce che da più parti affiorano e che rendono urgente la promozione delle condizioni per il suo consolidamento. Ciò che, in altri termini, appare sempre più necessario è il passaggio dalla democrazia «formale», divenuta (almeno in occidente) realtà imprescindibile, alla democrazia «sostanziale», caratterizzata da un effettivo coinvolgimento dei cittadini nella conduzione della vita pubblica e dalla capacità di chi governa di rispondere, in modo sempre più serio, alle esigenze dell'intera cittadinanza.

---

[1] Si pensi soltanto alla resistenza opposta dalla Chiesa, dove l'ammissione della democrazia quale forma di governo, anche se non ancora preferenziale e ottimale, va fatta risalire a Leone XIII. La cultura cattolica è stata a lungo indifferente nei confronti delle istituzioni democratiche di cui venivano denunciati soprattutto i limiti. Solo con il pontificato di Pio XII – si veda in particolare il messaggio natalizio del 1944 – si afferma il valore prioritario della democrazia, confermato successivamente dalla riflessione del concilio (*Gaudium et spes*) e sancito in termini inequivocabili dalla *Octogesima adveniens* (cf. G. Campanini, *Cristianesimo e democrazia. Studi sul pensiero politico cattolico del '900*, Morcelliana, Brescia 1980).

Lo sforzo che si intende qui intraprendere è volto a identificare le cause dell'attuale «crisi» della democrazia (§ 1) per evidenziare i presupposti imprescindibili che stanno alla base del suo ricupero (§ 2) e suggerire piste operative che ne consentano l'attuazione (§ 3).

1. Le odierne minacce alla democrazia

La democrazia è un sistema fragile fondato su delicati equilibri che vanno costantemente definiti (e ridefiniti). È sufficiente ricordare qui il difficile rapporto tra rispetto della libertà individuale e rispetto delle finalità proprie della vita pubblica; o, ancora, la non facile conciliazione dell'istanza partecipativa con l'istanza della governabilità (ambedue indispensabili al corretto articolarsi della vita democratica); o, infine, la questione dei rapporti tra Stato e società e l'insufficienza dell'applicazione, in senso puramente formale, del principio di maggioranza con la conseguente penalizzazione delle minoranze.

A questi (e altri) fattori critici di ordine strutturale, che hanno direttamente a che fare con la conduzione della vita democratica e che vanno pertanto fatti oggetto di permanente vigilanza, si aggiungono (e con essi interagiscono) fattori nuovi, strettamente dipendenti dall'attuale congiuntura sociale, che rappresentano una minaccia alla libera espressione della vita democratica. Il rischio che da essi deriva non sta nel rimettere in discussione il sistema democratico come regime di governo, ma nello svuotarlo dall'interno per l'avanzare di processi che riducono l'accesso alla gestione del potere solo a una parte della cittadinanza.

Alla radice di questi fattori non è difficile scorgere il fenomeno (già più volte richiamato) della «complessità sociale», che, producendo un'accentuata frammentazione del tessuto di convivenza, favorisce la nascita di nuovi centri di potere che sfuggono a qualsiasi controllo. L'ingovernabilità dei processi sociali, la difficoltà di farli convergere verso obiettivi di «bene comune» (o di «interesse generale»), è in larga misura dovuta al livello di alta differenziazione (e perciò di disomogeneità) degli obiettivi e degli interessi propri degli individui e dei gruppi sociali, e perciò all'estrema difficoltà di rintracciare una piattaforma comune di riferimento.[2]

Queste difficoltà sono, d'altronde, aggravate dalla presenza di poteri forti che si sostituiscono al potere politico e che hanno soprattutto la capacità di ridimensionare (fino ad annullarla) la libera decisione dei cittadini grazie all'azione di gruppi di pressione sempre più agguerriti. Le decisioni politiche risultano in tal modo sempre meno il risultato di scelte effettuate con sistemi che coinvolgono la cittadinanza o che riflettono quanto meno il principio di maggioranza, e sempre più l'effetto di intese e di accordi (nella maggior parte dei casi subìti dal potere politico) con i poteri cui si è accennato. Ad aggravare ulteriormente la situazione concorre poi l'influenza esercitata dalla tecnica in tutti i settori della vita: da essa derivano seri pericoli per la democrazia, sia per la possibilità di manipolazione dell'opinione pubblica grazie all'uso di strumenti sofisticati e pervasivi come quelli della comunicazione sociale, sia soprattutto per l'aumento di ambiti in cui le decisioni, esigendo, per la natura specialistica che le qualifica, particolari competenze, vengono di fatto sottratte alla deliberazione e al controllo dei cittadini.

> «Il crescente contrasto fra potere tecnocratico e potere democratico – osserva giustamente N. Bobbio – dipende proprio dal riconoscimento che molte decisioni importanti per la regolazione dei conflitti politici sono di natura tecnica e, come tali, male assoggettabili all'opinione del maggior numero».[3]

Complessità sociale, poteri forti e tecnologia, d'altra parte, prendono corpo nel contesto di una società caratterizzata da un profondo vuoto etico, dall'assenza di quei valori condivisi,

---

[2] Interessanti osservazioni, a tale riguardo si trovano in N. LUHMANN, «I fondamenti sociali della morale», in *Etica e politica. Riflessioni sulla crisi del rapporto tra società e morale*, F. Angeli, Milano 1984.

[3] N. BOBBIO, «La democrazia e il principio di maggioranza», in *La democrazia e il principio di maggioranza*, dossier di *Fenomenologia e società* 13/14(1981), 13. La tecnocrazia rappresenta per l'autore una sfida radicale per la democrazia: l'incapacità di controllarla, limitandone gli effetti negativi, può determinarne la morte. Per un'analisi più ampia (e ancora più pessimistica) degli esiti dell'odierna società tecnologica cf. U. GALIMBERTI, *Psyche e techne. L'uomo nell'età della tecnica*, Feltrinelli, Milano 1998. Sui rapporti tra democrazia e tecnocrazia si veda anche R.A. DAHL, *Democrazia e tecnocrazia*, Il Mulino, Bologna 1987.

che hanno cementato in passato la convivenza civile. Il pluralismo culturale e ideologico, frutto dei rapidissimi cambiamenti intervenuti negli ultimi decenni, ha provocato il venir meno di quell'*ethos* collettivo, che è l'*humus* indispensabile per definire le regole che normano le relazioni sociali. La secolarizzazione, nella sua fase compiuta, ha prodotto un esodo radicale dal mondo dei valori; essi appaiono totalmente destituiti di senso in un mondo in cui l'interesse individuale e corporativo è considerato criterio esclusivo di valutazione della condotta umana. L'assenza di un forte referente etico nella società fa correre alla democrazia il pericolo di asfissia spirituale, la fa diventare – come lucidamente prevedeva A. Tocqueville – una democrazia «senza anima», destinata in quanto tale ad autodistruggersi.[4] La democrazia vera – quella sostanziale, e non puramente formale – deve infatti costantemente alimentarsi a una piattaforma, sia pure minimale, di valori comuni che si traducono in diritti irrinunciabili ai quali occorre aderire. Lo stesso principio di maggioranza, che costituisce il criterio secondo il quale vengono assunte le decisioni, deve far riferimento a tale piattaforma: la democrazia autentica è infatti quella in cui l'esercizio della libertà si coniuga con la permanente attenzione alle esigenze della giustizia e dell'equità sociale, e perciò con il rispetto e la tutela di alcune essenziali istanze, la cui attuazione è condizione imprescindibile per il suo esercizio.

A questa esigenza di rifondazione etica del sistema democratico dedicheremo particolare attenzione, perché costituisce l'aspetto più radicale (e decisivo) della crisi della democrazia, ma soprattutto perché, a partire da qui, è possibile prospettare un cammino ideale di crescita civile che risponda alle esigenze della postmodernità e incrementi la coscienza partecipativa, che è la base della costruzione di una società democratica.[5]

---

[4] A. De Tocqueville, *La democrazia in America*, in *Scritti politici*, II, UTET, Torino 1968.

[5] All'esigenza di rifondare eticamente la democrazia ha dedicato particolare attenzione, in tutto il corso del suo pontificato, Giovanni Paolo II il cui pensiero centrale è sinteticamente esposto ai nn. 46-47 della *Centesimus annus* (1991). Dopo aver sottolineato l'apprezzamento della Chiesa per il sistema democratico, il papa aggiunge: «Oggi si tende ad affermare che l'agnosticismo e il relativismo scettico sono la filosofia e l'atteggiamento fondamentali rispondenti alle forme politiche democratiche, e che

2. Democrazia e valori

La riflessione su democrazia e valori non è semplice; a complicarla concorrono motivi di natura diversa, legati tanto al significato che si conferisce ai termini «democrazia» ed «etica» quanto alle modalità con cui si istituisce tra loro il rapporto.

2.1. Il rischio del decisionismo autoritario

Il concetto di «democrazia» sembra presupporre, fin dal suo costituirsi agli inizi della modernità, la negazione di qualsiasi riferimento a un ordine morale oggettivo. La radicale destituzione di significato del «diritto naturale» – a seguito della negazione del concetto di «natura» considerato semplice *flatus vocis* dal nominalismo – coincide con l'affermarsi del «diritto soggettivo» quale unica forma di diritto. La concezione contrattualista della politica che – da Hobbes in poi – ha preso il sopravvento in occidente è tutta incentrata sulla ricerca di forme di convivenza basate sulla mediazione dei diritti (o degli interessi) soggettivi, cioè sulla creazione di un ordine nel quale la limitazione delle libertà individuali diventa la via per consentire a tutti l'accesso alla fruizione della libertà. La democrazia liberale, che ha in J. Locke il proprio padre fondatore,[6] si sviluppa secondo questa visione: anche la tematica dei diritti umani, lungi dal rinviare al concetto di «diritto naturale», si limita a riconoscere una serie di diritti soggettivi da tutelare, in quanto costituiscono la piattaforma per la costruzione del con-

---

quanti sono convinti di conoscere la verità e aderiscono con fermezza ad essa non sono affidabili dal punto di vista democratico, perché non accettano che la verità sia determinata dalla maggioranza o sia variabile a seconda dei diversi equilibri politici. A questo proposito bisogna osservare che, se non esiste nessuna verità ultima la quale guida e orienta l'azione politica, allora le idee e le convinzioni possono essere facilmente strumentalizzate per fini di potere. Una democrazia senza valori si converte facilmente in un totalitarismo aperto oppure subdolo come dimostra la storia» (n. 46: *EV* 13/222). Il papa prosegue mettendo l'accento sulla necessità che gli ordinamenti democratici riconoscano come fondamento della democrazia i diritti umani, e conclude rilevando come il bene comune, che va perseguito come obiettivo di fondo dalla società democratica «non è la semplice somma degli interessi particolari, ma implica la loro valutazione e composizione fatta in base a un'equilibrata gerarchia di valori e, in ultima analisi, a una esatta comprensione della dignità e dei diritti della persona» (n. 47: *EV* 13/226).

[6] Cf. J. Locke, *Due trattati sul governo*, UTET, Torino 1968.

vivere sociale. Non ha dunque torto H. Kelsen quando sostiene, rifacendosi a questa tradizione, che la democrazia ha un carattere puramente formale, che non può basarsi cioè su un'idea di «bene comune» ma unicamente sul libero consenso di tutti.[7] È come dire che da essa va bandita qualsiasi preoccupazione di contenuti valoriali e che il presupposto filosofico cui appellarsi può essere soltanto una concezione relativistica e scettica, in quanto ciò che definisce la democrazia non è il fatto che sia governo *per* il popolo, ma governo *del* popolo.[8]

D'altra parte, l'assenza di ogni riferimento valoriale ha dato luogo a una forma di decisionismo occasionalistico, che ha avuto in Hobbes il suo antesignano – si pensi al famoso *auctoritas non veritas facit legem* – e che ha trovato in tempi più recenti un autorevole teorizzatore in C. Schmitt, per il quale

> «la decisione sovrana è il principio assoluto, e il principio (nel senso anche di *arché*) non è altro che decisione sovrana».[9]

Questa prospettiva decisionista – è lo stesso Schmitt a confermarlo – ha come esito il rifiuto del pluralismo e della democrazia, considerati nemici dello Stato, cui spetta fondamentalmente il compito di risolvere il conflitto (o la contrapposizione) tra «amico» e «nemico», conflitto al quale si riduce, in ultima analisi, l'essenza del «politico».[10] La messa fra parentesi di qualsiasi contenuto etico si trasforma così in negazione della democrazia, la quale non sarebbe un regime politico, ma l'opposto del «politico»; o – è questa l'ottica dell'idealismo – nell'assolutizzazione dello Stato fino a farlo diventare – come abbiamo già rilevato – la «sostanza etica», cioè a considerarlo un «valore morale assoluto, come la persona in funzione della

---

[7] Cf. H. Kelsen, *I fondamenti della democrazia*, Il Mulino, Bologna 1966.

[8] Cf. Kelsen, *I fondamenti della democrazia*.

[9] Cf. C. Schmitt, «I tre tipi di pensiero giuridico», in *Le categorie del «politico»*, Il Mulino, Bologna 1972.

[10] Cf. Schmitt, «I tre tipi di pensiero giuridico». Alla radice della teoria schmittiana (come del resto del pensiero di Hobbes) vi è un'antropologia pessimista, che è venuta sviluppandosi in occidente fin dagli inizi della modernità – si pensi soltanto, su fronti profondamente diversi, alla visione teologica di Lutero e a quella laica di Machiavelli – e che ha fortemente influenzato la dottrina dello Stato moderno (cf. A. Bolaffi, «Storia di un incontro», in *Il Centauro* 5[1982]). La contrapposizione tra «amico» e «nemico» discende direttamente da questa antropologia.

quale tutte le altre hanno un valore».[11] È qui delineata l'identità dello «Stato etico», il quale, cancellando la categoria di persona, distrugge il fondamento stesso della democrazia. Riducendo la democrazia a mero fatto formale (o procedurale) si incorre infatti in un decisionismo che ne decreta la fine.

2.2. L'esigenza del riferimento all'*ethos* culturale della società

È chiara allora la necessità di ristabilire il legame tra democrazia e valori morali o di ripensare il rapporto tra etica e democrazia.

Le difficoltà non riguardano tuttavia il solo fronte della democrazia, ma anche quello dell'etica, per molto tempo attestata su semplici proclamazioni di principio o su schematizzazioni normative imposte alla realtà attraverso un procedimento deduttivo incapace di cogliere la complessità delle situazioni esistenziali e di dare soluzione ai nodi critici emergenti. Il rispetto dei canoni della democrazia implica la produzione di un modello di etica «duttile», che abbia a cuore la ricerca del bene possibile e si accontenti talora di perseguire il male minore: un modello che si confronti seriamente con lo statuto e le leggi proprie del sistema democratico, ipotizzando soluzioni che ne interpretino le istanze attuali.

Condizione perché questo avvenga è tanto l'abbandono di una concezione forte (e mistificatoria) della democrazia quanto la rinuncia a una visione univoca (e riduttiva) dell'etica incentrata su un paradigma omogeneo da applicare ai vari ambiti dell'agire umano. Fondamentale è, in altre parole, l'acquisizione del carattere «relativo» del sistema democratico e della connaturale incompiutezza che lo contraddistingue: la democrazia è un compito più che un dato, una realtà permanentemente in divenire (*in fieri*), che va soggetta a forme indefinite di perfezionamento. Ma altrettanto fondamentale è la consapevolezza della costitutiva relatività (da non confondere con

---

[11] Cf. G. Gentile, *Che cos'è il fascismo. Discorsi e polemiche*, Vallecchi, Firenze 1925, 26-36.

il relativismo) dell'etica, in ragione dell'essenziale «soggettività» e «storicità» della condizione umana alla quale essa costantemente si riferisce.

D'altronde, la necessità del ricorso all'etica è fatta emergere anche da chi – è questa la posizione predominante nella modernità – sostiene l'idea di una democrazia puramente formale, che ha come unico compito quello di stabilire le regole di convivenza. Così Locke ritiene che la possibilità di esercizio effettivo della democrazia sia legata all'esistenza di una comunità che si costruisce sulla base di tradizioni culturali condivise.[12] N. Bobbio, a sua volta, non manca di rilevare che la democrazia, oltre ad essere carica in sé di implicazioni morali, esige il riconoscimento di una serie di valori, come la tolleranza, la non violenza e la giustizia quali condizioni per la sua realizzazione.[13]

La rifondazione morale della democrazia affiora poi come esigenza, a partire dagli inizi degli anni '60, nel pensiero di alcuni filosofi che contestano la democrazia puramente formale e consociativa;[14] ricordiamo qui contributi di grande interesse, come quelli della Scuola di Francoforte, che denuncia i limiti della razionalità formale,[15] o come le acute notazioni di H. Arendt, che propone come modello l'ideale greco della *politeia* in quanto partecipazione attiva del popolo al governo della «cosa pubblica».[16]

Pur riconoscendo l'alto valore di queste posizioni, rimaniamo convinti del carattere essenzialmente formale della democrazia, del fatto cioè che essa è più un metodo che un insieme

---

12 Locke, *Due trattati sul governo*.

13 N. Bobbio, *Il futuro della democrazia*, Einaudi, Torino 1984, 27-28.

14 In questi anni, ciò che viene denunciato con forza è il deterioramento (o il depotenziamento) del sistema democratico a causa dello sviluppo di prassi puramente formali non sorrette da fini precisi e da una *leadership* morale. È necessario che il rispetto delle regole del gioco venga messo al servizio di obiettivi di reale promozione sociale, e non di semplice utilità immediata e pragmatica (cf. M. Crouzier – S.P. Huntington – J. Watanuki, *La crisi della democrazia*, Angeli, Milano 1977).

15 La critica della Scuola di Francoforte si rivolge, più in generale, al predominio della ragione scientifico-tecnica, in quanto ragione formale e strumentale; da essa viene tuttavia anche una forte critica ai concetti di «libertà» e di «democrazia» propri della cultura moderna, ridotti a realtà formali o procedurali (cf. T.W. Adorno – M. Horkheimer, *Dialettica dell'Illuminismo*, Einaudi, Torino [3]1966).

16 Cf. H. Arendt, *Human condition*, Chicago 1958.

di contenuti, più una struttura, che consente di dare la massima espressione ai valori dei singoli e dei gruppi, che un valore in sé. Questo non significa che non esista una sostanza etica della democrazia, incentrata su valori irrinunciabili, che appartengono alla definizione della sua formalità – ha ragione in proposito H. Kelsen di rilevare che l'antagonismo tra forma e sostanza o tra forma e contenuto è relativo, e che una stessa cosa può essere forma da un certo punto di vista e diventare contenuto o sostanza da un altro[17] – quali l'irriducibilità della persona allo Stato, la non identificazione tra Stato e società civile, il pluralismo, la rappresentanza, la partecipazione al potere e la sua limitazione, nonché la possibilità di licenziare i governanti.[18] Ma la ricerca di convergenze etiche, senza le quali è difficile mantenere a lungo in vita la democrazia, deve spostarsi dal piano della politica a quello della società: l'assenza di un solido *ethos* culturale comune non rende soltanto anemica la democrazia, riducendola a un prassismo politico preoccupato unicamente di far rispettare le regole e di gestire i compromessi quotidiani, ma porta anche con sé il rischio dell'autoritarismo.[19]

Ciò che più allarma – come si è più volte rilevato – non è tuttavia la mancanza di tale *ethos*, dovuta all'accentuata frammentazione dei valori (e dei sistemi valoriali), ma la difficoltà a individuare le condizioni per la sua ricostruzione. L'esasperazione del pluralismo, frutto dello scetticismo circa la possibilità di pervenire a un minimo di oggettività veritativa (che non sia quella delle scienze sperimentali), ha avuto come esito la destrutturazione di quell'*humus* culturale che fonda la possibilità di convergere attorno a valori condivisi. A questo si è aggiunta, concorrendo ad aggravare la situazione, la perdita di terreno dello stesso concetto di valore (o di ideale), soprattut-

---

[17] KELSEN, *I fondamenti della democrazia*.

[18] Su quest'ultimo criterio insiste particolarmente K.R. POPPER (cf. *La società aperta e i suoi nemici*, Armando, Roma 1974, II, 210-213) mettendo l'accento sul fatto che la democrazia non è soltanto governo della maggioranza, ma assegnazione ai governanti di poteri limitati e possibilità di licenziare i governanti che non corrispondono ai desideri dei cittadini e alle esigenze della società.

[19] Cf. I. MANCINI, «Pluralità delle forme etiche e democrazia», in *Valori morali e democrazia*, a cura di G. GALEAZZI, Massimo, Milano 1982, 193-194.

to in riferimento all'agire sociale, e la sua sostituzione con concetti come «interesse» o «ragion di Stato». La democrazia ha bisogno per vivere della crescita del senso di appartenenza collettiva, radicato in valori quali la libertà e l'uguaglianza, la giustizia e la solidarietà comunitaria che vanno resi operativi mediante atteggiamenti e stili di vita corrispondenti alle domande del contesto sociale; essa si regge, in altre parole, sull'esistenza di una maggioranza consapevole della necessità di perseguire l'interesse generale e di fare spazio alla libera espressione della minoranza,[20] nonché aperta a forme di cooperazione volontaria sempre più allargate.[21]

Sono questi i presupposti sui quali è nato e si è sviluppato, fin dagli inizi, il concetto di democrazia, senza che ciò abbia necessariamente comportato adesione a un sistema concettuale riduttivo, come quello del giusnaturalismo incentrato su uno schema rigido e deduttivo.[22]

2.3. Il principio di maggioranza

A confermare la complessità dei rapporti tra democrazia ed etica – e più propriamente come test decisivo per saggiare il significato e i limiti di tale rapporto – è sufficiente il riferimento alla questione dell'utilizzo del principio di maggioranza.[23]

Pur ammettendo che nei sistemi politici delle società industriali il principio di maggioranza non è l'unico procedimento decisionale, si deve riconoscere che esso costituisce un'importante regola per il funzionamento della vita democratica, sia come criterio per determinare chi è chiamato a gestire il potere (elezione) che come via per formulare le scelte da assume-

---

[20] E. Mounier, *I silenzi di Pio XII e altri articoli*, La Locust[illegible] Vicenza 1967, 19-28.

[21] Y.R. Simon, *Filosofia del governo democratico*, Massim[illegible]iano 1983.

[22] Per un'analisi della contrapposizione tra sistema classic[illegible]ristotelico e sistema giusnaturalista cf. N. Bobbio, «Il modello giusnaturalistico», in N. Bobbio – M. Bovero, *Società e Stato nella filosofia politica moderna*, Il Saggiatore, Milano 1979.

[23] Un'interessante discussione sul significato (e sui limiti) del principio di maggioranza si trova nel n. 13/14(1981) della rivista *Fenomenologia e società*, interamente dedicato a *La democrazia e il principio di maggioranza* (si vedano soprattutto gli importanti contributi di N. Bobbio e di C. Offe).

re nell'ambito del governo della «cosa pubblica», in quanto procedura più idonea di altre a garantire la formazione di decisioni collettive.[24]

La sua applicazione è tuttavia soggetta a limiti, che vanno seriamente presi in considerazione. Non si può dimenticare anzitutto che il paradigma adottato è un paradigma quantitativo e non qualitativo; è il motivo per cui N. Bobbio afferma che si tratta di una regola razionale non secondo il *valore*, ma secondo lo *scopo*, quello cioè di consentire la formazione di una volontà collettiva.[25] A questo primo limite se ne aggiunge un altro (non meno grave): il pericolo della mancata accoglienza di istanze proprie dei gruppi minoritari, nonché, in senso più generale, la tentazione – già evidenziata da A. Tocqueville – del rovesciamento del principio in una sorta di dittatura della maggioranza anche sulla vita privata.[26]

Il superamento di questi limiti è reso possibile solo dalla persistenza nella società di quell'*ethos* culturale, cui si è fatto più volte riferimento, che garantisce la produzione di decisioni non dettate esclusivamente dalla ricerca di conformità agli scopi e dal loro perseguimento in tempi brevi, in una parola da criteri di efficacia e di decisionalità, ma anche dal rispetto di parametri di giustizia e di equità.[27] In questo senso Locke riteneva che a fondamento del principio di maggioranza vi dovesse essere il riconoscimento che in tutti gli esseri umani è presente la stessa sostanza spirituale o coscienza morale, la quale altro non è che il riflesso naturale della rivelazione divi-

---

[24] Per queste ragioni non ci pare condivisibile – pur percependo l'importante significato di provocazione che riveste – il giudizio negativo sul «principio di maggioranza» formulato da M. HORKHEIMER (*Eclisse della ragione*, Einaudi, Torino 1969, 10-54) in base alla considerazione che la maggioranza rappresenta oggi, a livello politico, l'espressione dell'avvenuta soggettivizzazione della ragione, cioè della perdita della razionalità. Sempre per Horkheimer la tendenza ad identificare principio di maggioranza e democrazia altro non sarebbe che la ricerca di un surrogato al venir meno della ragione oggettiva in vista di una tendenza al pragmatismo, che riduce anche i valori tradizionali a semplici strumenti finalizzati al conseguimento del successo.

[25] BOBBIO, «La democrazia e il principio di maggioranza», 3-21.

[26] DE TOCQUEVILLE, *La democrazia in America*. L'autore non allude qui soltanto all'oppressione delle minoranze, ma a un potere che, consolidandosi, finisce per esercitare una forma allargata di oppressione sulla vita di tutti. Come rimedio egli propone il rispetto del criterio della reversibilità delle decisioni di maggioranza.

[27] A proposito dell'*ethos* culturale e della sua importanza come elemento che dà solidità alla democrazia, cf. C. OFFE, «Legittimazione politica mediante decisione a maggioranza?», in *Fenomenologia e società* 13/14(1981), 53-73.

na.[28] Al di là di argomentazioni di carattere religioso come quella appena riferita, rimane evidente, anche in una prospettiva del tutto laica, come l'idea di maggioranza, sottratta ad ogni ulteriore riferimento, diventi arbitraria; o, secondo un'altra ottica, come, allorché essa non è più espressione di uno sforzo di sintesi tra diversi orizzonti particolari mediante il confronto dialogico, si riduca a obbligo conformistico, ad adesione formalistica a prescrizioni imposte.

L'esigenza di valori comuni o di un orizzonte di razionalità universalmente riconosciuta è dunque fuori discussione. La presenza di limiti oggettivi all'applicazione del principio di maggioranza esige la formulazione di correttivi, che consentano di evitare le ricadute negative più gravi. Si danno, al riguardo, ambiti (o materie) in cui la decisione di affidarsi al principio di maggioranza può risultare inopportuna e persino ingiusta: si pensi all'impossibilità di ricorrere ad esso quando sono in gioco i diritti dell'uomo e del cittadino, che costituiscono una sorta di barriera dinanzi alla quale il criterio della maggioranza deve arrestarsi;[29] la sua applicazione implica allora che si distingua tra ciò che è negoziabile e ciò che non lo è.[30] D'altra parte la formazione della volontà collettiva è perseguibile anche attraverso altre vie: basti pensare all'importanza della contrattazione (o della negoziazione) per la soluzione di alcune forme di conflitto. La ricerca di accordi improntati alla convergenza tra soggetti sociali con interessi diversi consente il perseguimento di risultati altamente positivi non riducibili alla semplice sommatoria delle parti, al punto che vi è chi ritiene il compromesso – tra questi lo stesso Kelsen – come una forma ideale di mediazione delle istanze nell'ambito del sistema democratico o un *modus vivendi* funzionale all'attuazione della democrazia.

---

[28] J. Locke, *On Civil Government*, trattato II, cap. V, 129.

[29] Cf. R. Dworkin, *Taking Rights Seriously*, London 1977.

[30] Il paradosso, che dimostra l'insufficienza del principio di maggioranza a decidere dell'esistenza o meno della democrazia, sta nel fatto che si può decidere a maggioranza di conferire il potere a un regime autoritario, decretando in tal modo la fine della democrazia. Non si dà dunque perfetta identificazione tra democrazia e principio di maggioranza, non solo perché tale principio è utilizzato anche al di fuori dei regimi democratici, ma soprattutto perché, in nome di tale principio, è possibile pervenire alla negazione stessa della democrazia.

3. Il significato delle «regole»

Le riflessioni fin qui esposte hanno evidenziato con chiarezza (almeno ci pare) la necessità di fondare la democrazia su basi che antecedono il semplice livello delle «regole», senza misconoscere per questo la loro importanza per lo strutturarsi della vita democratica. L'aspetto procedurale della democrazia è infatti – come abbiamo visto – tutt'altro che secondario e ininfluente; ha il significato di mezzo rispetto al fine, di strumento che consente a individui e gruppi di esprimere i propri valori o di assumere decisioni politiche.

La democrazia è indissociabile dal principio del contratto sociale, cioè dall'idea dell'accordo su alcune regole fondamentali di convivenza – le «regole del gioco» – che, a differenza delle altre, devono essere accettate all'unanimità: il loro rifiuto anche da parte di uno solo rende impossibile lo svolgimento del gioco democratico. Accanto a queste regole va poi identificato un insieme di complesse procedure, che esigono di essere rispettate in quanto attengono al concreto svolgimento delle funzioni e dello sviluppo della democrazia. Tra queste meritano di essere richiamate: il rispetto degli organismi rappresentativi – si pensi alla funzione centrale del Parlamento – e la possibilità di un costante controllo dell'operato di chi governa da parte del popolo (è questo il significato dell'istituto del *referendum*); o, ancora, l'attivazione di forme sempre più allargate di partecipazione – non si può dimenticare la funzione insostituibile dei partiti e, più in generale, dell'associazionismo –; la definizione di un corretto rapporto tra partecipazione e rappresentanza; l'attenzione di coloro che ricevono la delega di governare a recepire le istanze non solo di chi li ha eletti ma dell'intera realtà sociale – come osserva giustamente Max Weber l'organismo della rappresentanza funziona nella misura in cui, pur interpretando anzitutto la volontà della maggioranza, tiene in considerazione anche le provocazioni che vengono dalle minoranze –; la costante verifica del consenso mediante forme di *feedback*, che offrono la possibilità di conoscere l'adesione o il dissenso dell'opinione pubblica.

È infine segno di una vera democrazia il rispetto (e la promozione) dei diritti delle minoranze; attraverso questa via si realizza infatti la trasformazione della democrazia da semplice democrazia elettorale in democrazia «inclusiva», attenta, nei limiti del possibile, a rappresentare le legittime esigenze di tutti i cittadini.

4. Una questione aperta: quale futuro per la democrazia?

Si è accennato alle minacce per la democrazia rappresentate dalla complessità sociale e dalla tecnocrazia, dalla presenza di poteri forti (e alternativi) e dalla crisi dei valori, che costituiscono la base per la conduzione della vita collettiva. È d'obbligo aggiungere – in conclusione – una breve riflessione su una minaccia ancora più grave che caratterizza l'attuale congiuntura sociale (ci riferiamo a quella italiana in particolare ma non soltanto); minaccia in parte dettata dall'assommarsi (e dall'interagire) dei fattori ricordati, e per altra parte (e non poco cospicua) dall'avanzare di un'«ideologia» negativa o, in senso più ampio, di una mentalità e di un costume che vanno diffondendosi tra le masse popolari e che sono, per molti aspetti, alimentati da chi gestisce il potere. Si allude a una forma di dispotismo, diverso da quello assolutistico, in quanto legato a un consenso plebiscitario, che affonda le sue radici in un populismo dilagante. Suonano profetiche in tal senso – pur essendo pronunciate in un contesto diverso – alcune affermazioni di Tocqueville che intravedeva quale rischio della democrazia ugualitaria l'avanzare di «un dispotismo esteso e dolce, che degraderà gli uomini pur senza tormentarli».[31]

> «Vedo una folla innumerevole di uomini simili e eguali che incessantemente si ripiegano su se stessi per procurarsi piccoli e volgari piaceri, di cui riempiono la loro anima. Ognuno di essi, ritirato in disparte, è come estraneo al destino di tutti gli altri; i suoi figli e i suoi amici personali formano per lui tutta la specie umana... Al di sopra di costoro si eleva un potere immenso e tutelare, che, da solo, si incarica di assicurare loro i piaceri e di vegliare sulla loro sorte. Assomiglierebbe al potere paterno se, come

---

[31] De Tocqueville, *La democrazia in America*, 2, IV-6, 811.

quello, avesse per fine di preparare gli uomini all'età virile; ma, al contrario, non cerca che di fissarli irrevocabilmente all'infanzia; gli piace che i cittadini siano contenti, a condizione che pensino soltanto ad essere contenti. Lavora volentieri alla loro felicità, ma vuole esserne l'unico agente e il solo arbitro; provvede alla loro sicurezza, prevede e assicura la soddisfazione dei loro bisogni, facilita i loro piaceri, conduce i loro affari principali, dirige le loro attività, regola le loro successioni, divide le loro eredità, perché mai non può togliere loro interamente la fatica di pensare e la pena di vivere?».[32]

La situazione odierna presenta aspetti di grande somiglianza con quella qui descritta. La crisi delle *élites* democratiche tradizionali, anche a causa dell'esplosione della questione morale – il «caso italiano» è emblematico – e l'entrata in scena di una classe politica improvvisata (perciò del tutto impreparata), nonché il tendenziale abbandono di interesse per la politica da parte delle masse, stanno determinando la nascita di regimi, caratterizzati dal disprezzo nei confronti della politica e delle sue procedure e da comportamenti ispirati a qualunquismo ideologico e a ossessione pragmatica. Il costante appello alla maggioranza e alla sua sovranità è, da un lato, funzionale al sistematico misconoscimento delle istanze e dei diritti delle minoranze – è questa la strada per dare corso alla cosiddetta democrazia dei «due terzi», che alimenta le sperequazioni sociali in un contesto in cui persistono sacche consistenti di vecchie e nuove povertà – e serve, dall'altro, a legittimare un modo autoritario di gestione del potere, fondato su un consenso dato una volta per tutte, una sorta di assegno in bianco che non implica alcuna verifica e che ha come solo obiettivo l'efficacia operativa. Tale modo di governare è reso, d'altronde, possibile da un'adesione popolare, che coincide con la delega al capo carismatico e con la rinuncia a ogni forma di partecipazione e di controllo.

Conseguenza di questo stato di cose è lo scadimento della democrazia e la sua sostituzione con una dittatura che si impone attraverso il conformismo alle leggi dell'opinione pubblica –

[32] De Tocqueville, *La democrazia in America*, 2, IV-6, 812.

favorito dalla pressione esercitata dai *media* dominati da chi governa – che mantiene il popolo – è questo il senso più preoccupante del populismo[33] – nel rango di «suddito» anziché aiutarlo a diventare «cittadino», e che risulta aggravato dal privilegio assegnato all'*ethos* come ragione di appartenenza, perciò con lo sviluppo di forme esasperate di localismo e di nazionalismo, che favoriscono il potenziamento di tendenze razziste.

La democrazia è dunque ancora oggi – nonostante il lungo tratto di storia percorso (soprattutto in occidente) – una realtà a rischio, che va costantemente affrancata e rafforzata, tanto nei suoi aspetti formali che di contenuto: i diritti di libertà su cui si fonda sono in pericolo tanto per la rinuncia ad esercitarli da parte di alcuni quanto per l'impossibilità di accedervi da parte di altri, in assenza di uno Stato sociale efficiente (la tendenza odierna è piuttosto ad abbatterlo che a rinnovarlo), che garantisca l'esercizio di una piena cittadinanza. La reazione a questo stato di cose non deve farci dimenticare, d'altra parte, che la democrazia è sempre una realtà in divenire, una conquista più che un pacifico possesso, e che la sua attuazione è strettamente dipendente da una diuturna emancipazione della libertà e da una costante promozione della coscienza civica, nonché dal concreto sviluppo di modalità di governo non guidate dalla sola preoccupazione di attivare programmi di riforma, ma anche dell'impegno a crescere in intensità e dilatare in estensione gli spazi della partecipazione civile.

---

[33] Cf. al riguardo Y. Meny – Y. Surel, *Populismo e democrazia*, Il Mulino, Bologna 2001. Si osserva qui giustamente come, pur presentandosi come realtà composita e differenziata, il populismo manifesti, dietro la sua natura ibrida e sfuggente, un «nocciolo duro» ideologico, costituito dai tratti che ci siamo sforzati di delineare.

Capitolo sesto

POTERE E IDEOLOGIA

Potere e ideologia rappresentano i fattori di maggiore ambiguità presenti nell'ambito della politica, in quanto sono rispettivamente all'origine della volontà di potenza e del totalitarismo. D'altra parte, si tratta di fattori necessari alla vita politica, la quale senza esercizio del potere non può raggiungere i propri obiettivi e senza riferimento all'ideologia finisce per appiattirsi sull'esistente, abbandonando ogni prospettiva progettuale.

Il confronto con questi fattori deve dunque avvenire nel segno della vigilanza critica, creando le condizioni culturali e strutturali che consentano di contenerne gli effetti negativi. La scelta di accomunarli in questo capitolo è dovuta alla considerazione dell'intreccio che tra essi si istituisce nell'azione politica, dove frequente è il rimando reciproco.

1. Il potere, tra volontà di potenza ed efficacia dell'azione politica

La questione del potere riveste oggi grande attualità. Lo sviluppo scientifico e tecnico ha moltiplicato le possibilità di intervento dell'uomo su se stesso e sulla realtà circostante. La globalizzazione, sia economica che dell'informazione, ha provocato la nascita di nuove forme di interdipendenza (e di dipendenza) tra i popoli della terra. Il potere dell'uomo si dilata, ma soprattutto, grazie agli strumenti di conoscenza e di azione sofisticati e incisivi di cui dispone, diviene più penetrante e più pericoloso, potendo produrre forme di alienazione in passato impensabili.

Il problema di fondo è allora quello dell'uso che si fa di esso. Gli interrogativi che si aprono al riguardo sono molti e di diversa natura: Chi gestisce il potere e dove lo si gestisce? A beneficio di chi? Secondo quali logiche e con quali criteri? Con quale metodo?

1.1. Fenomenologia del potere oggi

Per rispondere a questi interrogativi è anzitutto necessario mettere a fuoco la natura e le dimensioni che il potere politico riveste nell'odierno contesto socioculturale, non dimenticando che la sua corretta valutazione può avvenire soltanto inserendolo nel quadro dell'analisi delle diverse forme di potere esistenti.

Il potere appare ancora oggi, nelle sue dimensioni più profonde, enigmatico e sfuggente.[1] Tuttavia grazie agli sviluppi delle scienze umane, siamo in grado di reperire alcuni dati riguardanti le dinamiche ad esso soggiacenti e di conoscere le strade da percorrere per imprimergli un indirizzo etico.

La riflessione antropologica e storico-culturale ci ha aiutato a prendere consapevolezza dell'essenziale ambiguità del potere, della sua connaturale «demonicità»,[2] da non intendere come la sfera della totale oscurità contrapposta alla piena luce, ma come la sfera della mezza luce crepuscolare, dell'incerto, di ciò che vi è di più profondamente sinistro.[3] Questo spiega la difficoltà di scindere nel potere il bene dal male, la dedizione dall'egoismo, la creazione dalla distruzione; manifesta, in altre parole, l'insanabile contraddizione che in esso si annida per la duplicità di significati che lo connotano e che hanno la più alta espressione in quell'essere posseduti dalla volontà

[1] «Dopo tutto si è dovuto attendere il secolo XIX per sapere che cosa fosse lo sfruttamento, ma ancora non si sa che cosa sia il potere. E Marx e Freud non bastano ad aiutarci a conoscere questa cosa tanto enigmatica, che è insieme visibile e invisibile, presente e nascosta... che si chiama potere» (M. Foucault, «Gli intellettuali e il potere. Colloquio tra Michel Foucault e Gilles Deleuze», in *Deleuze*, Lerici, Cosenza 1976, 64ss).

[2] Il termine «demonicità» allude al testo di G. Ritter, *Il volto demoniaco del potere*, Il Mulino, Bologna [3]1971.

[3] Cf. P. Tillich, *Das Damonische*, Tübingen 1926.

di potenza senza la quale non ha luogo nessuna creazione politica duratura, ma che racchiude in sé, nello stesso tempo, impulsi irrazionali e forze pericolosamente distruttrici.

La psicanalisi ha approfondito le radici di questa esperienza, smascherando le logiche di dominio ad essa soggiacenti. Ma la lettura condotta a questo livello – per quanto importante – non sembra bastare: le cause sono infatti più radicali, e rinviano a dinamiche non facilmente controllabili[4] o, più in generale, alla finitezza e all'ambiguità della condizione umana, alla disponibilità dell'uomo tanto al bene che al male.[5]

Se poi dalla riflessione di fondo si passa all'analisi delle modalità sotto le quali il potere oggi si presenta, a sorprendere è la molteplicità delle forme in cui si dispiega. In una società che si struttura secondo modelli sempre più complessi e attraverso istituzioni sempre più interdipendenti, è naturale che si diano «figure» di potere sempre più diversificate e polivalenti. Ma la novità consiste oggi soprattutto nella difficoltà a identificarne il volto per l'impossibilità, dovuta alla complessità dei meccanismi di gestione contemporanei, di risalire ai reali centri di interesse cui fa capo e dai quali viene usato. L'accertamento di questi centri è, d'altra parte, assolutamente necessario, se si vuole cogliere l'unità del potere e la sua articolazione nei poteri, tra loro strettamente interconnessi, i quali rinviano a una centrale ideologica da cui provengono i processi strutturali volti a perpetuare (consolidandoli) gli assetti di dominio.[6]

La riflessione sul potere politico trova qui la sua collocazione. Per molto tempo la riflessione sul potere è coincisa con la riflessione sulla politica, considerata come il luogo privile-

---

[4] Per M. Foucault (*La microfisica del potere*, Einaudi, Torino 1977) il potere è un meccanismo che muove se stesso, analogo all'uomo macchina di Le Mettrie. Per un approfondimento del pensiero di Foucault sul tema del potere cf. A. Di Caro, *Etica e potere*, Quattroventi, Urbino 1987 (in particolare «Genealogia e potere in M. Foucault», *ivi*, 113-139).

[5] Questa antinomia non spiega soltanto la duplicità di senso del potere, ma ne motiva, più radicalmente, il carattere insieme inquietante e attraente.

[6] Per un'analisi di questi aspetti cf. M. Horkheimer, *Zur Kritik der instrumentellen Vernunft*, Frankfurt an Main 1967; Id., *Zeitschrift für Sozialforschung*, München 1970; J. Habermas, *Knowledge and Human Interest*, Boston 1971; H. Marcuse, *Revolution and Revolt*, Boston 1972.

giato (se non addirittura esclusivo) della sua incarnazione. Oggi non è più così. Non solo la politica non costituisce più l'ambito per eccellenza della gestione del potere, ma rischia persino di diventare – come abbiamo visto – una variabile dipendente di altri poteri[7] così da perdere del tutto la sua autonomia e da pregiudicare la sua funzione di garante dell'interesse generale o del bene comune. Per questo è necessario farle ricuperare il ruolo che le compete nell'ambito della vita sociale; ma è insieme necessario ridefinirne le modalità di esercizio nella prospettiva di una più ampia partecipazione e condivisione delle responsabilità.

1.2. Riflessioni teologico-etiche sul potere

Il potere è dunque una realtà complessa e ambivalente: da un lato, esso designa, in positivo, la possibilità di fare qualcosa; dall'altro, denota, in negativo, la tendenza a prevaricare l'altro dominandolo in nome di una volontà di potenza che ha il suo fulcro nella natura egocentrica dell'uomo. A questi due versanti, non facilmente distinguibili nella concretezza delle situazioni esistenziali, deve applicarsi la riflessione etica, alla quale spetta essenzialmente il compito di far evolvere il potere dal negativo al positivo attraverso un processo che prenda seriamente in considerazione la persistenza della tentazione autoritaria, ma riconosca, nel contempo, la possibilità di riscattarlo, mettendolo al servizio della vita della collettività.

1.2.1. Alcuni elementi della tradizione cristiana

La definizione di un modello di gestione del potere eticamente accettabile esige il riferimento ad alcuni paradigmi della cultura occidentale, che la tradizione ebraico-cristiana ha, in

[7] Da tale collegamento prende corpo l'ideologia dominante, il cosiddetto «pensiero unico», nel quale si intrecciano la concezione mercantile della vita, indotta dall'affermarsi sempre più esteso della logica del mercato, e l'azione dei *media* che, in virtù della loro capacità persuasiva, rendono viabile tale concezione, estendendola all'intera popolazione umana.

misura determinante, contribuito a fornire con una proposta che è utile riprendere nei suoi contenuti essenziali.[8]

1. Il primo paradigma è costituito dal riconoscimento della *derivazione divina* di ogni potere e, insieme, della consapevolezza della sua *strutturale ambiguità*. Questo spiega perché il potere politico è pienamente legittimato ma è spesso contestato nel suo esercizio. Che il potere dell'autorità – di ogni autorità tanto politica che religiosa – sia direttamente collegato a Dio risulta evidente fin dall'Antico Testamento (cf. Pr 8,15-16; Sap 6,1-6).[9] Altrettanto evidente è tuttavia la consta-

---

[8] Per un approccio globale al tema in chiave filosofico-teologica, cf. P. PRINI, *Il cristiano e il potere. Essere per il futuro*, Studium, Roma 1993. È importante sul piano metodologico ricordare lo stretto rapporto esistente tra riflessione teologica e analisi sociologica: Chiesa e società non sono infatti indifferenti l'una all'altra, ma si influenzano e si condizionano reciprocamente. È come dire che se esiste, da un lato, un condizionamento ecclesiale della società, si dà, dall'altro, un condizionamento sociale della Chiesa, nel senso che quest'ultima non può prescindere nell'autocomprensione di sé dal riferimento alla società in cui è inserita e che, di conseguenza, valori, modelli di comportamento e simboli ecclesiali risentono dell'influenza del contesto sociale (cf. G. HASENHUTTL, «Chiesa e istituzione», in *Concilium* 1[1974], 34-46). Questo non significa ovviamente che la realtà salvifica dipenda dalla realtà sociale: il rapporto è sempre dialettico, in quanto la realtà salvifica trascende la realtà sociale e la sua consistenza non è del tutto rilevabile (e misurabile) con gli strumenti dell'analisi sociale. Significa tuttavia – e questo va considerato con attenzione quando si sviluppa la ricerca teologica – che lo studio del potere nella società non può prescindere da quello del potere ecclesiale e, soprattutto, che la teologia non affronta mai in maniera pura e asettica il discorso sul potere, ma sempre e soltanto all'interno di un rapporto di potere. «La logica esigerebbe perciò che la riflessione teologica cominciasse coll'interrogarsi sulla propria ideologia del potere: quali concezioni del potere le ha trasmesso la tradizione; che parte ha avuto in essa la reinterpretazione storica del comportamento di Cristo di fronte al potere, e che parte ha la necessità di sopravvivenza e di sviluppo dell'istituzione ecclesiale; quale infine il radicarsi di un certo tipo di potere all'interno stesso dell'istituzione? Che cosa determina la scelta dei teologi di tale o tal'altro riferimento politico nella spiegazione del potere?» (J. GUICHARD, «Ideologie e potere», in *Concilium* 10[1973], 19). Per un ulteriore approfondimento di questo tema, cf. F.X. KAUFMANN, *Sociologia e teologia. Rapporti e conflitti*, Morcelliana, Brescia 1974.

[9] I due testi ai quali ci riferiamo meritano di essere riportati per esteso, perché delineano in modo eloquente il contemporaneo riconoscimento della positività e della negatività del potere, il fatto che esso sia, nello stesso tempo, «benedizione» (in virtù della sua origine divina) e «maledizione» (grazie alla gestione che l'uomo tende a farne, quando prescinde dalla sua sottomissione a Dio). Pr 8,15-16: «È in mio nome che regnano i re, e i magistrati applicano il diritto; è in mio nome che comandano i principi, e i sovrani governano con giustizia la terra». Sap 6,1-6: «Ascoltate, dunque, o re, e studiatevi di comprendere, imparate, o governatori di popoli, udite, voi che dominate sulla moltitudine degli uomini, e vi gloriate di comandare a un gran numero di popoli: dal Signore vi è dato il potere e dall'Altissimo vi è affidata la sovranità: egli esaminerà le vostre opere e scruterà i vostri disegni, perché voi, ministri del suo regno, non avete ben governato, né osservato la legge, né camminato secondo i suoi santi vo-

tazione degli abusi dei potenti sui quali si esercita il giudizio divino. I libri dei Re sono la conferma di questi abusi, che le invettive dei profeti condannano con durezza, denunciando situazioni nelle quali l'ingiustizia è il frutto dell'accanimento dei vari poteri contro chi è senza potere. Così, mentre è posta in luce la dipendenza del potere da Dio, se ne rilevano i caratteri egemonici e disumani, i quali lasciano intravedere un suo intrinseco (quasi fatale) deterioramento, frutto della presenza demoniaca sempre in agguato (1Sam 8,10-22). Il potere, in sé buono per la sua derivazione dall'alto, diviene malvagio quando prende il sopravvento la volontà di affermazione da parte di chi lo gestisce.[10]

Anche nel Nuovo Testamento è confermata l'origine divina del potere, persino nel momento in cui l'autorità che lo esercita si dimostra impari al suo compito. «Tu non avresti su di me nessun potere se non ti fosse dato dall'alto» (Gv 19,11). Cristo obbedisce alla legge umana, riconoscendo il potere di chi la promulga e la fa rispettare, ma afferma con risolutezza la trascendenza della persona nei confronti dell'autorità politica. Il celebre passo «Date a Cesare quel che è di Cesare e a Dio quel che è di Dio» (Mt 22,21) sembra suggerire, alla luce del contesto, un'interpretazione più teologica che politica in quanto la legittimità dell'autorità umana non viene contestata, a condizione che le sue esigenze rimangano limitate in un campo molto preciso simboleggiato dal danaro e non sconfinino nelle esigenze di Dio.

Ma il testo neotestamentario in cui, con maggiore chiarezza, si rende trasparente l'origine dall'alto del potere, insistendo sull'esigenza per il cristiano di riconoscerlo e al tempo stesso di relativizzarlo, è il brano paolino di Rm 13,1-7, che merita di essere riportato per intero:

---

leri. Egli verrà su di voi terribile e inatteso, perché un severo giudizio è riservato a chi sta in alto: i piccoli sono degni di compassione e di perdono, ma i potenti saranno trattati rigorosamente».

[10] Per un'analisi complessiva e puntuale sul tema del potere nell'Antico Testamento, cf. A. Bonora, «Il potere "politico" nell'Antico Testamento», in *Cristianesimo e potere*, EDB, Bologna 1986, 21-36.

«Ognuno sia soggetto alle autorità superiori, poiché non c'è autorità che non venga da Dio. E perciò chi si oppone all'autorità resiste all'ordine stabilito da Dio; e coloro che resistono attirano la condanna sopra se stessi. Quelli che comandano non devono esserci di timore per le buone azioni, ma per quelle cattive. Vuoi tu non aver paura dell'autorità? Comportati bene e riceverai la sua approvazione. Essa è infatti ministra di Dio per il bene. Se invece agisci male, temi; non per nulla porta la spada, ma, essendo ministra di Dio, deve punire chi opera il male. È necessario quindi che siate soggetti, non solo per paura della punizione, ma anche per motivi di coscienza. Per lo stesso motivo ancora, voi dovete pagare anche le imposte, perché sono pubblici funzionari di Dio quelli addetti interamente a tale ufficio. Rendete a tutti quanto è dovuto: a chi è dovuta l'imposta, l'imposta; a chi la gabella, la gabella; a chi la riverenza, la riverenza; a chi l'onore, l'onore».

È qui chiaramente affermata la necessità che il cristiano obbedisca a chi detiene il potere, riconoscendone l'origine divina e dunque non ponendone in discussione la legittimità (neppure nel caso in cui esso prevarichi) e, nello stesso tempo, è rivendicata la libertà interiore, in quanto l'assenso non implica adesione intenzionale a quanto è comandato, e lascia perciò la possibilità di una valutazione critica. Il potere, in quanto strumento di Dio nella storia, va assecondato, ma la consapevolezza dei limiti del suo esercizio esige attenzione a non asservirsi ad esso: l'autorità civile, tutelando la «volontà di giudizio e d'ira» di Dio svolge un prezioso servizio agli uomini, ma non attua la volontà salvifica e amorosa del Padre; lo Stato è servitore di Dio, ma solo per una parte, non per la totalità che ha invece attuazione ad opera della comunità ecclesiale.[11]

[11] Il testo paolino sembra a molti fortemente conservatore, in quanto proclama a chiare lettere la sottomissione incondizionata del cristiano al potere politico, indipendentemente dalla correttezza o meno di ciò che viene comandato. M. Pesce fa giustamente notare che questo non è l'unico testo cui fare appello per comprendere il pensiero di Paolo su tale questione (in particolare egli sottolinea l'importanza capitale di 1Cor 6,1-11) e soprattutto pone chiaramente in evidenza come la chiave decisiva per l'interpretazione di Rm 13,1-7 sia la prospettiva escatologica nella quale Paolo si colloca: facendo leva sulla transitorietà dell'ordine esistente, e dunque relativizzandolo, consente di fare spazio, per un verso, alla sua accettazione, tendendo perciò a non stravolgere istituzionalmente i rapporti sociali (questa posizione affiora analogamente anche in riferimento ad altri ambiti: si pensi al rapporto uomo-donna nel matrimonio o a quello padrone-schiavo), e di stimolare, per altro verso, un loro sconvolgimento dal di dentro per il modificarsi radicale del significato delle relazioni tra gli uomini divenuti in Cristo «figli di Dio», e perciò «fratelli» (M. Pesce, «Marginalità e sottomissione. La concezione escatologica del potere politico in Paolo», in *Cristianesimo e potere*, 43-80).

2. Il secondo paradigma è rappresentato dall'interpretazione del potere nel Nuovo Testamento, come *servizio all'uomo e per l'uomo.* Il vocabolario greco neotestamentario usa un termine specifico per indicare il potere sia di Cristo, sia dei governanti, sia dei demoni: si tratta di *exousia*, che non ha un esatto equivalente nelle lingue moderne. Confrontando tra loro i 103 brani in cui compare come sostantivo o come verbo derivato, si ricava che esso può essere identificato con «capacità, diritto, possibilità anche fisica (in ciò analogo a *dynamis*) di fare qualcosa».[12]

Applicato a Cristo o agli apostoli *exousia* non allude mai a un potere dell'uomo sull'uomo (neanche di Cristo sull'uomo), ma sempre al potere di fare qualcosa a favore dell'uomo: non dunque potere sull'uomo ma *potere per l'uomo.* Anzi nei Vangeli è detto a chiare lettere che l'idea cristiana di *exousia* è l'inverso di quella dei prìncipi di questo mondo; essa implica un ribaltamento radicale delle modalità di esercizio del potere in ambito politico:

> «I capi delle nazioni, voi lo sapete, dominano su di esse, e i grandi esercitano su di esse il potere. Non così dovrà essere tra voi; ma colui che vorrà diventare grande tra voi si farà vostro servo... appunto come il Figlio dell'uomo che non è venuto per essere servito ma per servire e dare la sua vita in riscatto per molti» (Mt 20,24-28; cf. anche Mc 10,42-44; Lc 22,25-26).

L'*exousia* salvifica di Cristo, trasmessa alla Chiesa attraverso gli apostoli (Mt 28,12-20), è fatta per edificare e non per distruggere (1Cor 10,8; 13,10). Il potere ha, in questa visione, il significato di servizio alla liberazione umana.

3. Un terzo paradigma, che merita di essere richiamato per il valore antropologico che riveste, è costituito dalla sottolineatura della necessità di una *profonda unità tra missione e vita.* Le grandi figure che, nella Bibbia, sono al centro degli eventi (e spesso li guidano) lasciano trasparire questa unità: le loro

---

[12] Per un'analisi del significato del termine cf. W. Foester, «exousia», in *Grande Lessico del Nuovo Testamento*, III, 625-678; I. Broer, «exousia», in *Exegetische Worterbuch zum NT*, Stuttgart-Berlin-Köln-Mainz 1981, II, 23-29.

scelte di vita sono perfettamente in sintonia con ciò che annunciano, non vi è, in altre parole, dissonanza tra ciò che dicono e ciò che fanno (e soprattutto ciò che sono). La missione ricevuta dall'alto coinvolge l'esistenza di chi la riceve, mobilitando tutte le energie della persona.

> «Il gesto con il quale (chi è chiamato) si pone a disposizione della sua missione – lo si chiami fede, fiducia, obbedienza, lasciarsi-condurre-da-Dio o con i nomi di sempre – lo spoglia, fin nella sua sfera più privata, a favore del suo servizio, che è sempre un servizio reso al popolo di Dio. Espropriato nel suo ministero, il chiamato assume una responsabilità esistenziale in ubbidienza illimitata».[13]

Gesù Cristo è il modello perfetto di questa unità: è la missione personificata.[14] Anche gli apostoli si conformano a lui; significativo è l'esempio di Paolo, il quale, per dimostrare la dottrina che insegna, argomenta facendo continuamente riferimento alla sua esistenza, pur non ponendosi sullo stesso piano di Cristo, ma definendosi piuttosto «ambasciatore al posto di Cristo» (2Cor 5,20), suo «collaboratore» (con questo nome l'apostolo chiama anche gli altri ministri: Rm 16,21; 1Cor 3,9; 16,16; 2Cor 8,23; Fil 2,26; 4,3). In questo senso egli partecipa, in virtù della grazia di elezione, dell'identità di esistenza e di ministero propria del Maestro.

---

[13] H.U. von Balthasar, *La verità è sinfonica. Aspetti del pluralismo cristiano*, Milano 1974, 110.

[14] Lo mette bene in evidenza H.U. von Balthasar rilevando come «gli scrittori neotestamentari, nella riflessione sulla natura e la storia del Figlio, escludono sempre categoricamente che le due realtà in lui possano, in qualche tempo, essere ancora considerate come realtà separate. Egli è, sa di essere e si dona, come la Parola che si è fatta carne. Questa realtà si completa nel paradosso che egli, nella sua passione vicaria, è contemporaneamente sacerdote e vittima: dal punto di vista ministeriale egli è l'esecutore con pieni poteri e dal punto di vista esistenziale è colui che sperimenta l'abisso (dell'abbandono di Dio). Se dopo di lui, nella sua Chiesa, devono esserci ancora i poteri ministeriali – e Gesù li ha conferiti in un modo estremamente esplicito (Mc 3,15; 6,7; Mt 10,1; Lc 9,19; Gv 21,25ss) – questi possono essere esercitati solo in stretto rapporto con *una forma vitae* che, da una parte, dev'essere impegno a una totale disponibilità per la missione da svolgere (Mt 18,18ss, ecc.), dall'altra parte, però, è più ancora una promessa: proprio al più alto rappresentante del ministero ecclesiale viene promessa la morte di croce (Gv 21,19), e durante la preghiera sacerdotale gli apostoli presenti vengono "consacrati nella verità" con una consacrazione esistenziale e sacrificale simile a quella di Gesù (Gv 17,17-19). Considerata dal punto di vista del sacerdozio ministeriale del Nuovo Testamento di Gesù, una simile partecipazione dei futuri ministri alla sua identità di sacerdote-vittima non ha nulla di facoltativo, di accidentale, di eccessivo, ma è lo stigma del ministero neotestamentario» (*La verità è sinfonica*, 111-112).

4. Infine l'ultimo paradigma è rappresentato dal paradosso di un *potere che manifesta la sua vera potenza nell'impotenza.* Questo ribaltamento di prospettiva è già, in qualche misura, presente nell'Antico Testamento: il ritratto del servo di YHWH che non possiede alcun potere e rinuncia persino alla legittima difesa, confidando soltanto nel potere di Dio, diviene il paradigma al quale Israele deve ispirare la propria condotta.[15] Ma la piena esplicitazione di tale ribaltamento è nella vita e nell'azione di Cristo, il cui obiettivo non è solo la sconfitta della potenza di questo mondo,[16] ma la proposta, che ha nella croce – cioè nella *kenosis* o nello «svuotamento» (Fil 2,5-11) – l'apice, di un potere senza potenza. La dimensione del servizio, cui si è accennato, si esprime compiutamente nel dono di sé. Ad essere rivelato è qui l'essere stesso di Dio, la maestà interiore del suo amore, l'unità tra potenza creatrice e amore salvifico. La *kenosis* si fa infatti comprensibile solo nel segno di un amore incondizionato, che ha la sua ragion d'essere in un Dio «Amore» (1Gv 4,8) e «Trinità»,[17] la cui potenza, da cui viene un significato supremo all'esistenza (Gv 3,14; 12,32; 13,31), si dispiega nel pieno e totale abbandono di Cristo al Padre. Le logiche di potenza sono definitivamente sconfitte e sostituite da un atteggiamento del tutto disarmato; rispondendo a Pilato Gesù ricorda come il potere di Dio non si difenda con le armi, ma si eserciti mediante il dono di sé: «*regnavit a ligno Deus*». Il discepolo di Gesù è chiamato a partecipare di tale potere e a farne propria la logica nelle scelte quotidiane, ponendosi in modo del tutto disinteressato al servizio dei fratelli, fino al sacrificio della vita.

---

[15] Cf. E. HAAG, «Die Botschaft vom Gottesknecht. Ein Weg zur Überwindung der Gewalt», in *Gewalt und Gewaltlosigkeit in Alten Testament*, a cura di N. LOHFILNK, Freiburg-Basel-Wien 1983, 159-213.

[16] Cf. J. REESE, «L'evento di Gesù. Il potere nella carne», in *Concilium* 10(1973), 49-61. Tra i testi che meritano attenzione su questo fronte segnaliamo: G. KITTEL, *Christus und Imperator. Das Urteil der ersten Christenheit über den Staal*, 1939; H. SCHLIER, «L'Etat selon le NT», in *Lumen Vitae* 9(1960); O. CULMANN, *Cristo e il tempo*, Il Mulino, Bologna 1965; K.H. SCHELULE, *Meditazioni sulla lettera ai Romani*, Brescia 1967; H. SCHLIER, *Principati e potestà nel NT*, Brescia 1967.

[17] Cf. H.U. VON BALTHASAR, *Love Alone*, New York 1969.

1.2.2. Le conseguenze etiche

Le conseguenze etiche di tale riflessione sono molte e di diversa natura. L'etica è anzitutto sollecitata a fare i conti con la connaturale ambiguità del potere, predisponendo gli anticorpi per il contenimento dei suoi effetti negativi. La permanente (e mai del tutto vincibile) presenza della volontà di potenza impone l'adozione di un atteggiamento di vigilanza. Il potere è uno strumento delicato che va maneggiato con prudenza, consapevoli del pericolo che permanentemente incombe sul suo esercizio. L'egoismo, che si annida nel profondo dell'io umano, ha in esso un potente alleato: il potere tende all'autoconservazione e alimenta nell'uomo il bisogno di autoaffermarsi, spesso camuffato dalla presunzione di operare per gli altri o per il bene comune (è il caso della politica), perciò con il rischio dell'autogiustificazione.

La vigilanza esige particolare attenzione a riconoscere le dinamiche sottese ai comportamenti, operando lo smascheramento di ciò che è (spesso inconsciamente) occultato e facendo emergere con coraggio le ragioni che presiedono alle scelte. L'etica ha bisogno, per sviluppare correttamente questa funzione, di un continuo interscambio con le scienze psicologiche, ma soprattutto della presenza di alcuni *habitus* virtuosi, la veracità in particolare, che consentono di affrontare con onestà le situazioni. Ciò che va soprattutto sviluppato è l'impegno a una forma di servizio attento agli obiettivi propri dell'azione politica. La ricerca dell'interesse generale (o del bene comune) implica l'esclusione degli interessi personali (o privati); la tentazione della volontà di potenza rischia altrimenti di venire grandemente esaltata, favorendo ripiegamenti autoreferenziali e vanificando l'apertura alla sfera dell'interesse collettivo.

Ma la disponibilità al servizio non può essere raggiunta con il semplice ridimensionamento degli interessi individuali; per svilupparsi implica una severa disciplina incentrata sulla riduzione dei bisogni e dei desideri, sull'austerità e sulla povertà, sul controllo delle emozioni e dei moti passionali per acquisire il senso della solidarietà e della comunione interumana. Il passaggio da una visione autocentrata a una visione che faccia perno sull'altro e sulle sue esigenze e spinga alla ricerca di soluzioni adeguate per dare ad esse risposta, non è immediato e non può verificarsi una volta per tutte; esige un diuturno impegno di revisione critica dei comportamenti e degli stili di vita per renderli conformi alla logica del dono.

Questa disciplina è la via per giungere alla piena identificazione tra ruolo istituzionale e autorevolezza morale; identificazione che conferisce solidità all'autorità e credibilità alla gestione che essa fa del potere.

1.3. Percorsi operativi

Ricoeur ha scritto che il male specifico della politica (il suo paradosso) sta nell'impossibilità di separare esattamente il potere dall'abuso di potere.[18]

1. La consapevolezza di questa oggettiva difficoltà obbliga al rifiuto di due opposti atteggiamenti ugualmente pericolosi: il *realismo spietato* di chi si lascia dominare dalla volontà di potenza, sottraendo radicalmente il potere alla sfera dell'etica, e il *moralismo spicciolo e astratto*, che, non tenendo conto dell'impulso irrazionale connaturato all'essenza del potere, finisce per rendere sterile l'impegno. Il superamento di tali atteggiamenti implica attenzione alla dimensione di «impurità» propria del potere e lo sviluppo di un'energia morale, che tenga sotto controllo la «potenza», orientandola verso il perseguimento dell'interesse generale.

> «Solo laddove si abbia la possibilità di gettare uno sguardo senza illusioni negli abissi delle forze demoniache in cui ogni genuina lotta per il potere irretisce l'uomo d'azione, che viene egli stesso preso dalla morsa di tale passione, ma ciò nonostante faccia di tutto per porre dei limiti alle forze distruttrici, perché l'umano non soccomba al demoniaco e pur nel bel mezzo della tempesta delle passioni si presti orecchio alla ragione, al diritto, alla moralità: quivi soltanto viene raggiunto il più alto grado del vero governo politico».[19]

---

[18] P. Ricoeur, «Le paradoxe de la politique», in *Esprit* (maggio 1957).
[19] G. Ritter, *Il volto demoniaco del potere*, Il Mulino, Bologna ^{3}1971, 98.

Il problema va risolto, ricercando una connessione dinamica tra una visione realistica della politica e l'impegno a mantenere l'ordine sociale sotto il dominio dell'*ethos*. Realismo spietato e moralismo affiorano costantemente come tentazioni da sconfiggere, anche quando si presentano – e ciò avviene nella maggior parte dei casi – non in una forma pura ed estremizzata, ma come fondamentale differenza di indirizzo. La mediazione sta nella capacità di andare oltre l'alternativa tra la rassegnazione al demoniaco, di fronte alla quale nulla può il principio morale, e l'inganno idilliaco, che ha origine dalla presunzione di una facile armonia tra potenza e giustizia. Si richiede dunque – a questo compito deve particolarmente dedicarsi la scienza della politica – la produzione di una nuova teoria del potere, che riconosca il bisogno che la società degli uomini ha di una sistemazione pacifica durevole e di un sicuro diritto, ma anche il bisogno che l'istituzione ha di un libero spazio di gioco della sua energia combattiva, senza la quale non è possibile nessun'azione efficace. L'accumulo del potere deve essere impiegato per il mantenimento di un ordine giusto; il che comporta che esso stia sotto il comando di quel «senso del giusto», che è per Platone la somma di tutte le virtù civiche. Il «demoniaco» del potere può essere controllato (anche se mai totalmente vinto) solo attraverso l'impiego di risorse morali, che orientino la politica verso la promozione della comunità umana.

2. Accanto all'assunzione di atteggiamenti ispirati ai valori richiamati è tuttavia essenziale la *produzione di meccanismi istituzionali* che consentano un corretto incanalamento del potere. Il riconoscimento che esso è connotato dalla presenza di una potenza che può facilmente degenerare nella violenza costringe ad assegnare un importante rilievo al ruolo del diritto. Lo Stato nasce infatti per contenere la violenza, riservando a sé il monopolio del suo esercizio, che va praticato solo in situazioni gravemente conflittuali e prevenendola attraverso l'applicazione della legge.

Da questo punto di vista importanti sono tanto un rinnovamento strutturale, che tenda allo sviluppo della partecipazione, quanto la ricerca di corretti equilibri tra i poteri, che rispettino l'autonomia di ciascuno favorendo l'interazione e il controllo reciproco. La democrazia è frutto di questi equilibri, ma è soprattutto frutto di un ampio decentramento delle competenze decisionali, cioè dell'applicazione del principio di sussidiarietà, sia nei rapporti tra Stato e società civile che nei rapporti tra le istituzioni pubbliche.

L'esistenza di istinti di potere, mai del tutto sconfitti, impone una realistica consapevolezza del loro peso e la capacità di elaborarli in modo responsabile, ricostruendo i rapporti sociali a partire dalla loro accettazione.[20] È per questo doveroso riconoscere la presenza nella società di interessi di singoli e di gruppi, non mascherandoli dietro l'interesse generale ma esercitando su di essi il controllo e facendoli convergere attorno al bene comune. Sotto questo profilo, particolare rilievo va attribuito alla rilevante consistenza assunta da alcuni poteri, i quali non costituiscono soltanto una minaccia per l'esercizio del potere politico, ma anche per la vita democratica. Non basta ribadire il primato del potere politico quale garanzia del bene comune; è necessario identificare le vie attraverso le quali renderlo operativo, riconoscendo la legittimità degli interessi in gioco e intervenendo con autorevolezza a fissarne i limiti, sia mediante l'imposizione di norme capaci di contenere i tentativi di prevaricazione, sia mediante la predisposizione di incentivi, che favoriscano il perseguimento dell'interesse generale.

La relativizzazione delle forme storiche del potere e il loro costante adattamento alle nuove situazioni devono andare infine di pari passo con un profondo rinnovamento culturale, che crei le condizioni per la sua devoluzione. Ciò che occorre soprattutto sviluppare, a tale proposito, è una coscienza pubblica che miri a ridimensionare il potere fino a negarne radicalmente la potenza distruttrice; si tratta, in altri termini, di puntare – per citare un'espressione di K. Rahner – su una forma di impegno volto a «usare il potere per rendere possibile la sua abrogazione»,[21] per estendere cioè a tutti la possibilità di

---

[20] Cf. M. Crozier, «Tramonto del politico?», in *Potere e società*, AVE, Roma 1966, 13-28.

[21] K. Rahner, «Teologia del potere», in *Saggi di spiritualità*, Roma 1965, 297-332.

esercizio dei diritti e promuovere in questo modo una convivenza umana ordinata e pacifica.

2. L'ideologia strumento necessario di progettualità politica

Al contrario del potere, cui è stato riconosciuto negli ultimi decenni un ruolo di primaria importanza nell'ambito della politica, l'ideologia è andata soggetta a un processo di forte contestazione, e perciò di grave crisi. A provocare tale processo ha anzitutto concorso, in misura determinante, la fine dei regimi totalitari considerati espressione di un'interpretazione ideologica della realtà. La tendenza alla de-ideologicizzazione, tuttora largamente diffusa, non è tuttavia sempre un fattore di progresso: se infatti, da un lato, ha contribuito (e contribuisce) a ridimensionare le spinte assolutistiche che hanno provocato la nascita di sistemi disumanizzanti, dall'altro, comporta il venir meno nella politica di ogni forma di progettualità e favorisce di conseguenza la nascita di istituzioni funzionali alla conservazione dell'ordine (o del disordine) esistente, che rendono impraticabile qualunque tentativo di cambiamento.

L'ambivalenza della crisi attuale è d'altronde confermata non soltanto dall'affermarsi della politica-spettacolo, di stampo demagogico, ma anche (e soprattutto) dall'emergere di forme camuffate di ideologia, che si presentano come non-ideologia o anti-ideologia – si pensi alla tecnocrazia o all'omologazione mercantile propria del pensiero unico – con caratteri ancora più regressivi delle ideologie tradizionali.

2.1. Per una corretta definizione del concetto di ideologia

Il concetto di ideologia prende corpo nell'ambito dell'illuminismo settecentesco. Essa si presenta, fin dall'inizio, come uno schema interpretativo della realtà in funzione dell'elaborazione di una prassi volta sia a mantenere (e consolidare) l'ordine (o il disordine) esistente, sia a modificarlo.

In epoca moderna, l'ideologia tende a diventare totalizzante, soprattutto in conseguenza dell'assolutizzazione della ragione operata dall'idealismo – in particolare da Hegel – e del suo stretto legame con l'interesse, ben evidenziato dallo storicismo, che ha messo l'accento sul rapporto esistente tra sviluppo delle idee e coscienza sociale. L'ideologia assume così i connotati di sistema totalizzante, il cui obiettivo è lo sviluppo di una prassi guidata da precisi interessi.

A questo concetto di ideologia, che ha avuto la funzione sul piano storico di consolidare la società borghese, si è opposto drasticamente K. Marx, che ha identificato l'ideologia con la falsa coscienza. Per Marx la ragione di questa negatività consiste nel fatto che essa dà il primato alla coscienza anziché ai rapporti di produzione, dimenticando che la coscienza altro non è che l'«eco ideologica» della vita, che ha le sue radici nei meccanismi del sistema economico.[22] Lo smascheramento ideologico è allora un momento decisivo nella lotta per il cambiamento, che implica un vero ribaltamento di prospettiva nei rapporti tra essere e coscienza che restituisce all'essere il primato e riconosce il carattere del tutto sovrastrutturale della coscienza. Ciò può avvenire solo mediante la disalienazione dei rapporti di produzione come esito della formazione di una coscienza di classe proletaria e della lotta per il suo sopravvento.

Come ha giustamente rilevato K. Mannheim, questa posizione, per quanto importante, non è tuttavia al riparo da qualsiasi tentazione ideologica; anzi – paradossalmente – il marxismo ha finito per imboccare, a sua volta, la strada dell'ideologia.[23] E questo non solo per il carattere ideologico della critica che esso muove all'ideologia borghese, ma soprattutto per il desiderio palingenetico che in esso si sprigiona a partire dalla comprensione del fenomeno sociale ed economico. Ribaltando la prospettiva del pensiero borghese, ciò che il marxismo propone è infatti una sorta di messianismo volontaristico, che si appoggia alla correlazione tra fatto sociale e produzione economica.[24]

---

[22] Per K. MARX «non è la coscienza che determina la vita, ma la vita che determina la coscienza» (*L'ideologia tedesca*, Editori Riuniti, Roma 1971, 22).

[23] K. MANNHEIM, *Ideologia e utopia*, Il Mulino, Bologna ^{5}1972, 75-79.

[24] Cf. L. SEBAG, *Marxismo e strutturalismo*, Feltrinelli, Milano 1972.

In ogni caso, la critica marxista è stata alla radice di una svolta radicale nell'interpretazione dell'ideologia, contribuendo soprattutto a ridimensionarne la pretesa di assolutezza e ad accentuarne la funzione operativa. Grazie ad essa si è fatta strada, in termini sempre più chiari, la distinzione tra una concezione dell'ideologia come reificazione delle idee prodotte dalla falsa coscienza a scopo autogiustificatorio – è questo il significato proprio dell'ideologia borghese – e una concezione dell'ideologia come insieme coerente di idee che fungono da principi normativi della prassi politica.[25]

Quest'ultima concezione acquista sempre maggiore consistenza quanto più si fa strada la percezione dell'origine dell'ideologia nell'ambito dell'attività di gruppo e cresce la consapevolezza della sua destinazione all'azione.[26] Ciò diventa assolutamente evidente in epoca contemporanea, al punto che K. Mannheim definisce l'ideologia come un pensiero che si origina «dal contesto dell'azione collettiva, e che è perciò strettamente dipendente dalla realtà del gruppo e delle sue pratiche»,[27] e altri non esitano a considerarla come un apparato di *idee-guida* che un gruppo sociale elabora e tenta di mettere in atto attraverso l'azione politica.[28] Si fa chiara in tal modo la rinuncia a una sua interpretazione come lettura onnicomprensiva della realtà sociale, in quanto appare ormai acquisita l'impossibilità di catturare entro schemi ben definiti il divenire incessante della storia e della società; mentre cresce in parallelo la coscienza del legame strutturale che essa mantiene nei confronti delle condizioni storico-sociali da cui è originata, che incidono profondamente sul suo stesso apparato concettuale. Nessuna prospettiva ideologica è dunque in grado di porsi come progetto di sviluppo storico se non rinunciando alla pretesa di universalità; in altre parole, se non con-

---

[25] Cf. H. Barth, *Verità e ideologia*, Il Mulino, Bologna 1971.

[26] Cf. M. Freeden, *Ideologia e teoria politica*, Il Mulino, Bologna 2000, 136.

[27] Cf. Mannheim, *Ideologia e utopia*.

[28] Cf. M. Stoppino, «Ideologia», in N. Bobbio – N. Matteucci – G. Pasquino, *Dizionario di politica*, UTET, Torino 1983, 512-524; *Stato e società. Dizionario di educazione civica*, a cura di R. Marchese e B. Mancini, La Nuova Italia, Firenze 1998; G. Bourdeau, «Ideologia», in *Enciclopedia del Novecento*, Istituto dell'Enciclopedia Italiana, Roma 1975.

cependosi come particolarità aperta, dove l'universale va considerato come qualcosa da attingere nel confronto con le concezioni e gli interessi presenti nell'ambito della vita associata. L'ideologia si trasforma pertanto in metodo di indagine genetico-analitico e di determinazione di una strategia progettuale indispensabile per l'azione politica, che deve pertanto riconoscere il proprio essere «particolare» e andare alla ricerca di un *universale concreto* frutto del confronto e dell'interazione tra «particolari».

2.2. Il necessario riferimento all'etica

Le due definizioni che dell'ideologia sono state date non sono di per sé radicalmente alternative: il passaggio dalla seconda (quella più storicizzata e particolare, aperta perciò al confronto) alla prima (quella che si pretende assoluta e universale) è piuttosto facile e non infrequente. La possibilità di tenere sotto controllo l'ideologia è dunque legata allo smascheramento degli interessi che si annidano nel profondo dell'io mediante l'adozione di tecniche psicologiche che ne mettano chiaramente a fuoco l'eziologia;[29] ma è anche legata alla denuncia delle basi economiche, che rinviano a strutture di potere consolidato al cui servizio l'ideologia si pone quale strumento di conservazione dell'ordine (o disordine) esistente.

Il correttivo più importante è tuttavia rappresentato dalla filosofia, e in particolare dall'etica. L'epistemologia è infatti in grado di relativizzare l'ideologia evidenziandone la parzialità conoscitiva, ma spetta all'etica confrontarla con i criteri di libertà e di giustizia, di uguaglianza, di partecipazione e di solidarietà, che sono alla base della corretta costruzione di un ordine sociale e che non possono essere per nessun motivo disattesi, anche se fosse in gioco il perseguimento di mete liberanti. L'etica è dunque chiamata a svolgere nei confronti dell'ideologia una duplice funzione: ad essa spetta anzitutto la verifica della serietà del fine (o dei fini) cui l'ideologia tende; in altri termini, la formulazione di un giudizio sul modello di

[29] Cf. J. Gabel, *La fausse conscience*, Paris 1962.

società (e di vita associata) che si intende con essa promuovere. Ma, in secondo luogo, spetta ad essa – è questo un compito di non secondaria importanza – l'attenzione ai mezzi che vengono di volta in volta impiegati per il perseguimento del fine (o dei fini). Non è infatti infrequente – e le grandi ideologie storiche lo testimoniano – che la meta ideale perseguita comporti l'accettazione acritica di mezzi eticamente illeciti, i quali vengono giustificati (in modo machiavellico) per la loro funzione decisiva in ordine al raggiungimento del fine (o dei fini).

È vero (e lo abbiamo già evidenziato nel terzo capitolo) che a ridurre i rischi insiti in un uso superficiale dell'ideologia può concorrere, in misura determinante, il riferimento all'utopia, cioè il fatto che la scelta ideologica, che risponde alle vere possibilità di cambiamento della realtà, si accompagni (e sia, in un certo senso, contemperata) dal permanere di una coscienza utopica, dalla tensione al «nuovo» e al «diverso», a ciò che non è mai definitivamente codificabile entro schemi prefissati. Non si può dimenticare tuttavia che ogni utopia porta con sé il rischio di trasformarsi a sua volta in ideologia; in altre parole, che si dà un'intrinseca (e mai del tutto superabile) difficoltà a stabilire con precisione la linea di demarcazione teorica tra i due concetti e, più ancora, a fissare con chiarezza, sul terreno storico, il confine tra le forme ideologiche e quelle utopiche.[30]

Nella prospettiva della fede grande significato acquista a questo proposito il riferimento alla dimensione escatologica della storia. Il fatto che il cristianesimo non possa essere sorgente di alcun progetto ideologico è infatti dovuto alla forma escatologica del messaggio evangelico, che ha come tale la funzione di sottoporre a forte critica le ideologie perfettiste, che, risolvendo l'ideale umano nella dimensione terrena, subordinano ogni progetto della vita sociale alla realizzazione di una civiltà del benessere materiale. Questo non significa d'altronde che il cristianesimo rinunci a fare proprie le *chances* di cambiamento. Lungi dall'estraniare l'uomo dalla politica, la spe-

[30] Cf. Mannheim, *Ideologia e utopia*, 207ss.

ranza cristiana assolve alla funzione di sporgenza utopica, che spinge a impegnarsi nel presente e a proiettarsi in modo permanente verso il futuro.

> «Non resta che la via veramente alternativa, quella che io vedo – osserva Italo Mancini – legata al messianico, letto in rapporto alle possibilità e alle modalità della prassi e del futuro. Nel suo risalto critico non solo questi due ultimi segni vengono messi in crisi, ma lo stesso prassismo teologico che, in quanto tale, non è più che ideologia e utopia. La questione della verità non è eliminabile dalla prassi. E con la questione della verità quella della riserva escatologica. Altrimenti ci si costringe a girare intorno a un ottimismo ottuso oppure a un ottimismo della disperazione, come ha rivendicato la Scuola di Francoforte contro le totalizzazioni surrettizie o dell'empirismo positivistico in sociologia oppure dell'ideale cibernetico come nuova razionalità modellata anche per le scienze sociali sull'ideale scientifico che aspira a un mondo amministrato, dove al posto dei concetti dialettici, tra cui anche quello di infinito e di contraddizione, ci sarà l'integrale manipolazione che potrebbe fare del mondo un termitaio».[31]

2.3. Prospettive per la politica oggi

La necessità del rifiuto dell'ideologia nella sua accezione totalizzante, e perciò l'esigenza di dare il bando a sistemi politici autoritari, è scontata. Le tragiche esperienze del secolo appena concluso hanno contribuito ad affinare le coscienze e a creare i necessari anticorpi per tale rigetto. Al di là delle posizioni estreme, pericolose si sono rivelate anche le forme più classiche del capitalismo e del socialismo «reale», che hanno alimentato, la prima, le sperequazioni sociali e le conflittualità – si pensi al rapporto nord-sud del mondo e alle tensioni tra le classi sociali nell'ambito degli stessi paesi sviluppati – e impedito, la seconda, un corretto sviluppo dell'economia a causa dello statalismo, perciò della negazione delle libertà individuali.[32]

Non meno carica di rischi è, d'altronde, la reazione di chi si rifugia in un mero pragmatismo o in una politica che rincorre di volta in volta le emergenze o si accontenta di interventi di

[31] I. Mancini, *Teologia, ideologia, utopia*, Queriniana, Brescia 1974, 655.
[32] Cf. E.J. Hosbawm, *Il secolo breve*, Rizzoli, Milano 1995.

basso profilo e di ordinaria amministrazione. L'importanza di conferire alla politica una dimensione progettuale, cioè un disegno che miri a modificare gli assetti costituiti per favorire un allargamento della partecipazione e un sistema sociale capace di tutelare e di promuovere i diritti di tutti, evidenzia il valore dell'ideologia e la necessità di ricorrere ad essa per promuovere il cambiamento.

Anche l'ideologia ha tuttavia bisogno di un serio controllo per evitare la caduta in rigide forme di autoritarismo o in pericolose fughe in avanti. Perché questo avvenga è necessario potenziare l'ampliamento delle conoscenze così da determinare una partecipazione responsabile alle decisioni dei vari attori sociali.[33] Ma è anche molto importante favorire la possibilità di un confronto permanente tra ideologie diverse incrementando una vera dialettica democratica. Non bastano a determinare il perseguimento di tali obiettivi aggiustamenti momentanei o maldestri tentativi di mediazione; è urgente un radicale ripensamento della politica, che superi le pretese egemoniche dei partiti e delle istituzioni tradizionali e la concepisca quale attività collettiva, che coinvolge le diverse forze sociali, i movimenti e le associazioni, in un'operazione di cambiamento degli assetti statutari della società.

---

[33] Cf. E. Morin – A.B. Kern, *Terra-Patria*, Cortina, Milano 1994, 115ss.

Capitolo settimo

PARTECIPAZIONE E GOVERNABILITÀ

Partecipazione e governabilità non sono facilmente conciliabili; anzi appaiono di primo acchito inversamente proporzionali. L'attivazione dei processi partecipativi comporta infatti tempi lunghi per il confronto e la ricerca di convergenze allargate, e sembra non facilitare perciò la rapidità delle decisioni.

Ma è davvero così? Si tratta di incompatibilità assoluta o è invece possibile trovare forme di mediazione che consentano di armonizzare le due esigenze?

Le riflessioni che qui svilupperemo tenteranno di rispondere a questi interrogativi, indicando concretamente i percorsi per una loro composizione.

1. L'odierna crisi della partecipazione

Fin dagli inizi dello sviluppo del pensiero democratico, la partecipazione è stata al centro delle attenzioni della riflessione politologica. Uguaglianza e partecipazione, cioè creazione di condizioni per l'autonomia personale e per il coinvolgimento sociale, sono – secondo J.J. Rousseau – i pilastri essenziali dello sviluppo di una società a dimensione umana. A ridare loro centralità è stato, successivamente, il socialismo utopico, per il quale la democrazia è il sistema che sa coniugare il rispetto della libertà con l'adesione dei cittadini a un progetto ispirato ai valori della giustizia e dell'equità.[1]

---

[1] Cf. R. Garaudy, *L'alternativa*, Cittadella, Assisi [6]1980.

Tuttavia, nonostante il lungo collaudo che la vita democratica ha avuto in occidente, la partecipazione sembra soffrire di uno stato di grave crisi. Le cause di questa battuta di arresto sono di diversa natura. Si devono certo richiamare qui alcuni fattori sociali e culturali sui quali ci siamo già precedentemente soffermati, quali l'individualismo e il corporativismo, che hanno preso il sopravvento a seguito dell'affermarsi della complessità sociale, la caduta delle ideologie tradizionali, che puntavano su una militanza totalizzante, il fallimento di alcune esperienze storiche rivelatesi a distanza improduttive, la mancata chiarificazione dei rapporti tra «pubblico» e «privato» e, infine (ma non ultimo in ordine di importanza) l'occupazione degli spazi partecipativi da parte delle istituzioni tradizionali, con scarsa disponibilità a fare spazio alle nuove dinamiche sociali; anzi con la tendenza a controllarle e persino, in alcuni casi, a soffocarle.

Ma, accanto ai fattori richiamati, esistono ragioni più specifiche legate ai cambiamenti intervenuti in questi ultimi decenni nell'ambito della vita politica. Tra queste un posto di primo piano occupa la crisi delle istituzioni tradizionali, in primo luogo dei partiti (ma anche dei sindacati e delle unioni professionali), dovuta alla progressiva incapacità di rappresentare le esigenze e le aspirazioni della cittadinanza, sia a causa dell'estrema differenziazione dei soggetti individuali e sociali rappresentati – è questa una delle conseguenze più immediate della complessità sociale – sia soprattutto a causa della tendenza a dare una delega ridotta da parte della società a chi è direttamente impegnato nell'azione politica come conseguenza della giustificata rivendicazione di autonomia dei cittadini.

Sul versante dei partiti la crisi è poi anche legata al processo di deterioramento subito in questi ultimi decenni; deterioramento che ha determinato in Italia la scomparsa di alcuni di essi – con un ruolo in passato di primo piano – e la nascita di altri che, al di là dell'etichetta, poco conservano della tradizionale forma-partito. Accanto all'inquinamento morale – si pensi alle degenerazioni clientelari e al sistema affaristico – a provocare tale situazione hanno soprattutto concorso i processi di lottizzazione del potere – i partiti sono spesso divenuti vere e proprie *lobbies* – e la tendenza ad occupare le istituzioni pubbliche asservendole a interessi di parte. Da luoghi di aggregazione di vasti settori della società e di elaborazione di progetti orientati al bene della collettività, i partiti si sono così gradualmente trasformati in strutture autoreferenziali, preoccupate unicamente della propria conservazione e caratterizzate da una conduzione chiusa, che lascia poco (o nessuno) spazio alle istanze emergenti nell'ambito della cittadinanza.[2]

Ulteriori difficoltà in ordine allo sviluppo della partecipazione sono addebitabili, d'altra parte, al ruolo dominante assunto dallo Stato in tutti i settori della vita pubblica e alla tendenza invalsa a concepire la politica quasi esclusivamente come processo di decisione e di governabilità, cioè come capacità di far funzionare le istituzioni pubbliche, e non invece come momento di aggregazione e di rappresentanza della società nelle sue diverse articolazioni.[3] Il che ha peraltro prodotto, nelle organizzazioni con insorgenza dal basso, l'assunzione di un atteggiamento difensivo, che sfocia nella corporativizzazione dei propri interessi (con scarsa disponibilità a perseguire l'interesse generale) e (spesso) nell'adozione di un modello assistenzialista di intervento destituito di prospettiva politica.[4]

Un ruolo di rilievo va infine assegnato alle modalità di acquisizione e di esercizio del consenso. L'influenza sempre maggiore dei *media* e il loro uso, spesso spregiudicato, da parte del potere politico, oltre a provocare pesanti condizionamenti, che sfociano in situazioni di dipendenza (e persino di plagio), favoriscono lo svuotamento del consenso, mistificandolo e riducendolo a una sorta di delega incondizionata – è questo il populismo – a chi gestisce istituzionalmente il potere. Esso viene, in

---

[2] Sull'evoluzione dei partiti e sulle ragioni della loro crisi cf. P. Scoppola, *La repubblica dei partiti*, Il Mulino, Bologna 1991. Interessanti riflessioni sulla crisi della democrazia rappresentativa e sulle possibili vie alternative sono state lucidamente anticipate, sulla fine degli anni '70, da N. Bobbio, «Quali alternative alla democrazia rappresentativa?», in Id., *Quale socialismo? Discussione di un'alternativa*, Einaudi, Torino 1977.

[3] Cf. M. Crozier – S.P. Huntington – J. Watanuki, *La crisi della democrazia. Rapporto sulla governabilità delle democrazie alla Commissione Trilaterale*, F. Angeli, Milano 1977.

[4] Una buona (e approfondita) rassegna degli elementi positivi e negativi caratterizzanti i diversi movimenti sviluppatisi a partire dagli anni '80 in Italia si trova in A. Melucci, *L'invenzione del presente. Movimenti, identità, bisogni individuali*, Il Mulino, Bologna 1991.

altri termini, limitato al semplice esercizio del voto come unica forma di espressione della cittadinanza, e perde il significato di strumento di partecipazione attiva che si sviluppa mediante il controllo e la critica dell'attività di chi ha il potere.

2. Il significato etico della partecipazione e il rapporto con il momento decisionale

La partecipazione è un'istanza fondamentale della vita associata, che affonda le sue radici nel valore morale della persona. Infatti insieme all'uguaglianza l'atto del partecipare sta alla base del corretto dispiegarsi dei rapporti sociali, in quanto costituisce il momento privilegiato di affermazione formale della dignità umana.[5] Il riconoscimento dell'importanza che essa riveste è reso trasparente dall'antropologia sociale, la quale fornisce le ragioni che stanno alla base della costruzione dei legami che definiscono l'appartenenza collettiva e consentono l'esercizio della cittadinanza. Da tale antropologia scaturisce la necessità del superamento di una concezione liberale dello Stato, che, fondandosi sul presupposto individualistico, assegna uno spazio ristretto all'azione del cittadino: il sistema di democrazia rappresentativa, postulato da tale concezione, è infatti contrassegnato dalla determinazione di limiti invalicabili alla possibilità di presenza dei cittadini nella vita pubblica: l'unico atto compatibile è – come abbiamo visto – l'esercizio del diritto di voto, che non ha come fine la scelta di un progetto di società e il controllo della sua realizzazione, ma esclusivamente la scelta di coloro cui affidare il governo. Interpretando perfettamente questa visione G. Sartori ha scritto:

> «Quando votiamo per eleggere non decidiamo singole questioni di governo. Il vero potere dell'elettorato è il potere di scegliere chi lo governerà. Dunque le elezioni non decidono questioni, ma decidono chi sarà a deciderle».[6]

---

[5] Paolo VI nella *Octogesima adveniens* definisce in proposito la partecipazione, insieme all'uguaglianza, come valore essenziale per lo sviluppo di una vita sociale che rispetti la dignità umana (n. 22).

[6] G. Sartori, *Democrazia cosa è*, Rizzoli, Milano 1994, 75.

L'istanza etica della partecipazione va ben oltre questo livello, non solo perché non può essere ridotta al semplice momento elettorale, ma soprattutto perché lo intende come espressione di una scelta più ampia, che non riguarda soltanto la stima per la persona e la fiducia nella sua correttezza, ma comporta la condivisione del progetto politico da essa proposto. Partecipare significa – è questo il significato etimologico del termine – «prendere parte a qualcosa», collaborare a un'impresa condivisa con altri. Il valore della partecipazione implica pertanto la libertà; ma si tratta di una libertà che si apre alla giustizia; anzi, in un certo senso, la partecipazione è il luogo in cui prende forma la sintesi dialettica di libertà e di giustizia. La libertà raggiunge infatti in essa la pienezza del suo esercizio, in quanto «libertà per», cioè in quanto libertà finalizzata alla crescita comune; mentre, a sua volta, la giustizia fornisce i contorni reali di questa crescita e i criteri in base ai quali operare per il suo perseguimento.[7] La partecipazione si oppone dunque tanto all'individualismo, che mina alle radici la plausibilità della vita sociale relegando il soggetto entro la sfera degli interessi privati, quanto al totalitarismo, che, facendo leva sull'istanza collettiva, impone una forma di governo accentrato e autoritario, non rispettoso dell'autonomia personale e del coinvolgimento responsabile di tutti nella gestione della «cosa pubblica».[8] La democrazia si costruisce solo superando la tendenza alla delega e favorendo l'estensione del metodo partecipativo a tutti i settori della vita associata, nonché coinvolgendo l'intero corpo sociale.[9]

Si è già accennato (ma il discorso dev'essere qui ripreso) alla contrapposizione tra partecipazione e decisione, o, in senso più preciso (e specifico) tra partecipazione e governabilità.

---

[7] Per una puntuale presentazione dei fondamenti etici della partecipazione cf. M. Vidal, «Uguaglianza e partecipazione forme della dignità umana», in Id., *Etica civile e società democratica*, SEI, Torino 1992, 122-142.

[8] Alcune ottime riflessioni su questi aspetti si trovano in S. Carnevale – D. Pizzuti (edd.), *Cultura della cittadinanza e della partecipazione politica. Per un protagonismo della società civile nel Mezzogiorno*, Rocco Curto, Napoli 1996.

[9] Cf. in proposito J.L.L. Aranguren, *Etica y politica*, Madrid 1968; J.A. Llinares, *Democratia integral y consciencia cristiana*, Salamanca 1978.

Alla base di tale contrapposizione vi è, a ben guardare, una concezione restrittiva (e deviante) del concetto di governabilità, identificato con l'immediatezza delle decisioni, dov'è perciò assente ogni attenzione alla bontà (o rettitudine) dei contenuti, cioè ogni verifica della corrispondenza con le esigenze oggettive del bene comune. La governabilità, in un contesto di democrazia effettiva, va invece intesa come gestione efficace dei meccanismi che regolano i rapporti tra le diverse soggettività individuali e sociali (singoli, gruppi, classi, organizzazioni, associazioni ecc.), rendendo possibile il buon funzionamento dell'intera società. Questo implica l'attivazione di processi decisionali attraverso sistemi operazionali il più possibile agili, che favoriscano forme di convergenza allargata, nel pieno rispetto dell'autonoma soggettività politica dei cittadini e nel superamento delle modalità tradizionali di esercizio del controllo sociale. Se si assume questa prospettiva, partecipazione e decisione non sono più radicalmente alternative, ma compatibili e persino complementari: il rapporto che deve tra loro svilupparsi è analogo a quello che deve instaurarsi tra interpersonalità ed efficienza, grandezze ambedue necessarie alla promozione della vita sociale: la socialità assume infatti connotati realmente umani nella misura in cui favorisce la crescita di rapporti fondati sul rispetto della dignità di ciascun soggetto e sull'approfondimento della comunicazione e della comunione reciproca, in una parola sull'interpersonalità, la quale, a sua volta, postula il rinvio all'efficienza, in quanto struttura che dà consistenza alla sua attuazione. Partecipazione e governabilità hanno tra loro lo stesso tipo di rapporto: la partecipazione, in quanto coinvolgimento di un numero sempre maggiore di soggetti nel controllo e nella gestione della «cosa pubblica» è infatti il valore più alto, il quale non può tuttavia prescindere dall'assunzione di decisioni rapide, puntuali ed efficaci, cioè dalla governabilità. La politica comporta, in definitiva, il contemperamento di due esigenze: l'allargamento della corresponsabilità nella gestione della vita collettiva e il conseguimento dei risultati mediante operazioni capaci di incidere sulla realtà.

Al di là della creazione di condizioni strutturali – indispensabili per dare, sul piano istituzionale, forma corretta all'equilibrio richiamato – grande importanza va assegnata alla coscientizzazione dei cittadini. Questo comporta il ripensamento del rapporto tra diritti e doveri e la sollecitazione a un impegno più radicale nei confronti dei doveri. Ma rende necessaria anche (e soprattutto) la creazione dei presupposti per l'affermarsi dell'uguaglianza tra i cittadini con l'offerta a tutti di pari opportunità. La base della partecipazione è infatti l'uguaglianza, da non confondere con l'egualitarismo appiattente, ma da intendere come concreto riconoscimento dei diritti fondamentali a tutti i cittadini e come rispetto e potenziamento delle differenze, in quanto fattori di arricchimento della vita collettiva.

3. Le forme storiche della partecipazione e la loro praticabilità

La possibilità di coniugare, in modo corretto, partecipazione e governabilità è dunque anche effetto di una più precisa definizione dei due concetti. Sul primo versante – quello della partecipazione – ciò non implica soltanto l'adozione di una sua concezione più realistica (e limitata), ma anche l'individuazione di modalità storiche idonee a renderne efficace la pratica; sul secondo versante – quello della governabilità – essenziale è l'individuazione di forme di codecisione che interpretino adeguatamente le esigenze partecipative, senza venir meno all'istanza (non certo secondaria) di una rapida ed efficace gestione dei processi sociali. Per chiarire questi aspetti è utile sviluppare una serie di considerazioni, che attengono prevalentemente alla sfera etica (quella privilegiata dal presente volume), ma che rendono nel contempo trasparente la necessità di scelte operative, la cui elaborazione rinvia ad aspetti tecnici e a confronti con esperienze collaudate che esulano dal campo della nostra competenza.

1. A dover essere ripensato è in primo luogo il concetto stesso di *partecipazione*. Il momento del suo massimo apogeo in occidente è coinciso con l'affermarsi di un'interpretazione rigidamente ideologica e totalizzante. La partecipazione veniva

identificata, negli anni '70, con una forma di militanza, basata su un forte coinvolgimento personale e sull'adozione di strumenti di lotta volti a cambiare radicalmente gli assetti sociali. Tale interpretazione si è progressivamente stemperata fino a dileguarsi, provocando la crisi cui oggi assistiamo, il cui superamento presuppone allora il passaggio a un'interpretazione più concreta (e meno ideologica) più attenta agli interessi soggettivi o di gruppo, che eviti pertanto sterili purismi di stampo moralistico e ricerchi forme articolate di convergenza tali da garantire il perseguimento dell'interesse generale, un più serio discernimento delle competenze (lo stimolo a partecipare viene anche dalla possibilità di dare un proprio contributo alla soluzione dei problemi) e, infine, un più diretto collegamento con il momento decisionale, in modo di dare a chi partecipa la consapevolezza di contare, impedendo il verificarsi di stati di frustrazione, che derivano dal percepirsi impotenti e che determinano alla lunga l'attenuarsi dell'interesse partecipativo.

2. Ad essere chiamati in causa sono poi i concetti, strettamente connessi, di *consenso* e di *rappresentanza.*

Il *consenso* è, nelle democrazie rappresentative, la forma più immediata di partecipazione, quella attraverso la quale si designano i soggetti chiamati a governare e se ne valutano i programmi. Si è già detto tuttavia come tale consenso possa essere inteso in una forma minimale (e passiva) come designazione iniziale (*una tantum*), che conferisce una sorta di delega in bianco, senza successivi (ulteriori) controlli, affidando dunque, una volta per tutte, il potere e la sua gestione a chi è stato eletto e puntando (esclusivamente) sulle persone, anche a prescindere radicalmente dai loro progetti. Dal punto di vista puramente formale, questo sembra bastare alla democrazia; ma l'esercizio della democrazia reale (o sostanziale) esige un consenso attivo dei cittadini, che non si esprime soltanto attraverso il voto ma attraverso azioni (o intenzionali astensioni) grazie alle quali gli atti di governo vengono di volta in volta confermati o respinti. Contrariamente al consenso elettorale, il quale, nel momento in cui determina la legittimazione di chi viene eletto comporta automaticamente anche il ritiro dalla scena del cittadino, il consenso attivo, che è dato fin dall'inizio sulla base della scelta di un preciso programma e della fiducia accordata alle persone in vista della sua realizzazione, si sviluppa con il quotidiano evolversi della politica, sottoponendo costantemente a verifica le realizzazioni concrete e fungendo da stimolo nei confronti di chi è stato designato a governare. Tale consenso coincide con una forma di adesione da verificare attraverso un diuturno confronto tra governanti e governati, e va costruito attraverso vie diverse, che vanno dalla creazione di appositi meccanismi istituzionali – si pensi alla determinazione di tempi e luoghi di pubblico dibattito – alla produzione dal basso di forme di cittadinanza attiva (su questo concetto si tornerà) che si rapportino dialetticamente con chi esercita funzioni di governo.

Analoga riflessione va condotta sul fronte della *rappresentanza*. Se il consenso rappresenta l'atto partecipativo più qualificato della politica, la rappresentanza ne è l'oggetto più immediato. Ma quale rappresentanza? Attraverso quali canali designarla? In base a quali criteri e a quali requisiti? La crisi delle forme tradizionali della partecipazione è strettamente connessa alla crisi della rappresentanza politica, in particolare dei partiti, che, oltre a fare da filtro ai processi rappresentativi attraverso una forma di selezione che espunge chi risulta scomodo o non allineato, ha precluso (chiudendoli) altri spazi di intervento. Per uscire dall'*impasse* è allora necessario sia procedere alla riforma dei partiti – istituzioni indispensabili al buon funzionamento della vita democratica – sia ricercare modalità di coinvolgimento della cittadinanza, tanto nella fase di elaborazione dei criteri per procedere alla designazione dei candidati – si pensi alle primarie – quanto nella fase dell'esercizio della scelta elettorale. Stante la gravità della situazione attuale, accentuata dal potere distorcente dei *media*, è fondamentale aprire su tali questioni un dibattito ampio e circostanziato nella società e individuare regole che assicurino il rispetto del pluralismo ideologico e culturale e garantiscano la scelta di persone affidabili.

3. Non meno difficile da ridefinire è, d'altro canto, il concetto di *governabilità*. La complessità sociale e la crescita del bisogno di partecipazione – crescita non sempre motivata da

ragioni disinteressate – concorrono a rendere sempre più difficile la governabilità. Quanto più aumenta il coinvolgimento dal basso nella vita sociale e si moltiplicano gli interessi differenziati dei singoli e delle categorie (spesso tra loro in contrasto) tanto più si complicano le procedure di gestione delle istituzioni e si riduce di conseguenza la possibilità di decisione. L'emergere di sempre più sofisticate domande all'interno della società restringe l'area dei delegati a governare – vi è il pericolo che prevalgano i tecnici – e finisce per ridimensionare gli spazi della partecipazione dei cittadini: l'esigenza di governare sembra implicare una selezione delle domande della società da parte di pochi esperti.

È urgente pertanto elaborare una teoria della governabilità, che sappia conciliare l'esigenza di attenzione alla gamma variegata di istanze e di interessi presenti nella società con la possibilità di intervenire con decisioni tempestive ed efficaci. A questo ci si riferisce quando si fa ricorso al concetto di *governance*, concetto coniato di recente in area anglosassone e che designa la somma dei molti modi in cui individui e istituzioni pubbliche e private trattano i loro problemi comuni. Alternativa al *government*, la *governance* non è riconducibile a un modello standardizzato, ma è un processo interattivo complesso, che utilizza un approccio integrato e sistemico nella soluzione di questioni comuni; attraverso di essa interessi diversi e in conflitto vengono armonizzati mediante un'azione cooperativa. Nel sistema di *governance*, dunque, la responsabilità decisionale è frutto del coinvolgimento di un numero ampio di soggetti, che vanno dalle istituzioni formali a iniziative informali, provocando una sorta di *sistema allargato di governo* – secondo alcuni questa è la traduzione italiana più adeguata del termine – in cui convergano popolo e istituzioni alla ricerca dell'interesse generale.

L'attuazione di tale sistema esige il riconoscimento di nuove forme di rappresentanza, costituite da organizzazioni che fanno capo alla cosiddetta *cittadinanza attiva*, da intendere come

> «la capacità dei cittadini di organizzarsi in modo multiforme, di mobilitare risorse umane, tecniche e finanziarie, e di agire con

modalità e strategie differenziate per tutelare diritti esercitando poteri e responsabilità volti alla cura e allo sviluppo dei beni comuni».[10]

Tale cittadinanza, che ha come elemento qualificante l'impegno quotidiano e che si esprime in una estrema pluralità di approcci operativi, comprende soggetti molto diversi, collocati a vari livelli di un'ideale scala di complessità: dai semplici cittadini organizzati che condividono strategie comuni a forme di volontariato solo parzialmente associate, alle associazioni vere e proprie, fino ad organismi che operano in dimensione internazionale come le ONG.[11]

In quanto espressione di un potere autonomo e originale, la cittadinanza attiva, nelle diverse modalità in cui si articola, diventa la strada per la costruzione di una nuova governabilità, cioè un sistema allargato di controllo e di orientamento dei dinamismi economico-sociali, politico-istituzionali e culturali, nella prospettiva dell'ampliamento del potere della società e della limitazione dei poteri tradizionali e del loro modo di operare. Nella logica della *governance*, cui si è alluso, è infatti non solo possibile, ma necessario fare spazio allo sviluppo di *politiche pubbliche dei cittadini*, con un'autorità *sui generis* che va riconosciuta e potenziata. Con tali politiche si intende designare

> «l'insieme delle strategie, dei programmi e delle azioni che la cittadinanza elabora e mette in atto per contribuire a gestire un problema connesso alla tutela e allo sviluppo dei beni pubblici e dei beni comuni, in una logica di *governance*, cioè di sistema allargato di governo della realtà».[12]

---

[10] G. Moro, *Manuale di cittadinanza attiva*, Carrocci, Roma 1998, 48. Sempre secondo questo autore, la formula «cittadinanza attiva» è forse l'espressione migliore per designare un processo variegato e complesso, non facilmente riconducibile a un modello univoco. Essa risulta infatti come la più comprensiva e quella con meno controindicazioni, non essendo portatrice di accezioni morali né di tendenze selettive.

[11] Per una definizione dei soggetti riferibili all'ambito della cittadinanza attiva e che danno luogo a nuove forme di rappresentanza da coinvolgere nel sistema di *governance*, cf. F. Ambrogetti (ed.), «Modelli di cittadinanza e soggetti sociali», in *Democrazia diretta* 4(1992); I. Colozzi, «Società civile e terzo settore», in P.P. Donati (ed.), *La società civile in Italia*, Mondadori, Milano 1997, 123-158.

[12] Moro, *Manuale di cittadinanza attiva*, 73.

4. La *cittadinanza attiva* non va allora pensata come una supplenza e tanto meno come assistenzialismo; essa tende a dare espressione politica alla *tutela dei diritti*, identificando in questo ambito il terreno privilegiato su cui intervenire per il buon funzionamento di un servizio o di un'istituzione di pubblico interesse.

In ogni caso rimane aperto il problema della ricerca di un giusto equilibrio tra cittadinanza e rappresentanza tra le quali deve instaurarsi un rapporto positivo, che favorisca una feconda cooperazione tra forze sociali e poteri istituzionali. Di fondamentale importanza è il confronto con i partiti;[13] ma altrettanto importante è il rapporto con il potere istituzionale e politico, di cui occorre riconoscere l'insostituibilità. L'azione della cittadinanza attiva non può tuttavia limitarsi a questi rapporti; essa ha un vasto raggio di espressione, in quanto la sua azione continua nel tempo ed è volta a favorire il corretto sviluppo delle politiche adottate e a contribuire a un vero processo di modificazione delle coscienze e di attuazione di operazioni capaci di dare vita a forme di convivenza ispirate ai valori dell'autonomia personale e della solidarietà sociale.[14]

* * *

Si aprirebbe qui un ulteriore (e decisivo) capitolo, quello della definizione degli strumenti che possono garantire il cor-

---

[13] Tra i rischi che oggi i partiti corrono (oltre a quelli già ricordati) vi è anche la tentazione di trasformarsi in movimenti caratterizzati da un approccio monotematico. L'importanza dei movimenti è fuori discussione, ma è evidente che i partiti devono avere una prospettiva diversa, caratterizzandosi per l'elaborazione di un progetto globale di conduzione della vita associata, che tenda a contemperare al proprio interno, sia pure a partire da una visione ideologica precisa, le varie istanze presenti nel tessuto sociale.

[14] Per un'analisi di queste questioni, sulle quali esiste una vasta letteratura specialistica, cf. G. AMATO, «Soggetti e strumenti della democrazia governante», in *Mondoperaio* 2(1991), 58-63; A. ANFOSSI - T.K. OOMEN (edd.), *Azioni politiche fuori dai partiti*, Angeli, Milano 1997; G. COTTURI, *La democrazia diffusa. Note sulla cittadinanza attiva e la riforma della politica*, Fondazione italiana del volontariato, Roma 1998; P.P. DONATI - G.B. SGRITTA, *Cittadinanza e nuove politiche sociali*, F. Angeli, Milano 1992; G. QUARANTA, *Governabilità e democrazia diretta*, De Donato, Bari 1981; S. ZAMAGNI, «Economia civile come forza di civilizzazione per la società civile in Italia», in DONATI (ed.), *La società civile in Italia*, 159-192. Segnaliamo come utile strumento di accostamento alle questioni di ordine istituzionale riguardanti la partecipazione F. RANIOLO, *La partecipazione politica*, Il Mulino, Bologna 2002.

retto svolgimento dei processi segnalati: dall'adeguamento della legge elettorale alle riforme costituzionali – e, in senso più generale, istituzionali – fino al riequilibrio del rapporto tra i poteri, così da evitare pericolose tentazioni di contrapposizioni (o anche semplicemente di sovrapposizioni). Ma tale aspetto, per quanto essenziale anche per l'etica, esula, nella determinazione dei contenuti, dalle nostre competenze. Ci basti richiamare qui l'importanza che assume il ricorso al principio di sussidiarietà, più volte segnalato, il quale, per essere tuttavia correttamente applicato, va strettamente coniugato con il principio di solidarietà.

III

L’ordine internazionale

Capitolo ottavo

I VALORI COMUNI E LE VIE DELL'AZIONE POLITICA

Lo scenario mondiale è oggi dominato dalla presenza del fenomeno della globalizzazione; esso si presenta come un fenomeno trasversale, che coinvolge i diversi momenti della vita associata e dà luogo alla produzione di una forma di pensiero radicalmente omologante. È come dire che la globalizzazione ha insieme connotati strutturali e ideologici, tra loro strettamente congiunti, e che esercita proprio per questo una grande forza di attrazione. L'interdipendenza tra i vari settori della convivenza umana e tra i popoli della terra – interdipendenza dovuta alla caduta delle distanze fisico-geografiche e culturali frutto del progresso tecnologico – ha creato, sul piano economico, le condizioni per lo sviluppo di un unico mercato, guidato dalle logiche del sistema capitalista, e dunque dalla tendenza ad accentuare in misura ancor più consistente (e più grave) le sperequazioni tra nazioni ricche e nazioni povere, tra nord e sud del mondo. Le tecnologie dell'informazione sono divenute lo strumento privilegiato per l'espansione di tale sistema: da esse scaturisce infatti la possibilità di compiere «in tempo reale» operazioni soprattutto di carattere finanziario con ricadute di larga portata per l'economia mondiale. I valori del mercato, in particolare l'efficienza e l'utile produttivo, sono talmente vincenti da essere divenuti i parametri esclusivi di valutazione delle scelte nei vari ambiti della vita. La mentalità economicistica o mercantile è largamente dominante: essa riflette la centralità acquisita dal mercato nel nostro tempo, ed è soprattutto favorita, nella sua espansione, dal forte condizionamento esercitato dai *media* piegati totalmente alle esigenze del sistema economico. Il cosiddetto «pensiero unico» altro non è che la formulazione riflessa di processi che si svolgono nel rapporto tra economia e informazione e che esercitano una consistente pressione sulle coscienze.

La globalizzazione non può essere pertanto considerata come una realtà che modifica solo gli assetti esterni della convivenza umana; essa produce, più radicalmente, un mutamento della condizione umana in quanto tale, sia a livello orizzontale – si pensi al carattere universalistico che assumono i rapporti interumani – che verticale, dove ad essere trasformati sono gli stessi criteri di interpretazione del senso della vita. Nonostante il prevalere, almeno nell'attuale fase storica, di aspetti preoccupanti di ingiustizia e di alienazione – sviluppo fortemente differenziato tra nord e sud, omologazione culturale, ideologia mercantile – la globalizzazione non va tuttavia considerata come un processo puramente negativo, destinato a svilupparsi in modo lineare e automatico (cioè in termini meccanicistici) nella direzione finora imboccata. Essa è anche portatrice di potenzialità positive – basti pensare all'unificazione della famiglia umana, e alle conseguenti possibilità di dialogo e di scambio arricchente tra culture diverse – che vanno assunte e consolidate. È inoltre doveroso ricordare che nel contesto attuale si sviluppano anche processi di segno opposto, che denunciano la complessità della realtà, perciò la sua irriducibilità a un unico schema. Così risulta evidente l'emergere, accanto alle spinte universalistiche (e omologanti), di spinte particolaristiche, le quali confermano la persistenza di un forte «etnocentrismo» che resiste nonostante tutto, o il ritorno di modelli culturali difensivi, al punto che vi è chi è giunto ad affermare che la globalizzazione è «un processo a due facce di particolarizzazione dell'universale e di universalizzazione del particolare».[1]

Questi aspetti di ambivalenza esigono, per essere fatti evolvere positivamente, il ricorso a precise opzioni di ordine morale e la capacità di tradurle in decisioni politiche autorevoli che orientino i processi socioeconomici e socioculturali nella direzione del bene comune. Ad essere chiamate in causa sono

[1] Cf. R. ROBERTSON, *Globalization. Social Theory and Global Culture*, London 1992; cf. anche U. BECK, *Wath is Globalization?*, Blackwell, New York 2000.

dunque l'etica e la politica, che soffrono tuttavia oggi di una situazione di particolare difficoltà. L'esigenza di valori condivisi o di un *ethos* comune di respiro universalistico si scontra infatti con l'estrema diversità dei sistemi ideologici, culturali e religiosi, soprattutto con il fenomeno, già più volte richiamato, del «politeismo dei valori» che si è fortemente accentuato in questi ultimi decenni. Si direbbe che quanto più si fa ineludibile l'esigenza di un'etica universale tanto più cresce l'impossibilità di elaborarla, non solo per lo stato di estrema frammentazione e diversificazione delle esperienze, ma anche (e soprattutto) per il venir meno delle categorie interpretative tradizionali – si pensi ai concetti di *natura* e di *legge naturale* – e per l'incapacità di sostituirle con altre più idonee a dare ragione della complessità dei processi odierni. D'altra parte, la presenza di un'economia capitalista, che ha i caratteri di una «megasocietà apolide» con un potere esorbitante ed extraterritoriale, costituisce una minaccia permanente per la politica, le cui decisioni o si allineano alla logica del potere economico o vengono da quest'ultimo radicalmente vanificate. Come osserva acutamente Pietro Prini:

> «Le due forme di organizzazione che esprimono l'essenza dell'economico come "spazio aperto" e l'essenza del politico come "spazio circoscritto", sono inconciliabili. Esse costituiscono una specie di *diarchia*, sempre virtualmente conflittuale, dell'epoca della tecnica... Per le istituzioni politiche statuali e sopranazionali questo riconoscimento comporta la coscienza tragica di poter soccombere a quelle forze eversive che hanno il loro sostegno nella mondializzazione del capitale e del mercato».[2]

I paradossi (e le aporie) segnalati non devono d'altra parte impedirci di fare ogni sforzo per ricercare terreni di incontro e di mediazione, che consentano lo sviluppo di una – sia pure minimale – progettualità comune. A questa ricerca sono dedicate in modo particolare le riflessioni di questo capitolo.

---

[2] P. Prini, *Il cristiano e il potere. Essere per il futuro*, Studium, Roma 1993, 31. Un'acuta analisi della situazione di rischio in cui oggi ci troviamo si trova in N. Chomsky, *Sulla nostra pelle. Mercato globale o movimento globale?*, Tropea, Milano 2002.

1. Alla ricerca dei valori comuni

Si è già rilevato come l'attuale globalizzazione (o «planetarizzazione» secondo alcuni) dell'esistenza non possa essere semplicemente ridotta a un fatto di ordine tecnico, ma implichi una vera mutazione antropologica, cioè una profonda trasformazione della coscienza dell'uomo. Ciò che da tale mutazione traspare è anzitutto l'esigenza di un'etica mondiale (o planetaria) fondata sulla ragione, perciò vincolante per tutti gli uomini di buona volontà.[3] La sopravvivenza della società è legata alla capacità di costruirla, cioè di rintracciare «una tavola di valori morali verso i quali convergano tutte le differenze umane compossibili e dialogiche».[4] L'ordine mondiale può essere edificato solo sulla base di questo *ethos*, la cui definizione comporta un grande sforzo di immaginazione e di creatività. Non si tratta infatti soltanto di una revisione delle tradizionali questioni morali, ma dell'approccio a questioni del tutto nuove, in un contesto di accentuato pluralismo, che rende difficile la convergenza attorno a punti comuni.

I percorsi attraverso i quali si è tentato, in questi ultimi decenni, di elaborare tale *ethos* sono stati molti e di diversa natura: dal ripensamento dei rapporti tra «universale» e «particolare» al confronto tra le religioni, fino alla postulazione di forme di incontro di ordine pratico volte a raggiungere il consenso contrattuale. L'insufficienza del ricorso a categorie tradizionali come quelle accennate, per l'incapacità di dare ragione di condizioni esistenziali e socioculturali assai diverse, non può essere compensata – come qualcuno vuole – dal ricorso alle cosiddette istanze umane fondamentali, stante la varietà di interpretazioni storiche che si sono venute formulando in proposito. D'altra parte, in ambedue i casi il rischio è quello di ridurre il discorso etico a una sorta di universalismo formale, del tutto irrilevante sul piano delle decisioni concrete, oppure di riproporre, sia pure in modo velato, la prospetti-

---

[3] Le ragioni della necessità di una morale planetaria sono ben illustrate in M. Vidal, «La morale in prospettiva globale», in *Rivista di teologia morale* 25(1993)97, 13-17.

[4] P. Prini, *Chi esercita il potere oggi in Europa?*, in Id., *Il cristiano e il potere*, 27.

va etica occidentale – perciò una prospettiva limitata – come prospettiva universale.

La possibilità di superare tali rischi è intravista da alcuni nell'impegno ad andare oltre le tradizioni storiche per riflettere sui presupposti del discorso morale globale;[5] e da altri nell'esigenza di un «universalismo reiterativo», non basato su una legge onnicomprensiva, ma sul fatto che si riproponga di continuo una medesima idea in società differenti e che sia pertanto possibile pervenire a concezioni minimali, le quali dipendono da prospettive più ricche di contenuto e più complesse.[6] Ma (forse) la strada più agibile è quella che scavalca la semplice ragione filosofica per fare spazio ad altre fonti, quali la letteratura, l'arte, la religione ecc.[7] Un riconoscimento particolare va in proposito dato alle religioni, che si sono impegnate in questi anni in un lavoro encomiabile di ricostruzione dei criteri in base ai quali elaborare un progetto di conservazione della vita umana e cosmica, giungendo alla promulgazione di una dichiarazione, nella quale si è individuato un *nuovo sistema di valori*, capace di orientare il progresso tecnologico verso obiettivi di giustizia, di pace e di salvaguardia del creato.[8]

La questione più spinosa è in ogni caso la ricerca di un equilibrio tra particolarismo (localismo) e universalismo; equilibrio che eviti l'assolutizzazione di uno dei due poli e crei

---

[5] È questa al posizione di O. Apel per il quale è essenziale allo sviluppo di un'etica universale come risposta alla globalizzazione il ricorso alla tradizione deontologica kantiana, sia pure rivisitata (cf. «Globalization and the Need for universal Ethics», in *European Journal of Social Theory* 3[2000], 137-155).

[6] Cf. M. Walzer, *Sfere di giustizia*, Feltrinelli, Milano 1987; Id., *Interpretazione e critica sociale*, Ed. Lavoro, Roma 1990. Cf. anche Id., *Geografia della morale. Democrazia, tradizioni e universalismo*, Dedalo, Bari 1999.

[7] A denunciare i limiti della ragione quale fonte della moralità è stato soprattutto in tempi recenti R. Rorty, «Global Utopias. His Story and Philosophy», in L. Soares (ed.), *Cultural Pluralism. Identity and Globalization*, UNESCO/ISCC/EDUCAM, Rio de Janeiro 1996, 457-469. Per l'autore, che rivendica spazio sia al particolarismo che al pluralismo, la moralità è soprattutto legata al sentimento. La sua posizione corre tuttavia il pericolo di cadere in un radicale relativismo; il progresso morale infatti non è considerato necessariamente come avvicinamento alla verità (al bene o a ciò che è giusto), ma piuttosto come semplice aumento del potere immaginativo.

[8] Cf. *Dichiarazione per un'etica mondiale*, Rizzoli, Milano 1995. L'importanza dell'apporto delle religioni è stata ripetutamente sottolineata da H. Küng, che ha peraltro fornito un contributo determinante alla stessa stesura della *Dichiarazione*. Cf. H. Küng, *Weltethos für Weltpolitik und Wirtschaft*, München 1997; H. Küng – K.J. Kuschel (edd.), *Wissenschaft und Weltethos*, München 1988.

le condizioni per il rispetto delle differenze e per la convergenza attorno a presupposti comuni.[9] La soluzione va ricercata – ci pare – in una concezione dell'eticità come razionalità politica, che prenda sul serio l'irriducibilità del pluralismo e mostri nel contempo come l'approccio alla globalizzazione sia reso possibile solo dall'intreccio di giudizi morali diversi. In altre parole, si tratta di sviluppare

> «un'idea della moralità che si ponga in relazione al ragionamento pratico e che cerchi allo stesso tempo di portare a un equilibrio riflessivo sia il pluralismo irriducibile in prospettive religiose ed etiche mondiali, sia le differenti interpretazioni di determinate esperienze fondamentali parzialmente condivise. Il risultato di tutto questo sarà non tanto un'etica mondiale, quanto piuttosto un dialogo, in cui il giudizio riflessivo e le concezioni diverse si intersecano nel loro ragionamento e nella loro argomentazione morale».[10]

L'apporto della teologia cristiana è, a tale proposito, importante, non tanto per l'offerta di indicazioni normative immediate, il cui reperimento esige un confronto allargato che conduca ad argomentazioni razionali condivise, quanto per l'offerta di un orizzonte metaetico le cui istanze non possono non orientare la stessa ricerca normativa. La centralità assiologica del soggetto umano, perciò l'impegno per la sua promozione integrale, la creazione di un ordine sociale solidale che estenda i benefici dello sviluppo, e la scelta di non escludere dalla crescita umana nessuna persona, sono altrettanti parametri sui quali vanno misurati gli indirizzi della globalizzazione. A dover essere posto in primo piano nello sviluppo è l'uomo nella sua totalità; il che implica attenzione sia alla piena affermazione del valore del soggetto sia all'inclusione di un numero sempre maggiore di soggetti. Il principio che deve costituire la struttura etica portante della globalizzazione è il prin-

---

[9] Per una panoramica delle varie posizioni presenti nel dibattito tra universalismo e particolarismo cf. R. Forst, *Kontexte der Gerechtigkeit. Politische Philosophie jenseits von Liberalismus und Kommunitarismus*, Suhrkamp, Frankfurt 1994; W. Reese-Schafer, *Grenzgotter der Moral. Der neuere europaisch-amerikanische Diskurs zur Politischen Ethik*, Suhrkamp, Frankfurt 1997.

[10] E. Schlüsser Fiorenza, «La sfida portata all'etica dal pluralismo e dalla globalizzazione», in *Concilium* 4(2001), 119.

cipio di solidarietà; esso consente tanto il superamento dell'individualismo che del corporativismo e spinge a realizzare l'uguaglianza fra gli uomini, non misconoscendo la condizione di asimmetria tuttora esistente tra individui e gruppi e puntando a debellarla mediante l'abbattimento dell'odierno sistema di esclusione e la costruzione di un sistema alternativo, non solo all'interno dei singoli Stati, ma anche (e soprattutto) nei rapporti tra gli Stati. La situazione di crescente interdipendenza provoca infatti forti legami tra tutti i popoli, al punto che alcune scelte non possono (se si intende incidere efficacemente sulla realtà) che essere comuni e anche quelle compiute dai singoli popoli vanno valutate per le ripercussioni che inevitabilmente hanno sugli altri e sul sistema mondiale.

Muovendosi in un'ottica analoga a quella appena delineata H. Küng ritiene di poter riassumere in quattro direttrici (che rappresentano altrettanti pilastri basilari) gli elementi attorno ai quali convergono le diverse tradizioni religiose ed etiche.

- Il dovere di una *cultura della non violenza e del rispetto della vita*, che altro non è se non il ricupero in positivo dell'antico comandamento «non uccidere», presente ben al di fuori della tradizione ebraica e appartenente, in qualche misura, al comune sentire dell'umanità. La diversità delle forme di codificazione lascia intatta la sostanza del precetto che è teso a tutelare la vita, impedendo ogni attentato non solo alla sua dimensione biologica, ma anche (e soprattutto) alla sua dignità umana.

- Il dovere di una *cultura della solidarietà e di un giusto ordinamento economico*, che si allaccia al comandamento «non rubare», anch'esso patrimonio di una tradizione morale religiosa e laica, reinterpretandolo nell'attuale contesto socioculturale come esigenza di rispetto del diritto di tutti ad accedere ai beni fondamentali per la vita e, conseguentemente, come impegno a far nascere un sistema economico incentrato sulla equa distribuzione delle risorse e sull'attenzione alla qualità della vita e dell'ambiente.

- Il dovere di una *cultura della tolleranza e dello sviluppo della veracità nei rapporti*, che allude – come immediatamente si intuisce – al comandamento «non mentire» in cui si incarnano due istanze fondamentali per la costruzione dei rapporti sociali: quella del rispetto (e della valorizzazione) delle diversità e quella dell'autenticità comunicativa, che conferisce solidità alle relazioni ed è essenziale per il corretto articolarsi dell'ordine sociale.

- Infine, il dovere di una *cultura della pariteticità e della partnership tra uomo e donna*, che evoca il comandamento «non abusare della sessualità», mettendo oggi a fuoco l'esigenza di superare ogni residuo di cultura patriarcale (e paternalistica) per rendere possibile, non solo in termini di diritto (o di principio) ma nei fatti, la pari dignità dell'uomo e della donna e la creazione di pari opportunità per ambedue nell'ambito della vita sociale; ma soprattutto per promuovere lo sviluppo di una cultura della reciprocità che favorisca il coinvolgimento attivo di uomini e donne, con le loro rispettive potenzialità, alla costruzione delle varie forme associate di convivenza.[11]

Si può forse riassumere il senso delle provocazioni, che vengono dalle religioni, e dal cristianesimo in primo luogo, all'etica (in particolare a quella «politica») nel ricupero della categoria di «compassione» come insieme di atteggiamenti e di comportamenti ispirati a una forma di giustizia «asimmetrica», che non si accontenta della perequazione oggettiva dei diritti, ma riconosce la particolarità dell'altro (di ogni altro) e tende a elaborare risposte differenziate in rapporto ai bisogni di ciascuno. Come infatti ha rilevato H. Haker:

> «La compassione strutturalmente intesa riconosce l'asimmetria tra il sofferente e il non sofferente, da cui deriva *l'ineguaglianza*

---

[11] Cf. H. Küng, «Imprese globali ed etica globale», in *Concilium* 4(2001), 120-145. Sono qui riportati fedelmente i punti attorno ai quali ruota la riflessione dell'autore, sia pure in una rielaborazione personale in riferimento all'assunto politico che è l'elemento specifico di questo volume.

rispetto alla divisione di diritti e di doveri. La compassione non supera la giustizia, non è grazia che precede il diritto. *La compassione è piuttosto una funzione: una dimensione specifica della stessa giustizia, essa è, si potrebbe dire, l'"altro aspetto della giustizia" che si manifesta nella giustizia stessa*».[12]

Di fronte a una situazione di grave sperequazione, come quella del mondo in cui viviamo, prendere sul serio questo valore significa individuare con chiarezza alcune priorità che la politica deve fare proprie e dare ad esse concretezza attraverso scelte coerenti e coraggiose.[13]

2. Come rendere efficace l'azione politica

Si è già rilevato che l'anomalia della situazione attuale è costituita dal pericoloso divario tra la globalizzazione dell'economia (e dell'informazione) e il perpetuarsi di un provincialismo politico del tutto improduttivo. Allo strapotere dei mercati corrisponde così un'estrema debolezza degli Stati, chiamati ad affrontare problematiche sempre più complesse e trasversali la cui soluzione esigerebbe l'esercizio di un potere assai più ampio. La crisi della politica emerge qui in tutta la sua evidenza: si tratta del suo radicale svuotamento e, peggio ancora, della sua radicale subordinazione a logiche che nulla hanno a che fare con il bene comune.

Questo stato di difficoltà si manifesta, d'altronde, proprio nel momento in cui la politica risulta del tutto necessaria per affrontare processi di grande delicatezza, i quali, lasciati a se stessi, finiscono per avere ricadute pesantemente negative sugli equilibri dei rapporti sociali e degli stessi rapporti con la natura. L'esigenza di restituire centralità alla politica come momento di sintesi dei bisogni della collettività, perciò del perseguimento dell'interesse generale, è fuori discussione. Ad

---

[12] H. Haker, «"Compassione" come programma mondiale del cristianesimo?», in *Concilium* 4(2001), 95.

[13] Si pensi soltanto alla priorità assoluta che va assegnata alla *questione della fame* e all'esigenza di trovare vie efficaci per risolverla (cf. S. Bastianel, «La fame, una sfida allo sviluppo solidale», in *La Civiltà Cattolica* 148[1997]I, 330-343).

accentuare tale esigenza concorre poi lo stato di *impasse* in cui è entrato il concetto moderno di Stato sociale, quale effetto della *deregulation* sui mercati mondiali; tale *impasse* coincide con l'affermarsi di una modernizzazione allargata in senso liberista, che crea pesanti stati di marginalità, venendo meno la tutela dei cittadini anche rispetto ad esigenze fondate su diritti inalienabili.

Il riconoscimento della necessità di nuove forme di legittimazione democratica, che garantiscano interventi mirati ed efficaci in senso universalistico, si accompagna tuttavia alla difficoltà di individuare le modalità mediante le quali pervenire alla loro elaborazione. Diverse sono infatti le proposte che vengono avanzate e che sono attualmente oggetto di dibattito sullo scenario mondiale. Si va dall'ipotesi più limitata (e più realistica) per la quale la via da percorrere è la ristrutturazione complessiva degli attuali assetti attraverso una serie di modifiche convergenti, i cui cardini sono rappresentati dalla pratica di un vero federalismo tra gli Stati, dal rafforzamento dell'ONU e dalla creazione nell'ambito di ciascuno Stato di una «politica interna mondiale»; all'ipotesi più radicale dove si postula l'esigenza di dare vita a una «Repubblica universale» dotata di compiti e di istituzioni apposite e basata su un ordine democratico fondato sul diritto. La maggiore plausibilità della prima ipotesi è suffragata, oltre che dalla più consistente (e immediata) possibilità di attuazione, anche dai minori rischi che con essa si corrono: la creazione di un'istituzione mondiale, per quanto fondata sui principi della democrazia e del diritto, implicherebbe infatti un enorme accentramento di potere con la difficoltà a controllarne l'esercizio. La garanzia di canali di rappresentanza e di decisionalità democratica, che evitino forme di grave prevaricazione, sembra invece assicurata dalla promozione di un progetto di tipo federale, in cui l'allargamento del campo di influenza (fino a raggiungere i livelli della mondializzazione) è frutto di un processo che porta le varie federazioni di Stati ad associarsi, accettando un reciproco controllo e ricercando soluzioni comuni alle questioni che coinvolgono in termini più urgenti il destino dell'umanità e della terra. Le attuali istituzioni internazionali – in particolare l'ONU – potrebbero assumere in tal caso nuova autorevolezza, trasformandosi in organismi deputati a sviluppare forme di autogoverno della società, capaci di raccogliere la sfida della globalizzazione e di rispondere adeguatamente ad essa; mentre, a loro volta, gli Stati, senza perdere la loro autonomia e la loro specifica identità, finirebbero per dare alla loro politica un'apertura alle esigenze più generali della collettività mondiale.

Tale progetto presuppone la maturazione di una coscienza cosmopolita, aperta alla comprensione delle diversità considerate arricchenti e al riconoscimento di una piattaforma di istanze comuni, derivanti dal confronto, attorno alle quali convergere. Una coscienza cosmopolita in cui l'ordine mondiale non venga pensato come ordine monolitico, ma come realtà in movimento, capace di integrare le differenze sociali e culturali nel quadro di una *koinè* simile a quella realizzata nel periodo di maggiore splendore dell'ellenismo. Lo sviluppo di un ordinamento della convivenza umana, che promuova la tensione verso la comunione dei popoli e delle nazioni senza venire meno alla salvaguardia delle tradizioni locali e non recidendo i legami di solidarietà propri delle comunità di immediata appartenenza, è oggi il compito fondamentale su cui deve esercitarsi la responsabilità politica. Dalla sua corretta soluzione dipende infatti il destino futuro del mondo, la possibilità che la globalizzazione non si sviluppi secondo la logica degli interessi privati, ma diventi occasione per dare risposta a istanze di interesse di carattere generale e per realizzare così la liberazione dell'intera famiglia umana.

Capitolo nono

DAI DIRITTI DEI SINGOLI AI DIRITTI DELLE CULTURE

La ricerca di convergenze etiche sulle quali costruire progetti politici comuni all'interno degli Stati e tra gli Stati – e, in senso più allargato, a livello mondiale – ha trovato in occidente, a partire dalla modernità, una positiva piattaforma nella categoria dei diritti umani. Con essa si è teso a dare corpo a quell'esigenza di universalità, che veniva progressivamente affermandosi come conseguenza dei processi di interdipendenza economico-sociale, politica e culturale che hanno raggiunto la loro più alta espressione con l'avvento dell'odierna globalizzazione. Lo sviluppo crescente dei rapporti e degli scambi, sia in campo nazionale che internazionale, rendeva infatti evidente la necessità di rintracciare un terreno comune di intesa, fatto di alcuni (pochi) princìpi orientativi della vita sociale fondati sul riconoscimento della dignità (e dunque del valore inalienabile) di ogni soggetto umano e destinati a garantirne il rispetto anche attraverso l'intervento delle pubbliche istituzioni.

I diritti umani sono pertanto frutto della comune percezione di un valore – quello della persona – ma sono anche espressione, nella loro codificazione, di un processo di costruzione consensuale, con riflessi etico-politici e giuridici. Si tratta, in altre parole, del ricupero di istanze che si riferiscono a una comune antropologia e che sono, nello stesso tempo, riconducibili a gruppi ideologici diversi i quali forniscono ad esse diverse piattaforme fondative. Nonostante la divergenza delle posizioni teoriche, si realizza così una forte convergenza sul terreno della prassi, con un'estensione geopolitica sempre più allargata.

È giusto inoltre segnalare, fin dall'inizio – anche se su questo si tornerà in seguito – che al significato universale dell'intuizione – formalmente infatti la categoria dei diritti umani riveste carattere di universalità – corrisponde una visione particolaristica dei contenuti: la loro formulazione è infatti debitrice dei condizionamenti culturali e ideologici del contesto occidentale in cui i diritti umani sono nati e si sono sviluppati – basti pensare alla prospettiva individualistica prevalente e alla conseguente disattenzione ad alcune tipologie di diritti – ed esige pertanto, per ricuperare piena attualità in un contesto multiculturale e globalizzato come quello in cui viviamo, una revisione critica.

1. Origine ed evoluzione storica

Le origini della categoria dei diritti umani vanno collocate in un passato piuttosto remoto e ascritte tanto a una serie di istituti giuridici, che tendevano a tutelare i diritti del cittadino nei confronti dei poteri dominanti – si pensi all'istituto della *provocatio ad populum* presente nel diritto romano, che istituiva la possibilità per il cittadino di ricorrere al popolo in caso di prevaricazione del potere politico – quanto alle prime esperienze costituzionali tra le quali non si può non ricordare la *Magna Charta Libertatum* del 1215, in cui la limitazione del potere viene assicurata mediante la separazione (o quanto meno la distinzione) tra potere politico e potere giudiziario.

Molti ritengono poi che l'idea di diritti umani sia implicitamente contenuta nella dottrina scolastica del *diritto naturale* (in realtà già presente nel pensiero filosofico greco: si pensi soltanto al contributo di Aristotele), che assolve a una duplice funzione: da un lato limitare la libertà individuale in vista del perseguimento del bene comune e, dall'altro, contenere l'esercizio dei pubblici poteri al fine di salvaguardare la libertà del singolo. A questa categoria, d'altronde, si riferisce nel Cinquecento la Scuola di Salamanca (di tradizione tomista) che, proprio nel periodo della scoperta/conquista delle Indie e delle Americhe, rivendica la necessità del rispetto dei diritti di ogni uomo, anche dei «barbari» (o di coloro che erano considerati tali perché appartenenti a culture giudicate inferiori) e di «quanti rifiutano il vangelo»,[1] e pone le basi per il riconoscimento dei diritti dei popoli. Non è arbitrario intravedere proprio qui – tale tesi ha assunto sempre maggiore attendibilità – la nascita in senso specifico dell'idea di diritti umani e il delinearsi della loro prima formulazione contenutistica. Alla radice del rispetto cui si è accennato vi è infatti la chiara ammissione dell'umanità degli *indios* e la legittimazione di forme di governo non ispirate al cristianesimo ma ancorate a presupposti di ordine naturale.[2]

A determinare una svolta nella definizione dei diritti umani – e si tratta di una svolta che ha posto le premesse per il loro ricupero in una prospettiva radicalmente laica – sono stati la Riforma protestante, con l'affermazione della piena autonomia degli ordinamenti mondani – quale diretta conseguenza della radicale separazione tra fede e natura –, e l'umanesimo, che, ricuperando la grande tradizione greca e latina, fornisce la base razionale adeguata all'azione politica rendendo inutile il ricorso a valori trascendenti.

Il primo tentativo di offrire, nella modernità, un catalogo dei diritti umani in quest'ottica è costituito dal *Bill of Rights* inglese del 1689, ma la piena esplicitazione del concetto di diritti umani come diritti individuali posti alla base dell'ordinamento sociopolitico avviene soltanto con gli sviluppi della rivoluzione americana e francese. Contrariamente alla tradizione medievale del diritto naturale, che fondava i diritti su un dato oggettivo, la nozione di «natura umana», e sulla relazionalità sociale come elemento strutturale ad essa inerente – le

---

[1] Cf. F. De Vitoria, *De Indis* (1539). L'autore ritorna su questo tema in molte altre *Relectiones*. Ancor più radicale è la posizione assunta da B. Las Casas, il quale, nella *Breve relazione sulla distruzione delle Indie,* sviluppa una requisitoria implacabile nei confronti del comportamento degli spagnoli, per i quali la fede nel vangelo si traduceva in un esasperato etnocentrismo culturale che, identificando il cristianesimo con la civiltà occidentale, si tramutava in un profondo disprezzo per gli indigeni.

[2] Cf. F. Cantù, «Bartolomé de Las Casas nel quadro del suo tempo», in *I diritti dell'uomo e la pace nel pensiero di Francisco de Vitoria e Bartolomé de Las Casas* (Studia Universitaria S. Thomae in Urbe 29), Massimo, Milano 1988, 63-79. Nonostante il carattere secolarizzato e laico assunto in epoca moderna, la categoria dei diritti umani è erede di una corrente cristiana nata nel rinascimento e radicata, a sua volta, nella teologia medioevale. Cf. E. Rebstein, *Die Aufange des neueren Naturrechts und Valkerrechts*, Berner 1949.

varie forme di appartenenza hanno qui la loro radice[3] –, i diritti sono, in questa visione, concepiti come realtà ascrivibili alla soggettività, perciò attribuibili all'individuo prima di ogni relazione sociale.

Questa prospettiva di approccio va fatta risalire al *nominalismo*, il quale, interpretando la realtà in un'ottica di radicale singolarità, nega la possibilità che si possa parlare in senso proprio di «natura» e distrugge pertanto le basi sulle quali era costruito il diritto naturale oggettivo: i concetti di natura e di diritto naturale vengono formalmente mantenuti, ma sono svuotati di ogni contenuto oggettivo. Il giusnaturalismo moderno (che è altra cosa rispetto a quello della tradizione classica) discende da questi presupposti: Grozio, ad esempio, sviluppa una concezione del diritto naturale astratta e geometrizzata, fondata su un'antropologia individualista, la quale può diventare obbligante solo attraverso il ricorso a un principio esterno.

La prima formulazione dei diritti umani secondo questa visione appartiene a T. Hobbes (1588-1679) – a lui è attribuita la stessa coniazione del termine –, il quale ritiene che essi siano frutto del contratto sociale e diventino vincolanti grazie alla presenza di un'autorità assoluta che esercita una coercizione esterna, necessaria per dare corso a una convivenza ordinata e pacifica tra gli uomini. Sulla stessa lunghezza d'onda, sia pure con posizioni diverse, si muovono J. Locke (1632-1704), per il quale i diritti umani sono il diritto alla vita, all'autodeterminazione e alla proprietà (si tratta com'è facile intuire dei «diritti di libertà»), e J.J. Rousseau, che pone al centro il libero consenso dei cittadini, i quali procedono alla limitazione dei propri diritti in vista dell'interesse generale o del bene collettivo (che risulta di fatto anche il loro bene).

I diritti umani coincidono così, in epoca moderna, con i diritti soggettivi, non astrattamente affermati ma realisticamen-

---

[3] I diritti delineati dagli esponenti della Scuola di Salamanca sono pertanto simili a quelli che oggi vengono definiti come diritti di terza generazione o diritti dei popoli, riguardanti cioè soggetti collettivi. A proposito dei diritti di terza generazione un'interessante e lucida riflessione si trova nella «Introduzione» di N. Bobbio a *L'età dei diritti*, Einaudi, Torino 1991.

te definiti mediante la confluenza nel corpo sociale attraverso la via del contratto. L'origine della società civile va infatti riposta nella volontà dei singoli di vedere difesi i loro diritti e nella conseguente accettazione dei vincoli necessari per consentire a tutti il loro esercizio. A fare da sfondo alla genesi e allo sviluppo del tema dei diritti è l'individualismo, che ha le sue premesse teoriche nell'ideologia liberale, la quale si appoggia al deismo come dottrina filosofico-teologica e al giusnaturalismo moderno come forma giuridica.

Il primo documento che conferisce al tema dei diritti significato politico è la *Dichiarazione di indipendenza americana* del 4 luglio 1776, ma il testo più completo in cui essi ricevono uno statuto definito è la *Dichiarazione dei diritti dell'uomo e del cittadino* del 26 agosto 1789, nata nel contesto della rivoluzione francese. Quest'ultima Carta ha avuto il merito di identificare un terreno di mediazione tra l'affermazione delle istanze individuali e il rispetto della sovranità dello Stato,[4] ma la reazione agli abusi del potere politico, perciò la tendenza a privilegiare la difesa dell'individuo contro lo Stato e la convinzione che l'uomo è un essere completo a prescindere dai legami sociali, dunque la considerazione della società come elemento di disturbo o almeno di limitazione,[5] finiscono per dare il primato a un'interpretazione nettamente individualistica.

Un successivo (ulteriore) approfondimento del tema si verifica nel Novecento – a seguito della seconda guerra mondiale – con la nascita di varie convenzioni internazionali, e in particolare con la promulgazione della Carta delle Nazioni Unite del 1948 dal titolo *Dichiarazione universale dei diritti dell'uomo*.[6] Si tratta di un testo che non ha cogenza giuridica, la cui importanza risiede tuttavia nel fatto che da essa sono scaturiti

---

[4] Queste due linee, che finiscono per incontrarsi, forniscono l'elemento esplosivo all'attuazione della rivoluzione francese. Cf. A. GAUCHET, *La Révolution des droits de l'homme*, Gallimard, Paris 1989.

[5] Per una lettura complessiva della questione cf. J. MOURCHON, *Les droits de l'homme*, PUF, Paris 1978.

[6] Il testo originale della *Dichiarazione universale dei diritti dell'uomo* del 1948 si trova in C. FAURÈ, *Les déclarations des droits de l'homme de 1789*, Payot, Paris 1992. Una buona illustrazione del testo in B. CONFORTI, *La Carta delle Nazioni Unite*, Ed. Cultura della pace, Fiesole 1993.

gli orientamenti di fondo delle costituzioni europee e occidentali in genere.[7] A subire un processo di ampliamento è lo stesso spettro dei diritti nel passaggio dai *diritti di prima generazione*, che si identificano fondamentalmente con i diritti civili e politici (definiti, come abbiamo visto, quali «diritti di libertà») ai *diritti di seconda generazione*, rappresentati dai diritti economico-sociali (i «diritti di giustizia» o di «solidarietà») fino a quelli di *terza generazione*, riguardanti alcune categorie di persone che vivono – a causa dello stato d'inferiorità sociale e culturale o della condizione fisica (bambini, minorati ecc.) oppure infine dello stato di dipendenza (consumatori o utenti di servizi) – in una situazione di particolare debolezza, e di *quarta generazione* (solo impropriamente definiti tali) concernenti la protezione della natura, nonché le grandi questioni dello sviluppo e della pace.

La distinzione tra le prime due categorie è chiara: i diritti di libertà infatti, oltre ad essere (fin dalla loro origine) rigidamente legati alla sovranità degli Stati, valgono in realtà (se lasciati a se stessi) solo per coloro che hanno la possibilità di farli valere, cioè per coloro che sono a tutti gli effetti cittadini; i diritti di giustizia tendono invece a dare contenuto sostanziale all'uguaglianza tra gli uomini mediante l'intervento positivo dello «stato sociale» (*welfare state)* il cui compito – come recita l'art. 3 della Costituzione italiana – è quello di «rimuovere gli ostacoli di ordine economico-sociale, che, limitando di fatto la libertà e l'eguaglianza dei cittadini, impediscono il pieno sviluppo di tutti i lavoratori all'organizzazione politica, economica e sociale del paese». Il riconoscimento della dignità di ogni persona umana rende necessaria la creazione di condizioni che consentano a tutti l'esercizio della libertà – è questa la ragione che ha portato a prendere consapevolezza dell'insufficienza dello stato di diritto e della necessità del ricorso allo stato sociale –; si assiste così al passaggio da una concezione garantista, incentrata sul diritto a non essere impediti, a una concezione solidarista, che si impernia sul diritto ad essere attivamente sostenuti.

---

[7] Per un approfondimento del tema cf. in particolare F. COMPAGNONI, *I diritti dell'uomo. Genesi, storia e impegno cristiano*, San Paolo, Milano 1995.

Più difficile è la definizione della specificità e del raggio di estensione dei diritti di *terza* e di *quarta generazione*, che alcuni ritengono – forse non a torto – essere semplicemente specificazioni dei primi; mentre non sembra essere riconosciuto un posto particolare ai diritti dei popoli, i quali tuttavia potrebbero essere (forse) inseriti tra quelli di terza generazione, soprattutto considerando che è qui in gioco un soggetto collettivo.[8]

L'evoluzione del tema ha provocato una profonda mutazione nella definizione dei diritti, e questo non solo a livello quantitativo (con l'introduzione di nuove categorie), ma anche in termini qualitativi, soprattutto in direzione della ricerca di prospettive più universalistiche. D'altra parte, le differenze tra le dichiarazioni del Settecento e quelle del Novecento sono molto marcate anche sul terreno fondativo, soprattutto in ragione del diverso clima culturale che si respira: mentre la Dichiarazione francese ha infatti un impianto di tipo razionalistico-illuminista, quella delle Nazioni Unite è la risultante di un accordo pragmatico, raggiunto mettendo tra parentesi ogni preoccupazione di ordine fondativo.

2. Alla ricerca del fondamento

Ciò che accomuna le dichiarazioni dei diritti umani è dunque – come abbiamo ripetutamente rilevato – l'approccio individualistico. Lungi dall'essere dedotti da una preesistente comune «natura», i diritti umani risultano frutto di una pattuizione tra soggetti in vista dell'interesse generale, che è anche l'interesse di ciascun individuo; la loro fondazione si trova nella dottrina del contrattualismo, la quale riconosce soltanto l'esistenza di diritti individuali che attraverso il *pactum*

---

[8] Per un approfondimento di questo aspetto cf. G. Terrizzi, «I diritti dei popoli e la prospettiva dello sviluppo», in P. Danuvola (ed.), *I diritti umani. Riflessioni teoriche e indicazioni didattiche*, La Scuola, Brescia 1989, 105-124. Esiste, in proposito, la *Dichiarazione universale dei diritti dei popoli*, redatta ad Algeri nel 1976 su ispirazione della Fondazione Basso, nella quale vengono identificati i fondamentali diritti: da quello all'esistenza a quello all'autodeterminazione, dai diritti economici a quelli relativi alla cultura, all'ambiente e alle risorse comuni.

subiectionis (Hobbes, Pufendorf ecc.)[9] vengono trasferiti alle autorità pubbliche (alla *volonté général*, secondo Rousseau).[10]

2.1. La persona al centro

Decisamente diversa è l'ottica che prevale all'interno della Carta delle Nazioni Unite: qui i diritti sono anzitutto concepiti come estensione della persona, come lo spazio attraverso il quale essa può affermare la propria autonomia. L'accento posto sulla persona sfocia nel riconoscimento della socialità come dimensione costitutiva dell'essere dell'uomo, rendendo perciò trasparente la mutua implicazione tra diritti individuali e diritti sociali, tra istanze della persona e bene comune. La percezione, d'altronde, che il soggetto umano non si esaurisce nella dimensione sociale, ma possiede un carattere di assolutezza che non può essere sacrificato a nessuna esigenza di ordine collettivo, implica che i diritti sociali, i quali hanno il loro fondamento nella strutturale apertura della persona alla società, debbano proporsi come ultimo obiettivo la promozione della persona (di ogni persona), da non trattare come mezzo ma sempre e soltanto come fine.[11] L'estensione dei diritti dall'area della libertà a quella della giustizia (o della solidarietà) è infatti conseguenza di una progressiva maturazione della coscienza civile, che, riconoscendo la dignità di ogni persona umana, sente il bisogno di tutelarla mediante l'offerta di precise garanzie sociali, estendendo cioè a tutti gli uomini la possibilità di fruire dei diritti grazie alla creazione di condizioni – la nascita del *welfare* ha questo significato – che ne rendano possibile la piena espressione.

---

[9] Cf. il testo già citato di Bobbio, *L'età dei diritti*.

[10] Cf. al riguardo G. Peles-Barba, *Sul fondamento dei diritti umani. Un problema della morale e del diritto*, in R. Treves – V. Ferrari (edd.), *Sociologia dei diritti umani*, F. Angeli, Milano 1989, 101-116.

[11] È facile intuire la grande importanza che nella formulazione di questa concezione ha avuto il pensiero di J. Maritain, che ha direttamente partecipato tanto all'elaborazione che alla proclamazione della Dichiarazione delle Nazioni Unite. Cf. J. Maritain, *I diritti dell'uomo e la legge naturale*, Vita e Pensiero, Milano 1977; Id., «Sulla filosofia dei diritti dell'uomo», in *I diritti dell'uomo*, Comunità, Milano ²1960, 87-96.

Ci si può chiedere se questo comporti, a livello teorico, un salto rispetto alla prospettiva prescelta in passato; se implichi cioè l'abbandono della concezione individualistica oppure se, nonostante le nuove aperture, si rimanga ancora all'interno di quella concezione. Molti sostengono (e non a torto) che, anche in questo caso, gli unici diritti rimarrebbero i «diritti di libertà», in quanto i «diritti sociali» non possono essere considerati tali in senso proprio, ma solo presupposti che consentono a tutti l'esercizio dei veri diritti. Non si può misconoscere che l'affermazione della centralità della persona presupponga il riconoscimento di un ordine universale derivante dall'identità dell'umano, di cui i diritti umani costituirebbero la trasposizione sul terreno giuridico e istituzionale. Ma tale riconoscimento è solo implicitamente presente e non invece chiaramente definito e fondato; è, in altre parole, espressione di una conoscenza di verità comuni raggiunta mediante approcci molto diversi in contesti socioculturali diversi; è, in definitiva, un assenso dato all'esistenza di un *humanum*, che sta prima delle differenze culturali e dell'ordinamento positivo degli Stati; un *humanum* che, contrariamente a quanto pensava la filosofia greca e medioevale, che era ricorsa alla categoria di «diritto naturale» – e che fondava pertanto l'agire comune sulla struttura originaria dell'essere dell'uomo[12] – viene definito dal basso, constatando l'esistenza di elementi comuni attorno ai quali convergere pur partendo da concezioni diverse dell'uomo e del mondo.

Il tentativo di andare oltre questa prospettiva, evitando tanto il pericolo dell'individualismo (e del relativismo culturale) quanto quello di un'ontologia astratta e fisicista, è costituito dall'affermarsi (anche se in termini minoritari) di una con-

---

[12] La prospettiva dei greci e dei medioevali non era tuttavia «naturalistica» come sarebbe poi stata quella del giusnaturalismo. L'originalità della natura umana in quanto natura razionale – *natura ut ratio* secondo la formula di Tommaso d'Aquino – rendeva necessario il riferimento alla «cultura», intesa come capacità dell'uomo di trasformare i processi naturali. Tuttavia la cultura, a sua volta, si esplicava all'interno di un ordine superiore inscritto nelle profondità ontologiche della realtà. Il diritto naturale non era pertanto concepito come qualcosa di statico ma di dinamico, nel senso che all'immutabilità dei presupposti trascendentali si accompagnava il riconoscimento della storicità dei contenuti categoriali, legati al divenire dell'autocomprensione umana e alla possibilità dell'uomo di intervenire su se stesso e sul mondo circostante.

cezione «personalistica» (il termine è qui usato in un senso molto ampio, tale da includere, accanto al personalismo francese, alcune correnti della fenomenologia e dell'esistenzialismo, nonché del pensiero neoebraico), per la quale l'interpretazione universalistica dell'agire è conseguenza dell'assenso dato a un'antropologia, in cui il soggetto è considerato nel suo statuto di persona, cioè come essere spirituale e corporeo e come essere relazionale, dunque costitutivamente aperto agli altri e al mondo. La persona si dà sempre all'interno di una cultura, ma non è mai riducibile ad essa; è come dire che esiste, al di là della cultura (perciò, concretamente, di tutte le culture), un dato permanente, che diventa la misura per valutarne valori e limiti e per evitare di diventare prigionieri di una tradizione culturale particolare. A questo presupposto occorre fare appello, se si vogliono rintracciare alcune strutture imprescindibili dell'umano, la cui universalità (anche se diversamente fondata) è largamente riconosciuta; strutture che rivestono un carattere di assolutezza, pur essendo costantemente mediate dalla cultura e presentando perciò, sul piano dei contenuti, un certo grado di relatività. In quanto radicati nella persona come essere individuale e sociale, i diritti umani esprimono il *telos* della natura umana che ha il suo ordinamento nella ragione;[13] questo *telos* riceve la sua traduzione operativa in un accordo pratico tra soggetti sociali che fanno riferimento a motivazioni diverse sul piano strettamente teorico.

La categoria di persona è d'altronde il presupposto che fonda il principio della dignità dell'uomo; principio da cui i diritti umani traggono origine e in virtù del quale acquisiscono il carattere di assoluta inviolabilità. Tale principio, già presente *in nuce* nel pensiero greco e ulteriormente approfondito dall'antropologia ebraica,[14] diventa il fondamento ultimo di un

---

[13] In questo senso è forse possibile tornare a fare appello alla «natura umana» secondo una concezione premoderna e postmoderna opposta a quella giusnaturalista, «una concezione – come sostiene E. Berti – della natura come stadio finale, come *telos*» («Per una fondazione filosofica dei diritti umani», in *Le vie della ragione*, Il Mulino, Bologna 1987). Sul tema della fondazione dei diritti umani cf. anche F. Viola, «Il problema del fondamento dei diritti umani», in *Diritti dell'uomo. Diritto naturale. Etica contemporanea*, Giappicchelli, Torino 1989, 49-70.

[14] Cf. G. Verdross, *Ahendlandische Recthsphilosophie. Ihre Grundlage und Heuptprobleme in geschichtlicher Form*, Wien [2]1964, 257-260.

ordine morale in cui convergono esigenze personali e istanze sociali irrinunciabili, che impongono precise limitazioni all'intervento degli Stati.

La fondazione dei diritti umani sulla persona e sulla sua dignità apre senza dubbio prospettive nuove rispetto al passato – si ha, da un lato, il riconoscimento che la persona si autopossiede e non può essere pertanto considerata proprietà di nessuno, e, dall'altro, che essa è, in ogni caso, soggetto che necessita di alcuni beni fondamentali per il suo sviluppo; il che implica il doveroso impegno dello Stato a intervenire (pur nel rispetto dei limiti segnalati) –, ma non consente il pieno superamento della radice individualistica da cui i diritti umani sono germinati: l'apertura sociale è ancora concepita come funzionale alla crescita individuale e risulta svincolata da una realistica considerazione della rilevanza dei legami strutturali.[15] Si deve aggiungere che, per l'ambito geografico entro il quale i diritti umani sono nati e cresciuti, la tipologia di «ragione» cui si riferiscono è quella occidentale, la quale, divenendo metro di misura per la valutazione di ogni altra forma di civiltà, porta alla formulazione di giudizi unilaterali nei confronti di culture in cui prevalgono concezioni del mondo profondamente diverse.

2.2. L'apporto della tradizione cristiana

In questo contesto va inserito il contributo specifico del cristianesimo. La Chiesa cattolica ha mostrato a lungo diffidenza nei confronti della categoria dei «diritti umani» per una serie di ragioni, che andavano dal rigetto della concezione di libertà ad essi soggiacente – concezione che si attestava su posizioni individualiste e di radicale indifferentismo, con il conseguente totale disimpegno nei confronti della questione della verità – al netto rifiuto dei motivi di ordine laicista che hanno ispirato, all'inizio, la loro definizione (basti pensare all'influenza determinante della rivoluzione francese nel processo

---

[15] Cf. L. Lachance, *Le droit et les droits de l'homme*, PUF, Paris 1957; L. Strauss, *Droit naturel et histoire*, Plon, Paris 1954; E. Bloch, *Droit naturel et dignité humaine*, Payot, Paris 1976.

di laicizzazione della società in epoca moderna).[16] Si deve riconoscere che tali ragioni godevano di una certa plausibilità: le ambiguità che hanno contrassegnato il modo di concepire i diritti umani, soprattutto nella fase di insorgenza, sono reali; come pure reale è il fatto che dietro ad essi si celava una visione assolutizzata della libertà, ridotta – come abbiamo rilevato – a una sorta di arbitrio individualistico. L'esistenza di queste motivazioni non giustifica tuttavia l'accanimento con cui la Chiesa cattolica si è per molto tempo scagliata contro tali diritti – accanimento dovuto a preoccupazioni di ordine prevalentemente apologetico –, precludendosi così la possibilità di un confronto sereno con la modernità.

La svolta verso un atteggiamento più benevolo – e, in seguito, verso il pieno riconoscimento – è stata tardiva. A determinarla ha soprattutto contribuito, accanto (e oltre) la naturale decantazione dei presupposti di partenza, la consapevolezza che i diritti umani rappresentano l'espressione privilegiata del modo con cui l'uomo moderno si comprende, e pertanto che la possibilità di trasmettergli efficacemente l'annuncio cristiano passa attraverso la loro accettazione.[17] A modificare l'atteggiamento di fondo nei loro confronti è stato anzitutto Pio XII, ma il consenso pieno ai diritti umani considerati come vero e proprio «segno dei tempi» va ascritto a Giovanni XXIII[18] – si veda in particolare la *Pacem in terris* – e successivamente al concilio Vaticano II, che sancisce solennemente la loro accettazione da parte della Chiesa tanto nel decreto sulla libertà religiosa *Dignitatis humanae* quanto nella costituzione pastorale sulla Chiesa nel mondo contemporaneo *Gaudium et spes*.[19]

---

[16] Cf. per le posizioni assunte in passato dalla Chiesa G. Thils, *Droits de l'homme et perspectives chrétienne* (*Cahiers de la Revue Théologique de Louvain* 2), Louvain la Neuve 1981; W. Huber – H.E. Todt, *Menschenrechte. Perspektiven einer menschlichen Welt*, Krenz Verlag, Stuttgart 1977; J.F. Collange, *Teologia dei diritti umani*, Queriniana, Brescia 1991; R. Coste, *Verso l'uomo. La chiesa e i diritti umani*, Città Nuova, Roma 1985; J.M. Aubert, *Legge divina, legge dell'uomo*, Desclée, Roma 1968; Id., *Diritti umani e liberazione evangelica*, Queriniana, Brescia 1989; G. Alirenche, *L'aujourd'hui des droits de l'homme*, Nouvelle Cité, 1980.

[17] Cf. Ph. de la Chapelle, *La déclaration universelle des droits de l'homme et le catholicisme*, Libr. Générale de droit et jurispr., Paris 1967.

[18] *Pacem in terris*, n. 143.

[19] Esistono, e non vanno dimenticati, altri documenti pontifici che riprendono direttamente tale tematica. Tra questi ricordiamo soprattutto Pontificia Commissione

L'originalità del contributo della Chiesa sta soprattutto nell'approfondimento delle categorie che stanno a fondamento della tematica dei diritti; in particolare, a partire dal Vaticano II, un posto preminente occupa il concetto di «dignità dell'uomo», per il quale, accanto alle motivazioni di ordine razionale (quelle personalistiche anzitutto) è possibile rintracciare nuove motivazioni in ambito strettamente teologico. La visione dell'uomo come *imago Dei* e come «nuova creatura in Cristo» conferisce alla dignità umana un ulteriore (e inestimabile) significato. La partecipazione alla vita divina inscritta fin dall'origine nella natura (in questo senso l'uomo appare nella creazione come il *partner* di Dio, l'interlocutore che egli dà a se stesso) e pienamente realizzata nel Figlio, e la chiamata a vivere la relazione con il Padre nella prospettiva di una sempre più profonda comunione, sono i fattori che concorrono a nobilitare l'uomo attribuendogli un valore assoluto. Ciò che la luce della ragione pone chiaramente in evidenza è qui non solo ribadito, ma ulteriormente avvalorato dalla presenza di nuovi elementi, che, pur richiedendo, per essere pienamente «compresi», l'adesione nella fede alla verità di un messaggio non riducibile alle semplici categorie interpretative della ragione umana, hanno lasciato una profonda traccia nella cultura occidentale, così che nessuno può del tutto prescinderne.[20]

3. Verso la piena espressione dei diritti delle culture

La possibilità di superare la prospettiva individualista è strettamente legata all'abbandono della concezione antropologica che ha largamente dominato la modernità e che – come già si è detto – è figlia dell'ideologia liberale, la cui egemonia non si è manifestata solo sul terreno economico-sociale, ma si è estesa anche agli ambiti della cultura e della politica. Il ten-

---

Giustizia e Pace, *La chiesa e i diritti dell'uomo*, 10 dicembre 1974; Commissione Teologica Internazionale, *Tesi sulla dignità e i diritti della persona umana*, ottobre 1984.

[20] Cf. N.M. Loss, «La dignità dell'uomo nella dottrina biblica», in *I diritti umani. Dottrina e prassi*, a cura di G. Concetti, AVE, Roma 1982, 41-59. Cf. anche J. Lindburg, «Diritti umani nell'AT», in *Concilium* 15(1979), 558-567.

tativo di operare questo superamento è già, in qualche modo, presente, sul versante della prassi – come si è accennato – nel passaggio dai diritti di libertà, astrattamente declamati come diritti di tutti ma in realtà appannaggio solo di coloro che sono in grado di farli valere, ai diritti di giustizia (o di solidarietà), cioè ai diritti economico-sociali che sono alla base della nascita dello stato sociale. Ciò che giustifica questi ultimi è il riconoscimento dell'eguaglianza e della solidarietà tra tutti gli uomini; eguaglianza e solidarietà che vanno attivamente promosse anche attraverso il coinvolgimento delle istituzioni pubbliche.

3.1. Il superamento del presupposto individualistico

A rendere trasparente l'insufficienza della prospettiva individualistica sono oggi, d'altronde, i complessi problemi originati dalla situazione multiculturale. La presenza sempre più marcata di gruppi appartenenti a tradizioni culturali diverse sullo stesso territorio e la loro rivendicazione di visibilità rivelano l'inadeguatezza della teoria liberale ed evidenziano la necessità di fare spazio non solo al pluralismo dei valori (e dei sistemi valoriali) e delle idee, ma anche a quello delle identità collettive mediante l'offerta di pari opportunità di espressione pubblica, superando il principio di imparzialità o di neutralità. È in altri termini sempre più chiara la necessità di passare dalla semplice tutela dei diritti del singolo all'esplicito riconoscimento dei diritti dei gruppi culturali, con particolare riguardo ai soggetti collettivi più deboli cui va garantita speciale protezione.[21] L'attenzione esclusiva all'individuo scorporato dal contesto etnico, culturale e religioso al quale appartiene, impedisce di interpretare e dare risposta alle questioni poste da gruppi minoritari che reclamano riconoscimento pubblico, che pretendono in altre parole l'acquisizione del diritto di cittadinanza nell'ambito della società. Il presupposto individualista è infatti, per sua natura, orientato a mettere fra parentesi le differenze per pren-

---

[21] Cf. G. Piana, «Interculturalità e diritti dell'uomo. I rapporti tra individuo e culture», in *Orientamenti* 1-2(1995), 73-82.

dere in considerazione esclusivamente i singoli in quanto singoli, dimenticando l'enorme importanza dei fattori socioculturali e religiosi nella definizione dell'identità individuale e nella creazione di opportunità per il suo sviluppo.[22] Inoltre la marcata distinzione – e persino separazione – tra «pubblico» e «privato» soggiacente a questo modello lascia intatte le asimmetrie esistenti tra le culture ed è causa di pesanti diseguaglianze e discriminazioni tra esse, con inevitabili ricadute negative sugli individui appartenenti alle aree più marginali.

Ma l'attuazione del disegno illustrato può avvenire solo se si ricupera in senso pieno la struttura relazionale dell'umano: l'assenza di un'antropologia relazionale (dunque essenzialmente sociale) limita in partenza la possibilità di attenzione ai diritti delle culture, con il rischio di imporre in realtà a tutti le istanze di una cultura particolare, che vengono scambiate per universali.

3.2. L'esistenza di una *humanitas* comune

Questo non è tuttavia sufficiente. Il ricupero del concetto di diritti umani passa anche attraverso la definizione dei loro contenuti nel confronto con le diverse tradizioni culturali. Tale confronto esige, per potersi adeguatamente sviluppare, l'ammissione dell'esistenza, al di là delle differenze culturali, di un parametro transculturale in cui le culture si riconoscano e possano incontrarsi; esige, in altri termini, il riconoscimento di «qualcosa» che trascende le culture e giustifica la loro stessa diversità. Solo a partire da questo dato, rappresentato da quella *humanitas*, che, come abbiamo accennato, soggiace alle differenze culturali ed è nel contempo irriducibile ad esse, diviene possibile postulare la presenza di istanze valoriali che riflettono l'infrastruttura profonda dell'umano e orientano di conseguenza l'agire. A questo *ethos* universale (torna qui la riflessione già sviluppata nel precedente capitolo sui valori comuni che non possono essere soltanto frutto di un'operazione

---

[22] Cf. G. Piana, «Per un'etica della tolleranza», in *Credere oggi* (Tolleranza in questione) 101(1997)5, 64-74.

convenzionale come vogliono le teorie contrattualiste) che sta prima di ogni etica particolare è doveroso rifarsi, se si vuole che le differenze culturali non diventino motivo di contrapposizione, ma occasioni di fecondo dialogo interculturale.

L'*humanitas* alla quale ci si riferisce, e le istanze che da essa discendono, non va però concepita staticamente come una realtà accertabile e definibile una volta per tutte; ha piuttosto il carattere di struttura aperta a una molteplicità di espressioni concrete, le quali sono, a loro volta, condizionate dal riferimento ad essa, perciò dall'esistenza di limiti invalicabili. È come dire che le differenze culturali segnano profondamente di sé l'identità dell'umano e che tuttavia esse traggono origine dalla persistenza di un dato ontologico comune sul quale si innestano i processi di diversificazione. Il costante riferimento a questo dato è condizione imprescindibile per l'istituirsi di un confronto interculturale contrassegnato da un fecondo interscambio e da un mutuo arricchimento.

3.3. Le condizioni per un dialogo produttivo

Tale confronto deve, d'altra parte, fare i conti con una situazione ereditata dal passato che pesa ancor oggi sulla mentalità occidentale: si tratta della persistenza di sistemi di pregiudizio, dai quali derivano processi mentali e strutture comportamentali difficili da smantellare. L'etnocentrismo è assai radicato ed è la causa profonda di atteggiamenti discriminatori e razzisti, che l'avanzare della multiculturalità ha – paradossalmente – contribuito a consolidare. La contrapposizione tra «noi» e gli «altri» – ritenuti, in qualche misura, esseri inferiori, in quanto appartenenti a contesti tecnologicamente meno avanzati (è questo il metro che oggi comunemente si adotta in occidente per valutare la supremazia culturale) – continua a sussistere non solo nel linguaggio, ma soprattutto nell'ostentazione di superiorità nei confronti di quei popoli che non hanno assunto (e non intendono assumere) il modello occidentale (meglio americano) come paradigma di progresso civile.

Questa mentalità è dura a morire, perché radicata in una serie di eventi che hanno contrassegnato a lungo il mondo occidentale: dalle mire espansionistiche dell'impero romano alle guerre per la conquista delle Indie e delle Americhe giustificate con il pretesto di portare a chi viveva in condizioni giudicate subumane (gli indios erano considerati sottouomini) l'autentica civiltà e la vera religione (quella cristiana). D'altra parte, la conferma di tale assunto veniva dalle stesse teorie scientifiche del tempo, e in primo luogo dall'evoluzionismo di matrice darwiniana, che, concependo le culture come entità soggette a processi evolutivi simili a quelli che si sviluppano nel campo della vita biologica – microcosmo naturale e macrocosmo sociale sono governati dalle stesse leggi – adottava come criterio di misurazione dei livelli di civiltà da esse raggiunti quello del progresso tecnico, penalizzando di conseguenza le culture meno tecnologicamente strutturate, considerate socialmente arretrate.

A questi fattori del passato (tuttora operanti a livello di inconscio collettivo) si aggiungono (e con loro interagiscono) fattori nuovi derivanti dall'attuale situazione di rimescolamento delle culture e di compresenza di molte di esse sullo stesso territorio. La convivenza multietnica (e multireligiosa) alimenta l'insicurezza dovuta alla paura di perdere la propria identità e provoca l'insorgenza di meccanismi difensivi: il «diverso» è percepito come «nemico» e come tale istintivamente esorcizzato. D'altra parte, l'impatto con visioni del mondo e della vita radicalmente differenti dalle proprie ha effetti di grande portata: ad essere sconvolte non sono soltanto le abitudini quotidiane, ma lo stesso sistema di valori su cui si articola la vita. Tale disagio è poi ulteriormente accentuato dal sempre maggiore allentamento del controllo sociale – le società attuali, in ragione soprattutto dell'allargamento illimitato della sfera dello scambio sociale, sono incontrollabili – e dall'assenza di identità ben definite e consolidate, che, determinando una situazione di estrema vulnerabilità, provocano per reazione l'affermarsi di atteggiamenti di rigida chiusura che impediscono ogni forma di comunicazione. La diversità è percepita essenzialmente come attentato all'identità e non come occasione per il suo arricchimento, come avviene quando ogni cultura, senza rinunciare all'esigenza della propria conservazione, converge verso obiettivi comuni nella ricerca di un'ampia solidarietà interumana.

La possibilità di invertire l'attuale rotta, destinata ad acuire i conflitti fino all'uso della violenza o, al più, a dare vita a una società ad arcipelago, nella quale la coesistenza delle varie isole è legata alla negoziazione di «regole» minimali, passa attraverso l'elaborazione delle paure (non escluse quelle che hanno un radicamento ancestrale nell'immaginario collettivo) e attraverso un serio ripensamento dei rapporti tra le culture. Si tratta in altre parole – sta qui il passaggio dalla multiculturalità all'interculturalità – di dare vita a un processo di interazione dinamica tra culture diverse, che implica la non assolutizzazione della differenza – perciò il rifiuto di una radicale eteronomia – e soprattutto la fiducia nella positività del confronto e la ferma volontà di attivarlo, partendo dal convincimento che esistano punti di convergenza sostanziali, come quelli sopra enunciati, ai quali appoggiarsi. La condizione perché questo avvenga è l'esistenza di culture caratterizzate da identità forti e dialogiche. L'impossibilità di un confronto positivo ha luogo infatti tanto in presenza di culture che coltivano una concezione esclusiva della loro identità, quanto di culture dall'identità estremamente debole: nel primo caso lo scambio è considerato inutile in ragione della propria presunta autosufficienza; nel secondo è temuto per paura che venga messa totalmente a repentaglio la propria esile identità. La convinzione che il confronto sia occasione di crescita è dunque legata a una solida appartenenza alla propria cultura, considerata come irrinunciabile, e, insieme, al riconoscimento della relatività e del limite di ogni cultura (dunque anche della propria) e perciò alla consapevolezza dell'importante arricchimento che può venire dall'interazione di diverse visioni del mondo e della vita, che si riconoscano reciprocamente.

3.4. La questione delle «regole»

Nell'approccio globale al problema non va trascurato l'impegno a produrre parametri di condotta che definiscano i rapporti tra le culture, e in particolare i rapporti tra popoli ospitanti e popoli ospitati. Il processo di integrazione deve essere gestito con oculatezza: non tutte le differenze sono infatti parimenti accettabili, ma solo quelle compatibili con il rispetto delle regole democratiche e con il leale assenso alle istituzioni pubbliche e alle tradizioni culturali proprie del territorio. Ciò che occorre perseguire è dunque un sistema, capace di armonizzare l'esigenza di inclusione collettiva e pubblica delle differenze culturali con l'attenzione a non deformare l'identità del territorio, a tutelare cioè il patrimonio di tradizioni storico-sociali che ne configurano l'*humus* originario.

Nasce di qui l'esigenza di un serio ripensamento degli ordinamenti della convivenza, sia a livello politico che giuridico; ripensamento che implica il passaggio dall'attenzione alla semplice cittadinanza politica del singolo – è questa l'ottica cui si ispira il principio individualista – al ricupero della cittadinanza non politica, costruita in base a una serie di legami sociali, culturali e religiosi, che devono essere istituzionalmente codificati; si tratta, in altre parole, di passare dai diritti umani, intesi come diritti di ogni individuo definito a prescindere dalle sue diverse appartenenze, ai diritti delle culture, cioè degli individui in quanto incorporati in contesti etnici, sociali e religiosi che ne definiscono in profondità l'identità. Tutto ciò – come si è ripetutamente detto – non rinunciando alla preservazione del contesto socioculturale proprio del territorio – le tradizioni dell'*habitat* geografico sono elementi che qualificano la vita di un popolo, e che proprio per questo non possono essere impunemente stravolte o cancellate – ma assicurando, nel contempo, ai nuovi gruppi culturali, sociali e religiosi, installatisi su di esso, la garanzia di diritti di cittadinanza riguardanti le appartenenze collettive; considerando cioè la promozione dei diritti delle varie tradizioni culturali come la via obbligata per il perseguimento di una democrazia compiuta.[23]

La situazione è oggi a tale riguardo contraddittoria; mentre infatti si fa strada, sul terreno culturale, un processo inarrestabile di unificazione dei popoli della terra provocato dalla caduta delle barriere fisico-geografiche e della comunicazione – è questo il senso della globalizzazione – vengono affermando-

[23] Cf. G. Piana, «La convivenza in una società multiculturale», in *Credere oggi* (Lingue, etnie e minoranze) 5(1992)71, 79-87.

si, sul terreno culturale, tendenze particolaristiche e spinte settoriali e corporative con forti rischi involutivi. L'universalismo odierno si sviluppa infatti nel segno di un'omogeneità livellante che, annullando le differenze, conduce alla negazione di qualsiasi (possibile) apertura creativa. Il disagio delle culture (in particolare di quelle più deboli che rischiano di essere radicalmente cancellate) provoca lo sviluppo di forme di difesa emotive e incontrollate, che sfociano spesso in posizioni integraliste e fondamentaliste.

Si tratta di abbandonare sia la tentazione dell'omologazione sia quella dell'arroccamento, per dare vita – è la prospettiva che emerge da quanto detto fin qui – a un'unità dinamica e pluralistica nella quale universale e particolare vengano ripensati in una dialettica positiva fondata sulla solidarietà: il particolare è tale infatti nella misura in cui, riconoscendo la propria parzialità, avverte la necessità di aprirsi a un orizzonte più vasto, abbandonando tentazioni privatistiche e/o corporative; l'universale, a sua volta, acquisisce una forma carica di significato nella misura in cui integra in sé i particolari, superando il pericolo di un'omologazione appiattente.

4. Per concludere

La categoria dei diritti umani ha dunque sul piano formale una portata universale; essa tende a definire ciò che appartiene all'*humanum* in quanto tale e che non va perciò alienato se si vuole che l'uomo conservi la propria identità. Se si sposta invece l'attenzione sui contenuti materiali le cose cambiano; è qui evidente il legame di dipendenza della categoria dalla cultura occidentale, e perciò la sua relatività e parzialità.

La necessità di adeguamento alle esigenze universalistiche odierne è pertanto legata – è quanto ci siamo sforzati di evidenziare – sia al superamento della prospettiva individualistica, per fare spazio a una prospettiva relazionale (e sociale) che rispetti l'uomo nella sua concretezza esistenziale in quanto soggetto radicato in una cultura da cui non è mai del tutto scorporabile, sia alla ricerca di una nuova formulazione contenutistica dei diritti come esito di uno spassionato confronto tra le culture presenti sul nostro pianeta. I due percorsi sono strettamente interdipendenti: la ridefinizione dei contenuti è infatti praticabile solo se si fa strada una nuova concezione dell'uomo in cui venga restituita piena dignità alla dimensione sociale quale dato costitutivo.[24]

Il compimento di questo itinerario esige infine attenzione a un rilevante nodo critico di ordine squisitamente politico: quello riguardante il soggetto in grado di riformulare oggi, nel contesto della globalizzazione, i diritti umani secondo l'ottica delineata e di imporne autorevolmente l'esercizio. Ma il discorso ci riporta a quanto già esposto, sia pure sotto un'altra angolazione, nel capitolo precedente, al quale pertanto rinviamo.

---

[24] R. Panikkar sostiene che, essendo il concetto di «diritti umani» occidentale per nascita e per presupposti, esso non può essere universale («È universale il concetto di diritti umani?», in *Volontari e Terzo Mondo* [dicembre 1990], 24-28). Non siamo del tutto d'accordo con questa tesi radicale. Riteniamo – come abbiamo evidenziato – che i diritti umani, per acquisire carattere di universalità sul terreno dei contenuti, esigano l'apertura di un confronto allargato ad altre tradizioni culturali e religiose. Siamo tuttavia convinti che essi, oltre a fare riferimento a un'istanza formalmente universale, forniscano indicazioni normative – quali la proibizione della schiavitù, della tortura, della discriminazione razziale, del genocidio, dell'infibulazione ecc. – che rivestono un valore universale presentandosi come difficilmente discutibili. Con ciò non intendiamo negare le oggettive difficoltà di culture diverse – si pensi a quella islamica – a fare propri alcuni dei diritti accennati. L'importanza della *sharìa* sulla regolamentazione della vita civile nei paesi a tradizione musulmana e le posizioni in essa contenute circa temi concreti quali la legge del taglione, la pena di morte, la poligamia ecc. confermano tali difficoltà. Ci sembra tuttavia – e già esistono importanti tentativi che hanno dato frutti positivi (cf. per un primo accostamento a questo tema D. Atighetchi, «Islamismus: diritto penale e diritti umani», in *Rivista di teologia morale* 120[1998], 557-566) – che il confronto sincero possa, in larga misura, consentire il loro superamento.

Capitolo decimo

LA PROMOZIONE DELLA PACE TRA I POPOLI

La questione della promozione della pace è oggi un tema chiave dell'etica politica. Le minacce nei suoi confronti sono infatti divenute più inquietanti. La presenza di enormi apparati militari dotati di armi sempre più micidiali – si pensi a quelle atomiche, ma anche a quelle chimiche e batteriologiche – pone in una situazione di gravissimo rischio l'umanità,[1] mentre i profondi squilibri economico-sociali tra nord e sud del mondo e la costante distruzione della biosfera alimentano forme crescenti di conflittualità tra i popoli. A questo si deve aggiungere (e non è cosa di poco conto) il determinarsi sullo scenario mondiale di una situazione geopolitica non ben definita e in permanente fluttuazione. Dopo il periodo della guerra fredda, che si è protratta dall'inizio dell'ultimo dopoguerra fino alla caduta del Muro di Berlino (1989) – periodo caratterizzato da un equilibrio basato sulla deterrenza per il fatto che le due superpotenze Stati Uniti e Unione Sovietica godevano di una schiacciante superiorità nel campo degli armamenti – si è entrati in una nuova fase di assestamento, contrassegnata da forti tensioni tra poli diversi, incapaci (almeno per ora) di dare vita a un nuovo equilibrio.

Lo sviluppo di un'etica della pace implica l'impegno a ridurre gli armamenti (istituendo controlli sempre più sicuri a livello internazionale) e a superare le sperequazioni in campo

---

[1] A segnare una svolta decisiva, sul piano psicologico, è stato al riguardo il lancio della prima bomba atomica su Hiroshima il 6 agosto 1945. Da quel momento si è aperta una nuova era nella storia politica dell'umanità, in quanto si è intuito per la prima volta che l'uomo è in possesso di mezzi capaci di mettere definitivamente fine alla propria storia.

economico dando vita ad assetti nuovi fondati sulla giustizia, nonché a processi di autodeterminazione dei popoli e di partecipazione politica. La ricerca della pace non può avere infatti come obiettivo esclusivo quello di impedire la guerra (questo è l'aspetto negativo, da cui è necessario partire, ma al quale non ci si deve arrestare); deve dare fondamento e forme storiche alla positiva costruzione di un mondo in cui acquisisce primaria importanza l'impegno verso la vita di tutti e nel quale la pace diviene pertanto un obiettivo assolutamente necessario non solo perché ad essa non c'è alternativa che quella dell'annientamento del genere umano, ma perché essa ha il carattere di un dovere etico incondizionato.

1. Le difficoltà di una corretta definizione

La pace è difficile da definire; il termine stesso ha un orizzonte amplissimo di significati con risonanze non sempre univoche. Mentre infatti nel linguaggio religioso, da cui ha origine, l'accezione è positiva (la pace è identificata con uno stato di pienezza dell'uomo con se stesso, con gli altri e con la natura come effetto di un dono dall'alto), nel linguaggio politico l'accezione prevalente è di segno negativo: la pace è definita come semplice assenza di guerra.

Per comprendere la portata di queste accezioni è sufficiente confrontare la *eiréne* del mondo greco (e più ancora la *pax romana*) con lo *shalom* biblico, cioè con il concetto di pace che è venuto sviluppandosi nell'ambito del mondo ebraico-cristiano: nel primo caso, la pace è concepita come la cessazione temporanea della guerra, una sorta di armistizio frutto della vittoria conseguita attraverso un'azione militare o conseguenza – è questo il senso della *pax romana* – dell'imposizione del proprio ordine a un popolo a seguito di una conquista realizzata mediante le armi; nel secondo caso, quello dello *shalom*, essa è uno stato di integrità e di benessere che coinvolge tutto l'uomo e l'intera comunità umana e che è frutto di un'opera di giustizia, la quale troverà la sua piena realizzazione nei tempi messianici. Il Nuovo Testamento amplierà ulteriormente questo concetto mettendo l'accento sul fatto che la pace è insieme dono di Dio e compito dell'uomo e insistendo sulle condizioni per la sua attuazione, in particolare l'eliminazione della violenza e del bisogno – in questo senso la pace è espressione della giustizia del Regno – e il conseguimento di una piena fraternità tra gli uomini.

L'insufficienza di una concezione puramente negativa della pace è evidente. L'accesso a una concezione positiva implica tuttavia attenzione a un insieme di fattori, che vanno tra loro correlati per dare vita a un progetto in divenire: la pace non può infatti venire concepita come uno *stato* ma come un *processo* evolutivo. In questo senso, essa non va fatta coincidere con l'alleanza tra poteri né con la costruzione della giustizia, pur essendo ad essa indissolubilmente legata,[2] e neppure con una forma di pacifismo dettato dalla rassegnazione o dal pregiudiziale rifiuto di ogni conflittualità.

Essa può essere descritta come un cammino che prende avvio da un'istanza negativa, il bisogno di sopravvivenza, e si sviluppa in positivo facendo spazio a una serie di altre istanze, quali la piena affermazione dei diritti civili e politici, il superamento delle differenze economico-sociali e culturali, la nonviolenza e la rinuncia all'uso della forza, il riconoscimento del valore inestimabile di ogni persona e il rispetto della sua dignità, nonché l'attenzione a migliorare la qualità della vita di tutti.

2. Lo sviluppo del concetto di «guerra giusta» nella tradizione occidentale

Il tema della pace non ha avuto uno sviluppo lineare ed omogeneo nella cultura occidentale. Nonostante l'irruzione del pacifismo cristiano, che, a partire dalla radicalità di alcune

---

[2] Ha ragione P. Prini quando rileva che «la pace come bene comune irrinunciabile non è soltanto una *pace negativa*, soltanto l'assenza della guerra, ma anche ed essenzialmente una *pace positiva*: la promozione della giustizia sociale e della liberazione politica per tutte le condizioni umane, per tutti i popoli in tutti i continenti» (*I cristiani e il potere. Essere per il futuro*, Studium, Roma 1993, 116-117). Giustizia sociale e liberazione politica sono presupposti irrinunciabili per la realizzazione della pace, pur non potendo quest'ultima ridursi ad essi: esiste infatti anche il coinvolgimento di altri fattori e, soprattutto, si esige un mutamento di coscienza e culturale.

pagine evangeliche – basti qui ricordare le indicazioni del discorso della montagna – si è fortemente affermato nei primi secoli, il pensiero greco-romano ha continuato a esercitare un ruolo di primaria importanza sulla mentalità, condizionando (successivamente) la stessa dottrina ecclesiale.

A segnare la svolta verso l'accettazione della guerra (o, se si vuole, verso la formulazione del concetto di *guerra giusta*) è stato per primo sant'Agostino. Egli, pur riconoscendo che la promozione della pace, da lui definita come *tranquillitas ordinis* o *ordinata concordia*, è il compito supremo della comunità politica e sottolineando la corresponsabilità della Chiesa nel perseguimento di tale obiettivo, ammette in alcuni casi l'ineluttabilità della guerra e delinea le condizioni che giustificano la partecipazione dei cristiani alla sua realizzazione. Le ragioni che la rendono legittima sono, per Agostino, di diversa natura: dal pessimismo antropologico, che nasce dalla considerazione che l'uomo sta sotto il dominio del male – dominio che lo spinge a risolvere i conflitti ricorrendo alla violenza – al riconoscimento della necessità per i cristiani di farsi carico dei doveri civili, fino all'interpretazione riduttiva del discorso della montagna, i cui imperativi etici – si pensi alle «beatitudini» e ai «ma io vi dico» di Gesù – vengono considerati come grandi indicazioni che ispirano i sentimenti interiori (*spiritualizzazione*) e i comportamenti riguardanti le scelte private, ma che non possono estendersi alle scelte pubbliche (*privatizzazione*). Ha così origine la dottrina della *guerra giusta*, il cui obiettivo non è quello di *legittimare* la guerra ma di *porre dei limiti* alla possibilità di dichiararla (*jus ad bellum*) e alle modalità del suo esercizio (*jus in bello*). Agostino si limita in verità al primo punto – quello dello *jus ad bellum* – fissando tre condizioni fondamentali, che diventeranno i pilastri sui quali si imperniera in seguito tale dottrina: la *justa causa*, la *recta intentio* e la *legitima potestas*.[3]

[3] Una ricostruzione sintetica ma efficace ed esaustiva delle posizioni della tradizione cristiana sul tema della *guerra giusta* si trova in L. Sowle Cahill, «La tradizione cristiana della guerra giusta: tensioni e sviluppo», in *Concilium* 2(2001), 94-106.

La Scolastica medievale[4] riprenderà questo concetto grazie soprattutto a Tommaso d'Aquino, il quale, pur ritenendo la pace un bene da perseguire con tutte le forze, riconosce l'esistenza di situazioni in cui essa è turbata da gravi violazioni del diritto e legittima la guerra nel contesto di un'etica del compromesso, la cui formulazione esige il ricorso, accanto alle condizioni poste da Agostino, ad altri due criteri: la *ultima ratio*, il fatto cioè che siano stati esperiti tutti i possibili tentativi di trovare un accordo per la via della trattativa diplomatica, e il *debitus modus*, la limitazione cioè dell'intervento all'uso dei mezzi legittimi e la protezione dei civili (è evidente qui il riferimento allo *jus in bello*).[5]

Ma la piena formulazione della dottrina della *guerra giusta* si ha soltanto in epoca moderna. A provocarne gli sviluppi hanno concorso diversi fattori: dalla nascita degli Stati assoluti, che avocano a sé il monopolio della forza, impedendo in tal modo il libero corso della faida privata, alla ripresa della già accennata distinzione tra il diritto di fare la guerra (*justa causa*) e il diritto riguardante la condotta da tenere in occasione della guerra (*debitus modus*) fino al ricupero del diritto di legittima difesa, che appartiene da sempre alla tradizione dottrinale della Chiesa, e alla sua trasposizione dal piano individuale a quello comunitario o sociale, con la conseguente formulazione del principio secondo cui *licet vim vi repellere.* All'originaria tendenza ad attribuire al concetto di *guerra giusta* il significato di strumento per porre dei limiti alla guerra si sostituisce la tendenza ad assegnargli carattere di piena legittimazione; mentre la centralità attribuita in passa-

---

[4] Il concetto che si afferma nel medioevo è quello di «pace limitata», nel senso di tempi e luoghi liberi da qualsiasi uso della forza, che viene invece, al di fuori di essi, legittimata. Il ricorso a sistemi come la «tregua di Dio» e il «divieto della faida» ha lo scopo di arginare la violenza bellica, non certo di sconfessarla radicalmente. Fa eccezione la scuola francescana, che introduce il concetto di «pace universale» fondata sulla pietà verso ogni creatura.

[5] Prende qui pienamente forma la distinzione tra la dottrina che risponde alla questione della giustificazione della guerra (*jus ad bellum*) e quella che riguarda invece la legittimità delle azioni belliche (*jus in bello*). È come dire che il concetto di *guerra giusta* si sviluppa ormai in due direzioni che tendono a limitarne la portata: giustezza dei *motivi* esistenti per poterla dichiarare e moralità dei *mezzi* usati per la sua concreta esecuzione.

to alla «*giusta causa*» come criterio di valutazione della legittimità viene scalzata – in conseguenza dell'assolutismo autoritario – dal primato attribuito alla «*legittima autorità*», con un evidente spostamento dell'asse dal piano oggettivo a quello soggettivo e, più propriamente, con l'assunzione del principio di autorità quale criterio di assoluta determinazione del giudizio. Fa eccezione a questa visione la manualistica cattolica, che mantiene una valutazione fondamentalmente negativa sulla guerra e la giustifica unicamente nel quadro di un'etica del compromesso, ricorrendo alla dottrina del male minore o al principio del duplice effetto e limitandone il campo all'ambito della sola difesa, nonché riconducendo le condizioni tradizionali, che fondano il diritto (mai il dovere) del ricorso ad essa, all'esistenza di una vera aggressione, all'uso della forza nei limiti della necessità di difesa (in questo consiste il *cum moderamine inculpatae tutelae*) e alla proporzione tra il bene difeso e il male arrecato.

3. La promozione della pace oggi nel segno del realismo politico

La legittimazione della guerra non solo in termini negativi come male minore in alcune situazioni particolari e ben identificate, ma come via normale di regolamentazione e di soluzione dei conflitti, continua a persistere (anzi tende persino a radicalizzarsi) nell'Ottocento e nel Novecento. La guerra è infatti ritenuta – è questa la posizione di C. von Clausewitz – un mezzo legittimo e persino inevitabile della politica o addirittura «la continuazione della politica con altri mezzi». Si fa strada così una vera e propria politicizzazione della guerra, considerata come evento naturale inevitabile – si pensi all'espandersi del darwinismo sociale basato sulla convinzione che chi non cresce è destinato inesorabilmente a diminuire –, ma soprattutto come un fattore decisivo per il costituirsi degli Stati e come una necessità – è questa la tesi di Hegel[6] – per la salu-

[6] Cf. G. Hegel, *Filosofia del diritto*, 1821, 2, 481ss.

te morale dei popoli, in quanto essa assicura loro espansione esterna e stabilità interna. Bellicismo e militarismo, nonostante qualche minoritaria presenza di pacifismo (anche radicale), continuano ad occupare un ruolo di primo piano, sollecitando la corsa agli armamenti e dando sempre più corpo all'immagine del nemico, nonché stabilendo relazioni strette con le forme nuove di nazionalismo e coinvolgendo le stesse religioni.

A determinare una svolta rispetto a questa *escalation* è stata soprattutto la tecnologia, che ha messo a disposizione dell'uomo un potenziale bellico di enorme portata distruttiva e lo ha spinto a domandarsi se la minaccia dell'uso della forza e il suo uso possano essere ancora considerati vie ragionevoli di tutela della pace o, più radicalmente, se i mezzi bellici oggi disponibili siano conciliabili con il fine della sopravvivenza dell'umanità. La domanda non è peregrina. La scoperta dell'energia nucleare, che rappresenta la «cifra» del salto qualitativo intervenuto nel campo degli armamenti, ha provocato una profonda trasformazione nella percezione del significato della guerra nell'ambito della civiltà occidentale; avendo acquisito il potere di autoannientamento l'umanità infatti è posta di fronte al dilemma più radicale: conservazione o distruzione. Dinanzi a un rischio di tale entità sembra entrare in crisi ogni giustificazione di liceità della guerra: la portata distruttiva totale che essa possiede investe il diritto all'esistenza storica dell'umanità, che è il fondamento di ogni diritto, e reclama l'assunzione di una decisione solidale per salvare la vita umana sulla terra. La pace mondiale acquista così il valore di un bene irrinunciabile, e diviene un'obbligazione assoluta, un vero imperativo categorico.

L'illegittimità della guerra d'altra parte è resa anche trasparente dall'inapplicabilità dei criteri (o delle condizioni) posti fin dall'inizio alla base della teoria della «guerra giusta», per una serie di ragioni legate in parte al mutamento dello scenario internazionale, in parte agli sviluppi della tecnologia nel settore degli armamenti. Lo *jus ad bellum* si fondava infatti, oltre che sulla *giusta causa*, sull'*autorità competente* a dichiararla e sulla *retta intenzione.* Ora, queste due ultime condizioni sono divenute problematiche: la prima per il fatto che si riferiva a una concezione di sovranità dello Stato incompatibile con la situazione odierna, in cui l'interdipendenza tra i popoli conferisce ai problemi una dimensione che va ben al di là dei confini nazionali;[7] la seconda in quanto la complessità degli interessi in gioco – si pensi a quelli finanziari legati alla tecnologia bellica, dove agli enormi investimenti devono corrispondere ritorni altrettanto consistenti – rende problematica la valutazione delle reali intenzioni. D'altra parte – anche questo va rilevato – è difficile dire con sicurezza che la guerra è, nel caso concreto, *rimedio estremo*, sussistendo in genere altre strade per risolvere i conflitti e comporre le controversie. La difficoltà di dare adempimento alle condizioni esigite è poi ancora più eclatante quando si sposta l'attenzione sul versante dello *jus in bello*: la gravità degli effetti prodotti dalle armi di cui l'uomo oggi dispone sfugge infatti al controllo di chi le usa e impedisce la diversi-

[7] A dire il vero la riduzione dello spazio di sovranità assoluta degli Stati (proprio per questo denominati Stati assoluti) non è dovuto soltanto alla caduta delle barriere fisico-geografiche, e dunque al fatto che le questioni che toccano la vita di una nazione non sono più risolvibili all'interno dei propri confini ma esigono un approccio più allargato (nessun popolo può più considerarsi autosufficiente o autarchico), ma anche all'affermarsi di una nuova coscienza che tende a privilegiare il criterio dei diritti umani rispetto a quello della statualità, legittimando pertanto interventi che tendono a ripristinare tali diritti laddove essi vengono impunemente conculcati. La questione è al riguardo delicata e merita un supplemento di riflessione. «Da un lato – rilevano infatti W. Huber e H.-R. Reuter – nelle relazioni internazionali si registra la tendenza a sovraordinare il principio del rispetto e della tutela dei diritti umani prestatali al principio della sovranità del singolo Stato; il nucleo morale di questo cambiamento di paradigmi nella teoria e nella prassi del diritto internazionale è fuori dubbio. Ma, dall'altro lato, l'attenuazione del principio di sovranità e della non ingerenza nelle faccende interne di un altro Stato non rende automaticamente più sicura la pace mondiale, ma può anche degenerare in una nuova forma di interventismo imperialistico e contribuire al ritorno dell'idea della guerra come mezzo della politica. La possibilità che la comunità dei popoli utilizzi la mutata costellazione per creare un ordine di pace rimane una possibilità aperta. E di fronte a questa situazione anche l'etica della pace si trova di fronte a nuove esigenze» (*Etica della pace*, Queriniana, Brescia 1993, 521). La prospettiva che i due autori segnalavano si è pienamente verificata in questi anni, non tanto ad opera della comunità internazionale (il che sarebbe più plausibile) ma di una superpotenza, gli Stati Uniti, i quali hanno esplicitamente dichiarato, soprattutto dopo l'11 settembre 2001, di voler imporre con la forza un nuovo ordine mondiale, la *pax americana*, con le gravi conseguenze che già si sono manifestate. Per un approfondimento di questo aspetto cf. A. Gambino, *Perché oggi non possiamo non dirci antiamericani*, colloquio con M. Galeazzi, Editori Riuniti, Roma 2003; L. Annunziata, *No. La seconda guerra irakena e i dubbi dell'Occidente*, Donzelli, Roma 2002 (in appendice si trova il documento *La strategia della sicurezza nazionale*, in cui l'Amministrazione Bush espone i propri indirizzi di politica internazionale).

ficazione nella scelta degli obiettivi (quelli militari, e non quelli civili), e rende soprattutto impossibile adeguarsi al paradigma della proporzionalità.[8]

Ad entrare in crisi è anche la *dottrina della deterrenza*, a lungo difesa teoricamente e praticata (talora con qualche successo). Non si può dimenticare anzitutto che la deterrenza è fondata sul terrore; il rifiuto di compiere determinate azioni non è dovuto al fatto che vengano considerate in se stesse inaccettabili, ma al pericolo di rappresaglie ancora più gravi. Il che ci fa intuire il limite radicale ad essa sotteso, limite che consiste nel precludersi in partenza l'apertura alla via del dialogo e della trattativa diplomatica: fino a quando predomina l'idea che la pace può essere assicurata tecnicamente è difficile che ci si impegni ad organizzarla politicamente. Ma le aporie della deterrenza non si arrestano qui: si estendono ad altri aspetti ancor più problematici che hanno direttamente a che fare con il destino dell'uomo; si pensi, sul piano etico, alla minaccia attuata con mezzi assolutamente inaccettabili, o, sul piano psicologico, all'inevitabile corsa agli armamenti da essa sollecitata, o infine, sul piano antropologico, al persistere di una condizione di radicale vulnerabilità per l'impossibilità di garantirsi una sicurezza assoluta, potendo sempre sussistere il caso di chi, possedendo le armi micidiali di cui si è detto, decide di usarle. Vi è da aggiungere inoltre che la ricerca spasmodica di fabbricare e di possedere armi sempre più potenti alimenta uno stato di grave ingiustizia, soprattutto nei rapporti

[8] Nonostante si parli sempre più di armi (e in particolare di satelliti) «intelligenti», destinate cioè a colpire con precisione i bersagli militari scelti, ci si è trovati spesso in presenza, durante questi ultimi anni, di vere stragi civili, dovute – come si è del resto ammesso – ad errori che non appaiono pertanto inevitabili. A conferma dell'assunto relativo al criterio di proporzionalità Huber e Reuter propongono ulteriori riflessioni. Dopo aver messo a fuoco la gravità di alcune situazioni, essi proseguono sottolineando come «da questo punto di vista ogni singolo si vede indotto a domandarsi se, in determinate circostanze e quale ultimo rimedio, non sia lecito fare qualche eccezione alla regola generale del divieto di uccidere, allorché si tratta di prevenire l'assassinio, di eliminare il tiranno, di impedire al torturatore di esercitare il suo mestiere o di respingere un attacco armato con la forza delle armi». La risposta che essi danno è tuttavia negativa e si basa sulla considerazione che oggi «la delegittimazione dei mezzi della guerra è divenuta la delegittimazione della guerra come mezzo: non esiste fine o scopo per il quale la guerra sia un mezzo proporzionato. Il giusnaturalistico *jus ad bellum*, che nel periodo del diritto internazionale classico era stato trasformato nel giuridicamente sovrano *liberum jus ad bellum* è abolito in linea di principio» (*Etica della pace*, 435).

tra i popoli, dovendo dirottare verso tale obiettivo ingentissime somme di danaro che potrebbero (dovrebbero) essere invece indirizzate verso la soddisfazione di bisogni fondamentali per la vita dell'intera umanità.

3.1. La ricerca di soluzione per le situazioni complesse e conflittuali

Le ragioni fin qui addotte hanno accresciuto, in questi ultimi decenni, la convinzione che è necessario procedere alla costruzione di un'etica della pace, abbandonando tanto la dottrina della guerra giusta quanto l'opzione per la deterrenza, e facendo propria una prospettiva peraltro tradizionale (pur se minoritaria nella storia dell'occidente), quella cioè che collega strettamente la realizzazione della pace con la scelta della nonviolenza, con l'affermazione della giustizia e con la creazione di istituzioni giuridiche capaci di mantenerla; un'etica che istituisca, in altre parole, un rapporto di stretta coerenza tra il *fine* cui tende e i *mezzi* che utilizza per raggiungerlo. Ciò comporta la necessità di superare una *forma mentis* diffusa, fondata sulla sicurezza garantita dalla moltiplicazione (e dalla sempre maggiore sofisticazione) degli armamenti, rinunciando a risolvere con la forza questioni che vanno invece affrontate con la pazienza del negoziato e della mediazione diplomatica e mettendo in atto una strategia graduale di disarmo controllato.

L'abbandono definitivo del concetto di «guerra giusta» non comporta tuttavia rifiuto totale dell'uso della forza; comporta l'individuazione dei criteri morali in base ai quali è possibile discernere in concreto quale ne sia l'uso lecito, cioè rispettoso del diritto. Situazioni come quelle del recente conflitto dei Balcani (e di molti altri paesi), dove si sono consumate atrocità inaudite, non possono lasciarci indifferenti. Di fronte alla nuova barbarie non si può rimanere inerti; occorre intervenire anche usando le armi per impedire il genocidio o la persecuzione di massa. È nata per questo (e si è sempre più sviluppata) in questi ultimi anni la dottrina della *ingerenza umanitaria* o degli *interventi (o operazioni) di polizia internazionale*, il cui scopo è quello di dare soccorso alle vittime dell'aggressione mediante il coinvolgimento della comunità internazionale.[9] L'affermarsi, sia a livello etico che politico, di tali concetti è di grande importanza: non si tratta di un ritorno alla giustificazione della guerra (la quale, respinta dalla porta, tornerebbe a far capolino dalla finestra), ma dell'accettazione di forme di intervento che si differenziano radicalmente da essa, sia sul versante del fine perseguito – l'intenzione è in questo caso quella di arrestare un processo di grave violenza –, che sul versante delle modalità di esecuzione, trattandosi di un'azione chiaramente circoscritta e destinata unicamente a disarmare l'aggressore.

La legittimità di tali forme di intervento è legata al verificarsi di alcune condizioni, quali l'imparzialità, la volontà di promuovere una vera *de-escalation* della violenza e della guerra e la prudenza nell'uso delle armi. Per questo la loro plausibilità è tale solo in presenza di situazioni estreme, nelle quali l'uso coercitivo della forza è reso necessario sia dal fallimento registrato sul terreno della trattativa politica sia dalla considerazione che gli effetti negativi del mancato intervento risulterebbero più gravi di quelli prodotti dall'intervento stesso; o ancora per questo è necessario come garanzia di imparzialità il controllo delle grandi organizzazioni internazionali (oggi in particolare l'ONU) in grado di valutare oggettivamente (al di fuori e al di sopra di interessi particolaristici) l'opportunità (o la necessità) di intervenire.

Il modello al quale la politica deve, anche in questo caso, ispirare la propria condotta è quello di *un'etica della responsabilità*, basata sulla verifica delle conseguenze, cioè sul bilancio degli effetti positivi e negativi delle azioni; incentrata, in altre parole, su un paradigma *teleologico*, cioè sul rapporto tra fi-

[9] P.L. Consorti osserva giustamente che *ingerenza* e *intervento* vanno nettamente distinti per la sostanziale differenza nei confronti dell'uso della forza: l'ingerenza comporta infatti il sostegno dato alle popolazioni senza l'uso di mezzi violenti, mentre l'intervento implica l'uso di strumenti militari e non necessariamente con scopi benefici; per questo non può essere considerato *umanitario*. Anche per lui tale intervento non va tuttavia identificato con la *guerra giusta*, costituendo un dovere di sostegno che grava sulla comunità internazionale, quando si verificano situazioni nelle quali vengono negati diritti fondamentali. Esso appare dunque giustificato come un imperativo che riveste un'innegabile portata etica (cf. *L'avventura senza ritorno. Intervento e ingerenza umanitaria nell'ordinamento giuridico e nel magistero pontificio*, Edizioni PLUS, Università di Pisa, 2002).

ne e mezzi: l'uso della violenza non è *a priori* condannato come sempre e del tutto ingiustificabile; è reso possibile solo a seguito di un giudizio formulato in termini di «male minore».

> «[La valutazione] può estrinsecarsi esclusivamente – osserva L. Bonanate – in un *ordinamento* della preferenza (forse così direbbe un economista) o dei mali possibili, ovvero più in generale in un confronto tra la portata delle singole ipotesi. Facile è l'ordinamento tra un bene e un male; tutt'altra questione è ordinare tra loro due mali. Questa operazione può avvenire, a sua volta, sulla base di due fondamentali e differenti approcci: quello deontologico (di chi vorrebbe esprimere il suo giudizio sulla situazione in se stessa, e quindi decidere in base ad essa), quello consequenzialistico (che consiste nella preliminare valutazione comparativa delle alternative alla luce delle loro conseguenze prevedibili). La grande suggestione della seconda via sta principalmente *nella sua progettualità realistica*: che cosa è *più utile* che avvenga, posto che ogni azione ha dei limiti e non ci si deve avviare su una strada che potrebbe rivelarsi più dannosa di quella che si vuole contrastare?».[10]

La politica deve imboccare la seconda via; essa non può infatti lasciarsi guidare dalle sole buone intenzioni o ridursi a un'astratta proclamazione dei principi; deve avere come obiettivo la ricerca del «possibile» e saper correre, in alcuni casi – quando si è di fronte a situazioni drammatiche –, anche il rischio di sbagliare intervenendo, piuttosto che evitare di intervenire per non sbagliare.

3.2. La posizione della Chiesa cattolica negli ultimi cinquant'anni

Analoghe riflessioni sono venute maturando, nello stesso periodo, nell'ambito della Chiesa cattolica, la cui dottrina, soprattutto con la promulgazione della *Pacem in terris* di Giovanni XXIII (1963), è passata dall'ammissione della *guerra giusta* al rifiuto di ogni tipo di guerra. Mentre infatti Pio XII, pur manifestando una viva preoccupazione per la pace, si muove ancora nel solco tradizionale riconoscendo la possibilità, in ca-

---

[10] L. Bonanate, «Il dilemma della scelta morale applicato alla guerra», in *Rivista di teologia morale* 133(2002), 21-22.

si estremi, della guerra, Giovanni XXIII supera decisamente tale posizione, condannando in maniera netta e irrevocabile la guerra (ogni guerra) in quanto «contraria alla ragione» e delineando i presupposti per l'attuazione della pace; presupposti che vengono ricondotti alla produzione di un modello di convivenza della comunità politica, tanto all'interno delle nazioni che tra le nazioni, fondato sul rispetto dei diritti umani e sull'ampliamento degli spazi di partecipazione pubblica.

Il dato nuovo (e sorprendente) dell'enciclica giovannea è dunque costituito dalla chiara (inequivocabile) negazione della legittimità della guerra. La *Pacem in terris* giunge infatti ad affermare che è «*alienum a ratione*» («del tutto irragionevole») «pensare che nell'era atomica la guerra possa essere utilizzata come strumento di giustizia» (n. 67).[11] Ad essere messi in discussione sono anzitutto una dottrina, quella della *guerra giusta*, considerata come acquisita dalla tradizione,[12] e, di conseguenza, i presupposti logici che la sostenevano. La motivazione addotta per respingere tale dottrina è infatti di ordine *razionale* – non si deve dimenticare un aspetto di assoluta novità del documento papale e cioè il fatto che, per la prima volta nella storia delle encicliche papali, non ci si rivolge soltanto ai credenti ma anche «a tutti gli uomini di buona volontà» –, ed è rappresentata dal ribaltamento del modo con cui veniva formulato in passato il giudizio sulla guerra: da evento «ragionevole» essa diventa infatti – in ciò sta il paradosso – evento «del tutto irragionevole», in

[11] La radicalità di tale posizione, che è stata non a caso attenuata in diverse traduzioni ufficiali in lingua moderna – in particolare in quella italiana, dove l'espressione *alienum a ratione* è tradotta con le parole «quasi impossibile a pensarsi», trasformando l'oggettiva irrazionalità in quasi impensabilità, dunque riconoscendone implicitamente la possibilità – sta nel costituire una radicale rottura con il passato, nel dichiarare cioè in modo solenne e definitivo l'inaccettabilità del concetto di *guerra giusta* che sembrava ormai acquisito dalla dottrina tradizionale della Chiesa. «L'espressione giovannea (*alienum a ratione*), comunque tradotta, assume il senso dell'assoluta irragionevolezza in senso proprio dello strumento bellico» (P.L. Consorti, «Alienum a ratione», in *Rivista di teologia morale* 137[2003], 53). Per un'analisi della questione cf. G. Mattai – B. Marra, *Dalla guerra all'ingerenza umanitaria*, SEI, Torino 1994, 63.

[12] Si pensi alla difficoltà del mondo cattolico ad accettare un sostanziale cambiamento di posizioni su un punto dottrinale, che presenta una larga convergenza nell'ambito del magistero ordinario. È questo uno dei temi (anche se non il solo) sul quale è entrata in crisi la tesi, più volte ribadita a livello ufficiale, della necessaria continuità del magistero ordinario. La restituzione di credibilità a tale magistero è infatti possibile unicamente se si ammette che, essendo strettamente legato alla contingenza delle situazioni, ha valore soltanto in rapporto ad esse e può (deve) modificarsi quando esse mutano.

quanto strumento assolutamente sproporzionato, perciò inadeguato ad affrontare qualsiasi causa giusta. Il motivo fondamentale di tale ribaltamento è la presenza nel nostro tempo (*aetate nostra*) di armi micidiali, in primo luogo l'atomica, che hanno il potere sconvolgente di distruggere l'intera umanità; ma, al di là della paura indotta da tale situazione, papa Giovanni XXIII non manca di sottolineare, in positivo, che siamo di fronte a un comandamento della «ragione» al quale occorre appassionatamente tendere. L'abbandono di una concezione che giustificava, sia pure a certe condizioni, la guerra e metteva al centro l'idea di equilibrio delle forze come via per evitarne il ricorso, ritenendo pertanto legittima la corsa al riarmo, comporta l'assunzione di comportamenti che favoriscano il disarmo integrato da controlli efficaci, nonché la messa al bando delle armi nucleari (*Pacem in terris*, n. 60) e la ricerca di soluzioni dei conflitti mediante il negoziato ispirato dalla volontà di una equa composizione delle parti (*Pacem in terris*, nn. 51 e 67).

L'evoluzione successiva del magistero ecclesiale conferma la posizione della *Pacem in terris*: la teoria della *guerra giusta* è ormai definitivamente bandita; tuttavia si fa strada, fin dalla pubblicazione della costituzione pastorale del Vaticano II sulla Chiesa nel mondo contemporaneo *Gaudium et spes*, il ricupero del principio della legittima difesa anche a livello collettivo come strumento per far fronte ad alcune situazioni particolarmente critiche (cf. *Gaudium et spes*, n. 77; vedi anche nn. 79-82), come quelle che abbiamo precedentemente segnalato. L'ammissione che esiste un diritto dei governi alla legittima difesa, nella piena salvaguardia – com'è ovvio – del criterio di proporzionalità, apre la strada al riconoscimento della possibilità di ricorrere ad attività come l'*ingerenza umanitaria* e l'*intervento di polizia internazionale*, le cui caratteristiche sono già state evidenziate e discusse.[13]

---

[13] In realtà la posizione della *Gaudium et spes* si differenzia da quella della *Pacem in terris* anche su altri punti. Mentre nel documento conciliare è netto il rifiuto dell'uso delle armi nucleari (n. 80: *EV* 1/1598ss), non altrettanto si può dire della deterrenza nucleare, che risulta tollerata, pur rilevando che occorre tendere al suo superamento (n. 81: *EV* 1/1603ss). Ampia convergenza esiste invece nel sottolineare come obiettivo da perseguire la messa al bando assoluta della guerra, sia attraverso la ricerca di forme di accordo sempre più ampie tra i popoli, sia attraverso il disarmo

Su questa linea si è mosso in particolare il magistero di Giovanni Paolo II, il quale, pur ribadendo in termini intransigenti il proprio «no» alla guerra, non ha esitato a riconoscere – sollecitato dal moltiplicarsi di situazioni in cui i diritti umani sono gravemente calpestati – l'esigenza di intervenire con coraggio per evitare il dilagare di mali maggiori. Di fronte alla tortura di massa o a veri e propri genocidi volti all'eliminazione di interi gruppi etnici o, ancora, alle violenze efferate nei confronti di donne e bambini e all'uso delle foibe, non ci si può trincerare dietro a un pacifismo «a ogni costo»; è d'obbligo fare ricorso anche alla forza come male minore, sviluppando

> «azioni circoscritte nel tempo e precise nei loro obiettivi, condotte nel pieno rispetto del diritto internazionale, garantite da un'autorità riconosciuta a livello sopranazionale e, comunque, mai lasciate alla mera logica delle armi».[14]

Siamo qui dinanzi – come abbiamo del resto già ricordato – alla legittimazione di iniziative limitate, motivate dall'esigenza di dare sostegno ai diritti umani e nelle quali l'uso della forza, che ha il carattere di *extrema ratio*, deve avvenire sotto il diretto controllo di un'autorità internazionale che si propone come obiettivo quello di ristabilire la pace.

---

concordato. Il diritto naturale alla difesa individuale e collettiva, in caso di aggressione armata, è d'altronde ammesso anche dalla *Carta delle Nazioni Unite* (art. 51). Si dà, in ogni caso, anche qui una certa tensione tra l'affermazione del divieto etico di usare la violenza come mezzo per la soluzione dei conflitti, anche nel rapporto tra gli Stati, e il diritto degli Stati di difendersi, anche con le armi. La soluzione va ricercata nella postulazione di un potere sanzionatorio efficace della comunità internazionale che possa, in quanto universalmente riconosciuto, imporre il proprio diritto.

[14] GIOVANNI PAOLO II, *Messaggio del S. Padre per la celebrazione della Giornata Mondiale della pace*, 1 gennaio 2000, n. 11. Per un'accurata analisi del pensiero di Giovanni Paolo II su questo tema, cf. U. COLOMBO SACCO, *Giovanni Paolo II e la nuova proiezione internazionale della Santa Sede*, Giuffré, Milano 1997; L. PAOLI, «Un nuovo cammino sulla "via stretta" della pace. Il magistero cattolico negli ultimi 40 anni», in *Rivista di teologia morale* 133(2002), 51-63. La *giusta causa* che legittima l'intervento è, in questo caso – come del resto già specificava la *Gaudium et spes* – la tutela di un diritto violato o l'affermazione di un diritto reclamato. La nozione di *legittima difesa*, che stava alla base del documento conciliare e che viene qui ripresa, riguarda in senso stretto la difesa del popolo contro un'aggressione e lo scopo è soltanto quello di respingere il male minacciato. Ciò comporta attenzione non solo all'uso di mezzi proporzionati, ma anche a non rischiare di procurare mali più gravi di quelli dai quali ci si vuole difendere, ed implica soprattutto il rifiuto di ogni idea di vendetta o di ritorsione.

Gli sviluppi della dottrina ecclesiale sono andati dunque soggetti a consistenti aggiustamenti, dovuti alla necessaria fedeltà ai principi ma anche all'altrettanto necessaria esigenza di attenzione alla complessità delle situazioni concrete. Così, se unanime è oggi la messa al bando della dottrina della *guerra giusta* per la sproporzione rispetto a qualsiasi fine, più articolato (e differenziato) è il giudizio sulla deterrenza, che viene considerata come un sistema non più giustificabile in termini assoluti sul terreno etico, ma che può essere temporaneamente legittimata quale espressione di un'*etica interinale*, che va gradualmente superata; così pure più cauto è il giudizio sull'uso della forza, in alcuni casi giustificato sotto la forma di legittima difesa, in quanto male minore in situazione. La complessità dei processi in atto nell'ambito della società in cui viviamo rende difficile anche per la Chiesa l'assunzione di una posizione lineare, che potrebbe rivelarsi eccessivamente semplificatrice e addirittura controproducente. L'esigenza di accettare il paradosso, e persino l'apparente incoerenza, per fedeltà al vero bene dell'umanità nella sua concretezza storica conferisce attualità all'osservazione di S. Cahill il quale rileva come

> «l'enigma rappresentato dall'uso della violenza per porre fine alla violenza, in particolare per i cristiani, serve soprattutto a evidenziare quanto sia importante cercare modi di alleviare la tensione ed evitare la guerra e di impegnarsi in pratiche di riappacificazione e di riconciliazione quando la guerra è scoppiata. Operare la pace e la riconciliazione sono obiettivi che dovrebbero unire i teorici della guerra giusta e i pacifisti in una nuova era, quando i pericoli, gli eccessi e le inevitabili ingiustizie della guerra sono chiaramente davanti agli occhi di tutti».[15]

4. Verso un nuovo modello di costruzione della convivenza umana

La promozione della pace non può essere ridotta alla semplice negazione di legittimità alla guerra; deve diventare preoccupazione positiva di individuazione delle vie per preve-

[15] Sowle Cahill, «La tradizione cristiana della guerra giusta», 106.

nirla o per arrestarla nel caso in cui fosse in corso e, più ancora, deve essere ricerca di forme di convivenza che diano vita a rapporti di interscambio tra i popoli. Ciò comporta un profondo mutamento di mentalità, che obbliga al passaggio da una riflessione, incentrata primariamente sulla guerra e sui mezzi per mitigarla, a una riflessione sulla pace e sui mezzi per costruirla.

4.1. La pace nella cultura dell'occidente

La storia dell'occidente ha conosciuto momenti di forte affermazione del valore della pace e di rifiuto di ogni forma di violenza. Nei primi secoli del cristianesimo la percezione della salvezza come salvezza escatologica da costruire nella storia ha prodotto l'instaurarsi di un rapporto positivo tra pace come bene salvifico e pace politica, facendo crescere la percezione che è compito della Chiesa promuoverne lo sviluppo con tutte le proprie energie, anche attraverso forme di testimonianza profetica radicale: in tale contesto si è affermato non solo il rifiuto della guerra ma anche del servizio militare, ritenuto inconciliabile con la pratica del comandamento dell'amore.

La Riforma ricupera queste istanze, restituendo centralità al discorso della montagna e considerando la pace come massimo bene terreno, nonché riconoscendo alla resistenza non violenta il carattere di vero strumento politico.[16] Esemplare è, al riguardo, il pensiero di Erasmo, per il quale il rifiuto della guerra è fondato sulla ragione umana, al punto che lo stesso servizio militare – è questa la posizione espressa nel trattato sulla *Istruzione del Principe* – viene decisamente condannato.

Questo pensiero (sebbene minoritario) ha permeato la cultura laica del tempo, dando vita all'affermarsi di una tradizione utopica, che rivendica con forza la necessità di passare da una visione (peraltro assai radicata), che puntava realisticamente sull'interruzione della guerra, a una visione caratteriz-

---

[16] Esistono in ogni caso delle differenze (non secondarie) tra il pensiero di Lutero e quello di Calvino. Mentre infatti il primo riconosce la liceità della guerra, sia pure solo in caso di difesa di fronte a un attacco grave e in atto, il secondo sembra postulare una radicale rinuncia alla violenza e all'uso della forza.

zata dalla radicale rinuncia a iniziarla. A questa visione si può ricondurre il concetto di *pace perpetua* formulato da E. Kant, il quale denuncia l'insufficienza della deterrenza o dell'equilibrio delle potenze e proclama la necessità di una pace duratura (*perpetua* appunto), come espressione dello stato di diritto, la cui valenza etica va affermata tanto all'interno delle nazioni che nei loro rapporti esterni.

La tradizione pacifista, nella quale si mescolano elementi di derivazione cristiana con riflessioni laiche, viene ampiamente ripresa nei secoli XIX e XX con esiti diversi a seconda delle situazioni, nonostante il sopravvento – già segnalato – di tendenze fortemente belliciste perpetuatesi almeno fino alla metà del secolo scorso. Merita di essere ricordato il pacifismo radicale di L. Tolstoj, che, facendo direttamente riferimento al messaggio evangelico – in particolare al famoso detto di Gesù «non bisogna resistere al male» – ritiene possibile elaborare un progetto politico che dia forma giuridica alle relazioni interstatali, sanando le conflittualità (si tratta di una forma di pacifismo organizzato fondato sul diritto); ma non si può soprattutto ignorare l'enorme influenza esercitata anche nell'ambito del mondo occidentale da Gandhi, con la sua scelta radicale della nonviolenza anche nei mezzi; scelta che ha le sue radici nella dottrina della fedeltà alla verità (*satyagraha*) e che si sviluppa in uno stretto (e singolare, persino irrepetibile) rapporto tra condotta personale e azione politica. La straordinarietà di questa esperienza, che ha reso trasparente la possibilità di attuare sul piano politico l'utopia, ha dato il via a un'ampia riflessione e a una serie di interessanti processi di cambiamento, concorrendo a sviluppare la ricerca attorno alle radici del pacifismo per renderlo concretamente perseguibile in contesti sociali tra loro profondamente diversi.

Il pacifismo acquisisce peraltro nuove motivazioni e diventa movimento sempre più allargato a seguito dell'ultima guerra mondiale, in conseguenza della sensibilizzazione prodotta dagli effetti terribili di esperienze come quelle del nazismo e del fascismo. La protesta del movimento si fa sentire con toni accesi, soprattutto in occasione di alcune guerre – si pensi a quella del Vietnam – ma rischia di assumere connotazioni troppo ideologiche e di radicalizzare eccessivamente il rapporto (peraltro reale) tra pace e giustizia sociale, manifestando un'eccessiva fiducia nel progresso tecnico o appoggiando apertamente sistemi di ispirazione marxista e subendo anche per questo, specialmente in questi ultimi anni, una perdita di credibilità, anche in ragione di un forte *revival* di atteggiamenti reazionari e bellicisti.

4.2. Le radici evangeliche da ricuperare

Il superamento dei rischi segnalati può verificarsi riscoprendo le fonti evangeliche, nelle quali non è contenuto un messaggio «cifrato» riservato esclusivamente ai credenti, ma un messaggio universale, che, pur acquisendo senso pieno nel quadro di un'interpretazione della realtà nella prospettiva del Regno, ha tuttavia un respiro profondamente umano e razionale, così da potersi rivolgere «a tutti gli uomini di buona volontà».

La tradizione ebraica – è bene ricordarlo – non concepisce la pace come un bene acquisibile una volta per tutte e non è attestata su posizioni di radicale pacifismo, per il quale va rifiutato *a priori* qualsiasi uso della forza. Il termine *shalom*, che ricorre circa 220 volte nella Bibbia ebraica si riferisce a un bene sempre precario, da scoprire e da definire di volta in volta; mentre si dà, in parallelo, il riconoscimento della legittimità della guerra santa (*cherem*) legata al precetto divino di conquistare e di distruggere i popoli nemici, di lottare cioè senza soste contro l'idolatria con la promessa dell'assistenza divina e perciò della vittoria.[17]

Diversa è la concezione del Nuovo Testamento, dove l'istanza della pace è presente in tutta la sua radicalità. La pace è posta in stretta relazione con la venuta del Regno: il discorso della montagna contiene tra le beatitudini quella riservata

---

[17] Trova qui una certa ragione la tesi per molto tempo diffusa e proposta in termini analitici da E. Peterson secondo cui il monoteismo avrebbe favorito gli assolutismi storici, mentre la dottrina trinitaria avrebbe realizzato la rottura con tale visione (cf. *Il monoteismo come problema politico*, Queriniana, Brescia 1983). Tale tesi è tuttavia storicamente contestabile come risulta anche dall'interessante saggio introduttivo alla pubblicazione italiana dell'opera di Peterson a cura di G. Ruggieri, intitolato «Resistenza e dogma» (*ivi*, 7-26).

agli «operatori di pace», la cui attività è resa possibile dalla presenza del Regno, che, a sua volta, si fa trasparente in essa.

«Come il macarismo dei "pacifisti" non è condizione, ma conseguenza del regno di Dio – scrivono W. Huber e H.-R. Reuter – così il *pacem facere* non è una norma atemporale, bensì corrispettivo, segno storico della venuta della *basiléia.* La speranza nell'avvento del Regno è espressa dal titolo "figli di Dio" riservato agli operatori di pace. La "figliolanza di Dio" loro promessa indica nella tradizione della Bibbia ebraica e nel Nuovo Testamento sempre anche uno *status* giuridico. Il figlio ha diritto ai beni del padre; tali beni non sono, però, una proprietà paterna privata, non sono il patrimonio inalienabile della famiglia, per la cui identità attraverso i tempi non era tanto decisiva la successione biologica, quanto piuttosto la continuità del nome e la permanenza della proprietà».[18]

Si deve aggiungere che la parola «pacificatore» (Mt 5,9), che è usata una volta sola in tutta la Bibbia greca – il che fa pensare che sia qui ricondotto a una formula breve un detto più ampio di Gesù – non indica una semplice disposizione d'animo, un atteggiamento interiore, ma l'attività volta a stabilire la pace, un comportamento concreto e fattivo; mentre, d'altra parte, la formula che definisce il dono escatologico promesso ai «pacificatori» («saranno chiamati figli di Dio») – formula che designa il titolo più alto e più qualificato delle beatitudini – evidenzia la grandezza della funzione da essi esercitata:

«*Figli di Dio* è un titolo di massimo onore in quanto esprime la massima relazione che si può avere con Dio. "Saranno chiamati": questo verbo al passivo implica anche la dipendenza totale dalla vita di Dio: è la designazione divina che darà all'uomo il suo posto davanti a Dio, e il nome viene dato all'uomo nel suo divenire figlio».[19]

L'etica evangelica della pace non si arresta qui. Esistono, sempre nello stesso discorso della montagna, almeno tre antitesi («*Fu detto agli antichi... ma io vi dico*») che hanno un di-

---

[18] Huber – Reuter, *Etica della pace*, 309.

[19] S. Di Giorgi, «Beati i pacifici», in *La pace. Riflessioni bibliche*, AVE, Roma 1971, 104.

retto riferimento ad essa: la prima, che ha come oggetto la promozione qualitativa della vita; la penultima dedicata alla nonviolenza, e l'ultima, che contiene l'esplicito comando dell'amore dei nemici (Mt 5,21-26.34-38).[20] Di grande interesse è soprattutto, per il tema qui trattato, la proibizione della violenza, anche se, come fa notare E. Chiavacci, non si tratta, in questo caso, della radicale proibizione di qualsiasi forma di violenza difensiva – proibizione che è invece esplicitamente presente nel racconto della passione, laddove si sottolinea l'inutilità dell'uso della spada (Mt 26,52) –, ma soltanto dell'uso della violenza come forma di vendetta nei confronti del male:

> «Gesù contrappone la sua legge alla legge del taglione che era appunto la legge che regolava la vendetta; quindi, stando a Matteo (cf. cap. 5), il discorso di Gesù sulla guancia e sul mantello altro non può essere che la proibizione di una reazione al male subìto, della vendetta rispetto al male, e quindi non prende in esame la violenza come mezzo di difesa dal male ma come mezzo di restituzione del male».[21]

La prescrizione della nonviolenza come atteggiamento da tenere nei confronti di chi ci fa del male è, in ogni caso, un elemento rivoluzionario che sollecita la ricerca di modalità nuove e diverse di resistenza al male, specialmente se messo in stretto rapporto (come avviene in Lc 6,27-36) con la categoria dell'amore dei nemici.[22] La prospettiva evangelica è dunque chiara: la pace è per il Nuovo Testamento un bene irrinunciabile che va perseguito attraverso una profonda *metanoia* interiore – si pensi soltanto all'acquisizione della capacità di amare i nemici –, ma anche attraverso l'assunzione di atteggiamenti e di comportamenti ispirati a un nuovo stile di vita che

---

[20] Per un approfondimento del significato di queste antitesi in riferimento al tema della pace, cf. G. Piana, *Al di là del «non uccidere»*, CENS, Sotto il Monte 1989, 194-211.

[21] E. Chiavacci, «Non resistenza e opposizione al male nel Nuovo Testamento», in *La pace. Riflessioni bibliche*, AVE, Roma 1971, 121.

[22] Ulteriori approfondimenti di queste tematiche si trovano in G. Mazzillo, *La teologia come prassi di pace*, La Meridiana, Molfetta 1988; R. Petraglio, *Obiezione di coscienza. Il Nuovo Testamento provoca i cristiani*, EDB, Bologna 1984 (questo testo rimane ancor oggi – a nostra conoscenza – il saggio più completo per un accostamento al tema dell'obiezione – e non solo – in prospettiva cristiana, con riferimento soprattutto al messaggio neotestamentario).

persegua come obiettivo la crescita di ogni persona e rinunci a ogni forma di violenza nella soluzione dei conflitti sia interpersonali che strutturali.

5. Le alternative possibili sul terreno politico

La promozione della pace esige la definizione di alcune linee comportamentali, che sappiano alimentare un'autentica *cultura di pace*. La gravità della situazione storica attuale impone la ricerca di alternative realistiche, che forniscano un minimo di garanzie di sicurezza. Il sistema della dissuasione basata sulla deterrenza – sistema che fa proprio il celebre detto *Si vis pacem para bellum* (dove la preparazione alla guerra è finalizzata ad impedire che si verifichi) – è ancora largamente dominante; il che rende impraticabile il disarmo totale e imprudente quello unilaterale. È pertanto importante abbandonare la tentazione della rincorsa di uno sterile utopismo, senza rinunciare per questo a lottare, perché si producano i cambiamenti necessari a rendere sempre più plausibile, anche a livello istituzionale, il progetto pacifista. Ha ragione P. Prini di ricordare come

> «non giovano al servizio della pace né il pacifista che si presta al gioco delle confusioni, né il politico della *Realpolitik* che tradisce il regno dei fini per il mondo delle cause. L'uomo che "costruisce la pace" – egli continua – è colui che ne fa anzitutto il compito di una rigorosa ricerca demistificatrice, perché la verità si imponga come la più reale forza della pace. Ed è colui che opera in politica, perché le decisioni per la pace, il "ragionevole disarmo", il riconoscimento degli uguali diritti di *tutte* le condizioni umane compossibili dei popoli e dei cittadini, ossia la giustizia e la libertà di tutti, diventino decisioni collettive a livello nazionale e mondiale».[23]

5.1. Giustizia e diritti umani

Purtroppo, nonostante gli enormi progressi compiuti dall'umanità, sia a livello scientifico che tecnologico, le diseguaglianze tra nord e sud del mondo non solo si sono mantenute ma sono

---

[23] P. Prini, *Il cristiano e il potere. Essere per il futuro*, Studium, Roma 1993, 143.

drammaticamente cresciute. L'unificazione del mondo, lungi dal favorire una corretta redistribuzione delle risorse, perpetua le differenze, anzi le rafforza, alimentando la conflittualità sociale. Le aspre tensioni rinfocolate talora da motivazioni (vere o pretestuose) di ordine ideologico e religioso – si pensi al mondo islamico – sono in larga misura dovute a ragioni di ordine economico; sono cioè espressione di una reazione violenta alla violenza istituzionale del cosiddetto ordine mondiale costruito mantenendo in uno stato di minorità la maggior parte della famiglia umana. Il fenomeno dell'immigrazione nei paesi occidentali (e in particolare in Europa) di intere masse provenienti dal sud del mondo è la spia evidente di questa situazione di disagio: il superamento delle barriere fisico-geografiche e informative, in conseguenza del progresso tecnologico raggiunto, rende irreversibile – nonostante gli interventi polizieschi di molti Stati – tale processo destinato a espandersi per cause fisiologiche: l'istinto di conservazione spinge infatti individui e gruppi umani a spostarsi dove esistono le risorse necessarie alla sopravvivenza.

Il terrorismo internazionale e la presenza consistente di soggettività sociali appartenenti a etnie, culture, tradizioni religiose diverse da quelle occidentali, con gravi difficoltà di assestamento e di integrazione (almeno in tempi brevi) rappresentano una sorta di nemesi, frutto dell'incapacità di dare vita a un sistema basato sulla giustizia distributiva e sull'equità. La violenza, rinfocolata dal separatismo etnico, dal nazionalismo esasperato e dal fondamentalismo religioso, è in larga misura determinata dalle diseguaglianze prodotte da un capitalismo selvaggio e totalitario, che ha dato vita a politiche rapaci nei confronti del terzo mondo e della natura.[24] La pace è dunque anzitutto legata al perseguimento della giustizia tra gli uomini e tra i popoli;[25] è il frutto della costruzione di un ordine nuovo, che abbatta le strutture ingiuste (le quali sono in se stesse violente e generano violenza) e concorra all'edificazione di

---

[24] Cf. G. Pontara, *La personalità non violenta*, Gruppo Abele, Torino 1996.

[25] Il binomio pace-giustizia è largamente presente nella Bibbia a partire dall'Antico Testamento (cf. tra i molti testi Is 32,15-17; anche 9,6; Ez 28,26); esso ritorna, in termini ancor più radicali, nel Nuovo Testamento, dove la pace è vista come frutto diretto (e persino esclusivo) della giustizia (cf. Gc 3,13-18; 1Pt 3,8-12).

strutture capaci di dare risposta alle esigenze fondamentali di tutti, a partire dai soggetti meno garantiti.

Il tema della giustizia rinvia a quello dei diritti, intesi qui soprattutto come diritti sociali, in quanto presupposti essenziali di una coesistenza libera e paritaria.[26] Il legame tra pace e diritti è stato largamente approfondito in questi ultimi decenni, con particolare attenzione a sottolinearne il carattere prestatale e preistituzionale – nel senso che si tratta di diritti che appartengono originariamente all'uomo (a ogni uomo) e non possono perciò essere concepiti come espressione di concessioni dello Stato o di altre istituzioni sia pure di carattere internazionale – e a rilevare l'esigenza di un sempre più intenso rafforzamento degli enti deputati a farli rispettare e a promuoverne la crescita.

Importanti indicazioni in questa direzione sono contenute nell'enciclica *Pacem in terris* di Giovanni XXIII, già richiamata, la quale mette chiaramente in evidenza come la promozione della pace ha quale presupposto la realizzazione di un nuovo ordine sociale, che affondi le sue radici nel riconoscimento e nella salvaguardia dei diritti della persona e che allarghi il proprio ambito di azione dai singoli Stati ai rapporti tra gli Stati fino alla comunità mondiale, e sottolinea come le possibilità concrete di dare corso a tale ordine sono strettamente connesse all'intrecciarsi di processi sociali nuovi – come l'ascesa economico-sociale delle classi lavoratrici, l'emancipazione della donna e il suo ingresso nella vita pubblica, il superamento delle discriminazioni razziali, l'estendersi del principio di autodeterminazione dei popoli e la crescita di forme di partecipazione attiva dei cittadini alla vita pubblica – con interventi di ordine giuridico e istituzionale – basti qui segnalare le Costituzioni degli Stati e la crescita in autorevolezza degli organismi internazionali (dell'ONU in particolare) – che sanciscono i principi sui quali si fonda la convivenza civile all'interno delle singole nazioni o regolano i rapporti tra le nazioni, garantendo il rispetto dell'autonomia di ciascuna e risolvendo pacificamente le eventuali controversie.

---

26 Per uno sviluppo specifico di questo tema rinviamo al capitolo precedente.

5.2. Nonviolenza come forma attiva di soluzione dei conflitti

La costruzione della pace passa, in secondo luogo, attraverso l'adozione di un modello di soluzione dei conflitti ispirato alla nonviolenza, non come scelta tattica e contingente ma come opzione di principio.[27] Le difficoltà di mettere in atto tale scelta si sono nel nostro tempo accentuate, non solo per il moltiplicarsi – come si è già detto – dei conflitti e per il loro radicalizzarsi, ma anche (e soprattutto) per l'avanzare di una mentalità giustificazionista, che, in nome di un realismo spietato, ridimensiona fino a ridicolizzarlo ogni tentativo di affrontare con metodi diversi da quelli violenti le tensioni che si sviluppano nei rapporti sociali, specialmente nei rapporti tra popoli e culture diverse. Nell'età contemporanea – come scrive al riguardo F. Zanchini – è avvenuto che

> «la violenza ha incominciato a pretendere di giustificarsi da sola: la potenza, non più la giustizia, ha giustificato la potenza. E non preoccupandosi più (anche per una ovvia critica che in linea di principio è marxiana) di rivestirsi di un'ideologia giustificatrice, si è denudata nella sua caratteristica di fondo: quella di essere soltanto violenza e, quindi, una massimizzazione della potenza in funzione aggressiva. Allora la situazione attuale è totalmente svincolata da una norma: è una violenza senza legge. La sua caratteristica è l'anomia, cioè tutto il processo che porta alla vittoria non è retto da alcuna legge, né umana né divina».[28]

La possibilità di reagire a questa situazione è anzitutto legata alla produzione di un modello di cultura e di linguaggio improntati al riconoscimento della dignità assoluta di ogni essere umano e al rispetto dell'alterità. È come dire che la scelta non violenta ha in primo luogo fondamenti antropologici; si radica cioè nel rifiuto di considerare l'altro come «nemico», e dunque di ridurlo a semplice «oggetto», a cosa, negandogli in tal modo la dignità personale e i diritti. Come osserva giustamente Antonietta Potente:

---

[27] Cf. G. Salio, *Il potere della nonviolenza. Dal crollo del muro di Berlino al nuovo disordine mondiale*, Gruppo Abele, Torino 1995 (il volume è ricco di indicazioni operative per la costruzione di una strategia nonviolenta).

[28] F. Zanchini, «La violenza antica e quella moderna», in *Per una teologia della pace*, Borla, Roma 1987, 111.

«la guerra è una delle tante realtà di "non pace", la più evidente, ma essa esplode là dove da tempo esistono conflittualità più sottili, troppe volte ignorate, ingiustizie profonde, troppe volte assecondate. La guerra è l'evidenza certa di chi ha fatto dell'altro, o meglio degli altri – visto che coinvolge interi popoli – il "nemico". Nella logica del "nemico", all'altro viene attribuita la colpa di essere diverso; "nemico" è anche colui che rivendica qualcosa, si tratti di una o più persone. "Nemico" significa "irricuperabile"; si identifica con qualcuno che va lasciato ai margini, a meno che non accetti di essere in qualche modo assistito – nel migliore dei casi – da un altro "più capace", o di essere dipendente, controllato, osservato. Al "nemico" si fa guerra fino a quando questo si sottomette a una volontà ben precisa che garantisca sicurezza per "tutti"; a volte lo si vorrebbe togliere dalla storia credendo così di sconfiggere il "male"».[29]

Queste affermazioni attualissime denunciano quanto tale logica sia diffusa e come essa stia alla base dell'istinto bellico (e costantemente lo alimenti). La pace esige il superamento della distanza dall'altro e la positiva elaborazione dei conflitti originati dalle «differenze». La persistenza nell'uomo di profonde ambivalenze, che hanno la loro sede nell'*io profondo*, in quello che la psicanalisi definisce *subconscio* e che Freud ha magistralmente scandagliato mettendo a fuoco come lo stesso *diritto* è inscindibile dalla *violenza*, in quanto nella sua genesi psichica non è che la violenza sottratta al singolo e gestita dalla collettività, rende necessaria una grande vigilanza. L'alimentare atteggiamenti e comportamenti nonviolenti passa attraverso la sanazione di ferite interiori, da cui si originano stati di tensione patologici di estrema gravità – l'uomo è, da questo punto di vista, in arretrato rispetto agli animali[30] – per i quali si esige spesso un approccio terapeutico.

---

[29] A. POTENTE, «La comunità credente protagonista di pace», in *Per una teologia della pace*, 59.

[30] «La cosa biologicamente sorprendente non è che esistano animali che si comportano in modo pacifico con i soggetti della loro specie, ma che l'aggressione contro i soggetti della loro specie sia tanto diffusa tra gli animali superiori e che nel caso dell'uomo – e solo nel suo caso – sia arrivata all'uccisione sistematica dei propri simili» (K.E. VON WEIZSACHER, *Friedlosigkeit als seelische Kranheit in der ungesichte Friede*, Göttingen ^{2}1979, 38ss).

Alla rimozione del «negativo» deve, d'altronde, corrispondere un'educazione positiva della coscienza ad interiorizzare valori, quali la fiducia nell'altro, il dialogo, la tolleranza, la mitezza, l'abnegazione, la pazienza, il coraggio di osare l'impossibile e l'accettazione della propria fallibilità: valori che sono alla base della costruzione di una personalità che fa della nonviolenza la norma abituale del comportamento.[31]

L'ambito educativo va infine inserito nel quadro più allargato di un progetto di etica pubblica, che, pur tenendo in considerazione la complessità e l'ambiguità della situazione attuale, si proponga come etica della nonviolenza e non come etica della violenza legittima e della guerra giusta.[32] Da questo punto di vista enorme importanza riveste la creazione di strumenti per la soluzione pacifica dei conflitti, quali la via diplomatica, il rafforzamento di istituzioni internazionali e sovranazionali, che sappiano ripristinare la giustizia mediante il diritto, la creazione di condizioni per l'allargamento del sistema democratico (che non può certo essere imposto con le armi), ricordando che la democrazia vera è una modalità di conduzione e di risoluzione dei conflitti fondata sul principio nonviolento per il quale le teste non si tagliano ma si contano.

5.3. Diritto di resistenza, disobbedienza civile e obiezione di coscienza

In questo contesto strettamente politico vanno infine inserite alcune forme di radicale testimonianza della nonviolenza, che non riducono il pacifismo a una astratta e sterile difesa dei

[31] Cf. Pontara, *La personalità non violenta*, soprattutto 40-67, dove vengono esemplarmente delineate le direttrici fondamentali sulle quali è possibile dar vita alla crescita di una personalità nonviolenta.

[32] La tradizione cristiana più genuina – come abbiamo visto – si è sviluppata in questa direzione, al punto che la stessa legittima difesa, pur non essendo radicalmente sconfessata come struttura appartenente alla natura umana (o meglio riconducibile all'ordine della creazione, e perciò alla *legge naturale*), non può essere definita in senso proprio «cristiana», cioè appartenente all'ambito della morale nuova del Regno contenuta nel discorso della montagna, per cui essa va tendenzialmente superata, senza negare per questo la persistenza di situazioni paradossali, nelle quali è difficile dire che cosa concretamente va fatto o, come abbiamo altrove rilevato, in che cosa consista il *male minore* di fatto perseguibile. Per un approfondimento di questi aspetti, cf. J.M. Müller, *Il Vangelo della nonviolenza*, Lanterna, Genova 1977.

princìpi – è questa la posizione di chi rinuncia all'uso della forza senza condizioni –, ma tendono a caricarlo di un significato *pratico* e *attivo* da vivere concretamente dentro alla storia. Si vuole alludere a una forma di pacifismo realistico, che assume il comandamento etico della nonviolenza come direttiva e orientamento per l'azione, senza scambiarlo con una norma concreta e assoluta, e tuttavia non rinunciando in nessun momento – anche quando diventa necessario il ricorso alla forza – a sostenere la propria azione con la fiducia nella possibilità di risolvere altrimenti i conflitti. Solo a queste condizioni è infatti possibile dare vita ad azioni pubbliche che abbiano un effetto di comunicazione provocatrice sugli altri, che sappiano rendere trasparente cioè l'importanza della corrispondenza tra mezzo e fine, il fatto che la violenza non si vince con i mezzi violenti ma solo con quelli nonviolenti, in altri termini, che da essa è possibile uscire solo rompendo la spirale perversa mediante l'innesco di un comportamento nuovo e diverso (per questo radicalmente creativo).

A tale riguardo meritano particolare attenzione il *diritto di resistenza* e la *disobbedienza civile*, istituti che, in quanto comportano violazioni eticamente motivate di norme giuridiche in vigore, nella misura in cui si fondano su ragioni etico-politiche serie e non su interessi utilitaristici, danno vita a importanti processi, che spingono le istituzioni a modificare le loro posizioni. Ciò che è qui in gioco non è infatti il rifiuto delle istituzioni o la contestazione delle leggi, ma una volontà di cambiamento, che nasce dal riconoscimento della loro importanza e perciò dal desiderio che si adeguino alle vere esigenze umane. L'efficacia della resistenza e/o della disobbedienza (e la loro stessa legittimità etica) è strettamente dipendente dal carattere di appello pubblico che sono in grado di esprimere e dalla significatività simbolica che sanno sprigionare, ma soprattutto dalla capacità di fare uso di azioni che non attaccano l'integrità fisica e la dignità personale di alcuno.

Un analogo discorso si può fare a proposito dell'*obiezione di coscienza* come decisione consapevole di rifiuto del servizio militare: obiezione che, soprattutto sotto l'impressione sconvolgente della prima guerra mondiale, ha ricevuto in diversi Stati riconoscimento e protezione giuridica. È necessario, anche in questo caso, uscire dalla logica privatistica della testimonianza individuale per conferire spessore profetico-politico alla scelta. La denuncia dell'uso delle armi, che nasce dalla ribellione della coscienza personale, deve tradursi nell'assunzione di altre forme di impegno tese a garantire la sicurezza della nazione e ad offrire forme di servizio specialmente alle categorie più marginali. Solo così il messaggio pacifista acquisisce la capacità di scuotere le coscienze e di spingerle alla ricerca di vie alternative alla guerra, e in generale all'uso della violenza.[33]

Questo insieme di orientamenti può trovare spazio solo all'interno di una società autenticamente democratica, e dunque non coercitiva, nella quale il rispetto profondo per le istituzioni e per le leggi (anche per l'autorevolezza da esse acquisita a causa della serietà con cui vengono promulgate e amministrate) si accompagni alla consapevolezza del loro limite, e dunque della loro necessaria relativizzazione. La promozione della pace è, in definitiva, effetto di una pluralità di azioni, che nascono da scelte culturali seriamente fondate e che convergono nell'attuazione in una politica impegnata a promuovere il bene dell'intera famiglia umana.

---

[33] Per questa tematica, oltre al testo di R. Petraglio già citato, rinviamo a M. Clement – H. Fronsac – P.-R. Regamey, *Non violence et objection de conscience*, Casterman, Tournai 1962.

NOTA BIBLIOGRAFICA

La rassegna bibliografica qui proposta segue il percorso del volume, segnalando anzitutto una serie di opere di carattere generale, che si riferiscono alla prima parte, e soffermandosi, successivamente, sulle singole tematiche affrontate nella seconda e terza parte. Si è scelto di dare spazio soltanto a libri, escludendo pertanto le riviste, ad eccezione di numeri monografici dedicati specificamente ad argomenti attinenti le questioni trattate nel volume. È stata data inoltre assoluta preferenza alla letteratura esistente in lingua italiana, limitando al minimo il riferimento ad opere in lingua straniera, mentre nell'elencazione dei testi non si fa distinzione tra opere riguardanti gli aspetti storici e opere riguardanti quelli teoretici e neppure tra opere filosofiche e opere teologiche. La scelta è, in generale, caduta sui testi ai quali ci si è riferiti nella trattazione dei temi (non includendo tuttavia i classici che si suppongono conosciuti), accordando una particolare preferenza a quelli con un taglio specificamente etico.

1. Testi di carattere generale

Ancora sulla teologia politica. Il dibattito continua, Brescia 1975.

Cristiani e politica in un mondo diviso, Roma 1979.

Dibattito sulla teologia politica, Brescia 1971.

Etica e politica, a cura di W. Tega, Parma 1984.

«Etica e politica. Riflessioni sulla crisi del rapporto tra società e morale», in *Fenomenologia e società* 1(1984).

Politica e filosofia, Milano 1982.

Apel K.O., *Comunità e comunicazione*, Torino 1977.
Aranguren J.L.L., *Etica y politica*, Madrid 1968.
Arendt H., *Vita activa*, Milano 1964.
Arquillere H.X., *L'augustinisme politique*, Paris ^{2}1955.
Biot F., *Teologia del fatto politico*, Roma 1974.
Bloch E., *Experimentum mundi*, Brescia 1980.
Bobbio N., *Contratto sociale oggi*, Napoli 1980.
Bobbio N. – Bovero M., *Società e Stato nella filosofia moderna*, Milano ^{2}1984.
Boff L., *Teologia della cattività e della liberazione*, Brescia 1977.
Brunello B., *Machiavelli e il pensiero politico del Rinascimento*, Bologna 1964.
Cassirer E., *Il mito dello Stato*, Milano 1972.
Cavadi A., *Ripartire dalle radici. Naufragio della politica ed etiche contemporanee*, Assisi 2000.
Chabod P., *Scritti su Machiavelli*, Torino 1974.
Dahrendorf R., *Il conflitto sociale nella modernità*, Bari 1989.
Dvorkin R., *I diritti presi sul serio*, Bologna 1982.
Giddens A., *La terza via*, Milano 1999.
Gutierrez G., *Teologia della liberazione*, Brescia 1972.
Habermas J., *Agire comunicativo e logica delle scienze sociali*, Bologna 1980.
Maffettone S., *Valori comuni*, Milano 1989.
Magri T., *Saggio su Th. Hobbes. Gli elementi della politica*, Milano 1982.
Meinecke E., *L'idea della ragion di stato*, Firenze 1977.
Metz J.B., *Al di là della religione borghese*, Brescia 1981.
— *La fede nella storia e nella società*, Brescia 1978.
— *Sulla teologia del mondo*, Brescia 1969.
Metz J.B. – Moltmann J. – Delmuller W., *Una nuova teologia politica*, Assisi 1971.
Mounier E., *Manifeste au service du personnalisme*, Paris 1961.
Nozick R., *Anarchia, stato e utopia*, Firenze 1981.
Rawls J., *Una teoria della giustizia*, Milano 1982.
Ruggieri G. – Orfei R. – Stame F. – Piana G., *La necessità dell'inutile. Fede e politica*, Casale Monferrato 1982.
Sölle D., *Teologia politica*, Brescia 1973.

STERNBERGER D., *Le tre radici della politica*, Bologna 2001.
TROELTSCH E., *S. Agostino, il cristianesimo e il medioevo*, Napoli 1970.
ULLMANN W., *Il pensiero politico del Medioevo*, Bari 1984.
VECA S., *Etica e politica*, Milano 1989.
— *La società giusta*, Milano 1982.
VIDAL M., *Etica civile e società democratica*, Torino 1992.
WALZER M., *Geografia della morale. Democrazia, tradizioni e universalismo*, Bari 1999.
— *Sfere di giustizia*, Milano 1987.
XAUFFLAIRE M., *Introduzione alla «teologia politica» di J.B. Metz*, Brescia 1974.

2. Sulla società civile

La società civile in Italia, a cura di P.P. DONATI, Milano 1997.
Quale società civile per l'Italia di domani?, Atti della 43ª Settimana sociale dei cattolici italiani, a cura di F. GARELLI e M. SIMONE, Bologna 2000.
COHEN J.L. - ARATO A., *Civil Society and Political Theory*, Cambridge 1992.
FARNETI P., *Sistema politico e società civile*, Torino 1971.
GAUTIER C., *L'invention de la société civile. Lectures anglo-écossaises: Mandeville, Smith, Ferguson*, Paris 1993.
GEREMEK B. e altri, *The Idea of Civil Society*, Triangle Park 1992.
HALL J. (ed.), *Civil Society. Theory, History, Comparison*, Cambridge 1995.
KEANE J., *Democracy and Civil Society*, London 1988.
KEANE J. (ed.), *Civil Society and the State. New European Perspectives*, London 1988.
IRTI N., *Società civile*, Milano 1992.
MILLON-DELSOL C., *L'Etat subsidiarie*, Paris 1992.
PANEBIANCO A., *L'Italia che non c'è*, Milano 1995.
RUSCONI G.E., *Se cessassimo di essere una nazione*, Bologna 1993.
TESTER K., *Civil Society*, London 1992.
WEIGEL B. - ROYAL R. (edd.), *Verso una società civile libera. Cento anni di dottrina sociale cattolica*, Milano 1994.

3. Sulla democrazia

Il pluralismo sociale nello stato democratico, Milano 1980.

«La democrazia e il principio di maggioranza», in *Fenomenologia e società* 13/14(1981).

Valori morali e democrazia, a cura di G. Galeazzi, Milano 1986.

Acerbi S., *Chiesa e democrazia. Da Leone XIII al Vaticano II*, Milano 1991.

Bobbio N., *Il futuro della democrazia*, Torino 1984.

Bonanate L., *Una giornata del mondo. Le contraddizioni della teoria democratica*, Milano 1996.

Campanini G., *Cristianesimo e democrazia. Studi sul pensiero politico cattolico del '900*, Brescia 1980.

Cedronio B., *La democrazia in pericolo. Politica e storia nel pensiero di Hannah Arendt*, Bologna 1994.

Dahl R.A., *Democrazia e tecnocrazia*, Bologna 1987.

— *I dilemmi della democrazia pluralista*, Milano 1988.

— *La democrazia e i suoi critici*, Roma 1997.

Dahrendorf R., *Quadrare il cerchio*, Bari 1995.

Downs A., *Teoria economica della democrazia*, Bologna 1988.

Dunn J., *Democrazia. Il viaggio incompiuto*, Venezia 1995.

Fisichella C., *Il denaro e la democrazia*, Firenze 1995.

Held D., *Modelli di democrazia*, Bologna 1997.

Habermas J., *Fatti e norme. Contributi a una teoria discorsiva del diritto e della democrazia*, Roma 1996.

Kelsen H., *I fondamenti della democrazia*, Bologna 1966.

Lavall G., *Democrazia. Breve storia di un'idea*, Firenze 1994.

March J.G. - Olsen I.P., *Governare la democrazia*, Bologna 1997.

Meny Y. - Surel Y., *Populismo e democrazia*, Bologna 2001.

Musti E., *Demokratia. Origini di un'idea*, Bari 1996.

Popper K.R., *La società aperta e i suoi nemici*, Roma 1974.

Sartori F., *Democrazia cosa è,* Milano 1994.

Settembrini D., *Democrazia senza illusioni*, Bari 1994.

Simon Y.R., *Filosofia del governo democratico*, Milano 1983.

Tocqueville A. de, *Scritti politici*, Torino 1968.

Touraine A., *Eguaglianza e diversità. I nuovi compiti della democrazia*, Bari 1997.

VIDAL-NAQUET P., *La democrazia greca nell'immaginario dei moderni*, Milano 1995.
ZAGREBELSKY G., *Il «crucifige» e la democrazia*, Torino 1995.

4. Su ideologia e potere

Cristianesimo e potere, Bologna 1986.
La personnalisation du pouvoir, Paris 1964.
Potere e società, Roma 1966.
BARTH H., *Verità e ideologia*, Bologna 1971.
BLOCH E., *Spirito dell'utopia*, Firenze 1980.
BOUDON S., *L'ideologia. Origine dei pregiudizi*, Torino 1991.
DI CARO A., *Etica e potere*, Urbino 1987.
DU BOIS G., *Problèmes de l'utopie. Lettres modernes*, Paris 1968.
FOUCAULT M., *La microfisica del potere*, Torino 1977.
FREEDEN M., *Ideologia e teoria politica*, Bologna 2000.
GABEL I., *La fausse conscience*, Paris 1962.
HOSBAWM E.J., *Il secolo breve*, Milano 1995.
MANCINI J., *Teologia, ideologia, utopia*, Brescia 1974.
MANNHEIM K., *Ideologia e utopia*, Bologna 1974.
MORAVIA S., *Il pensiero degli idéologues. Scienza e filosofia in Francia (1780-1815)*, Firenze 1974.
MUWORD L., *The Story of Utopia*, New York [2]1941.
PRINI P., *Il cristiano e il potere. Essere per il futuro*, Roma 1993.
RITTER G., *Il volto demoniaco del potere*, Bologna [3]1971.
ROSSI LANDI F., *Ideologia*, Milano 1982.
SAAGE R., *L'utopia in età moderna*, Genova 1997.
SCHLIER H., *Principati e potestà nel Nuovo Testamento*, Brescia 1967.
SERVIER J., *Histoire de l'utopie*, Paris 1967.
TOPITSCH A., *A che serve l'ideologia*, Bari 1975.
VENTURI F., *Utopia e riforma nell'illuminismo*, Torino 1970.

5. Su partecipazione e governabilità

La partecipazione politica, a cura di C. CIPOLLA, Roma 1978.
CARNEVALE S. – PIZZUTI D. (edd.), *Cultura della cittadinanza e della partecipazione politica. Per un protagonismo della società civile nel Mezzogiorno*, Napoli 1996.

COTTURI G., *La democrazia diffusa. Note sulla cittadinanza attiva e la riforma della politica*, Roma 1998.
CROZIER R. – HUNTINGON S.P. – WATANUKI J., *La crisi della democrazia. Rapporto sulla governabilità delle democrazie alla Commissione Trilaterale*, Milano 1977.
DAHL R.A., *Poliarchia, partecipazione e opposizione nei sistemi politici*, Milano 1980.
DELLA PORTA D., *I partiti politici*, Bologna 2001.
DONATI P.P. – SGRITTA G.B., *Cittadinanza e nuove politiche sociali*, Milano 1992.
LLINARES J.L., *Democratia integral y consciencia cristiana*, Salamanca 1978.
MORO G., *Manuale di cittadinanza attiva*, Roma 1998.
OOMEN T.K. (ed.), *Azioni politiche fuori dai partiti*, Milano 1997.
PARISI A. – SCHADEE H. (edd.), *Sulla soglia del cambiamento. Elettori e partiti alla fine della prima Repubblica*, Bologna 1995.
PATEMAN B., *Participation and Democratic Theory*, Cambridge 1970.
RANIOLO F., *La partecipazione politica*, Bologna 2002.
SCOPPOLA P., *La repubblica dei partiti*, Bologna 1991.
SIVINI G. (ed.), *Partiti e partecipazione politica in Italia*, Milano 1969.
VERBA S. – NIE N.H. – KIM J., *Partecipazione e uguaglianza politica*, Bologna 1978.
ZINCONE G., *Da sudditi a cittadini*, Bologna 1992.
ZOLO D., *Il principato democratico*, Milano 1996.
— *La cittadinanza. Appartenenza, identità, diritti*, Bari 1994.

6. Sui valori comuni

Dichiarazione per un'etica comune, Milano 1995.
BELLAH R., *Al di là delle fedi. Le religioni in un mondo postradizionale*, introduzione di D. ZADRA, Brescia 1975.
KÜNG H., *Progetto per un'etica mondiale*, Milano 1991.
CHOMSKY M., *Sulla nostra pelle. Mercato globale o movimento globale?*, Milano 2002.

7. Sui diritti umani

I diritti umani. Dottrina e prassi, a cura di G. Concetti, Roma 1982.

I diritti umani e la pace nel pensiero di F. de Vitoria e B. de Las Casas, Milano 1988.

Alirenche G., *L'aujourd'hui des droits de l'homme*, 1980.

Aubert J.M., *Diritti umani e liberazione evangelica*, Brescia 1989.

Barberini G. (ed.), *Chiesa e diritti umani. Documenti relativi ai diritti della persona e della comunità*, Napoli 1991.

Bobbio N., *L'età dei diritti*, Torino 1991.

Cassese A., *I diritti umani nel mondo contemporaneo*, Bari 1988.

Collange J.F., *Teologia dei diritti umani*, Brescia 1991.

Compagnoni F., *I diritti dell'uomo. Genesi, storia e impegno cristiano*, Milano 1995.

Conforti B., *La Carta delle Nazioni Unite*, Fiesole 1993.

Coste R., *Verso l'uomo. La chiesa e i diritti umani*, Roma 1985.

Danuvola O. (ed.), *I diritti umani. Riflessioni teoriche e indicazioni didattiche*, Brescia 1989.

De La Chapelle P., *La déclaration universelle des droits de l'homme et le catholicisme*, Paris 1967.

Dragosei I. – Dragosei F. (edd.), *I diritti dell'uomo*, Napoli 1969.

Faurè C., *Les déclarations des droits de l'homme de 1789*, Paris 1992.

Gauchet A., *La Révolution des droits de l'homme*, Paris 1989.

Lalanche L., *Le droit et les droits de l'homme*, Paris 1957.

Maritain J., *I diritti dell'uomo*, Milano ²1960.

— *I diritti dell'uomo e la legge naturale*, Milano 1977.

Mourchon J., *Les droits de l'homme*, Paris 1978.

Peces-Barba G., *Teoria dei diritti fondamentali*, Milano 1993.

Treves P. – Ferrari V. (edd.), *Sociologia dei diritti umani*, Milano 1989.

8. Sulla pace

Al di là del «non uccidere», Sotto il Monte (BG) 1989.
La pace. Riflessioni bibliche, Roma 1971.
Per una teologia della pace, Roma 1987.
CLEMENT M. – FRONSAC H. – REGAMAY P.R., *Non violence et objection de conscience*, Tournai 1962.
COLOMBO SACCO U., *Giovanni Paolo II e la nuova proiezione internazionale della Santa Sede*, Milano 1997.
CONSORTI P.L., *L'avventura senza ritorno. Intervento e ingerenza umanitaria nell'ordinamento giuridico e nel magistero pontificio*, Pisa 2002.
ELIAS N., *Humana condicio. Osservazioni sullo sviluppo dell'umanità nel quarantesimo anniversario della fine della guerra*, Bologna 1987.
HUBER W. – REUTER H.R., *Etica della pace*, Brescia 1993.
LORENZETTI L. (ed.), *Dizionario di teologia della pace*, Bologna 1997.
MATTAI G. – MARRA B., *Dalla guerra all'ingerenza umanitaria*, Torino 1994.
MAZZILLO H., *La teologia come prassi di pace*, Molfetta 1988.
PETRAGLIO Q., *Obiezione di coscienza. Il Nuovo Testamento provoca i cristiani*, Bologna 1984.
PONTARA G., *La personalità non violenta*, Torino 1996.
SALIO G., *Il potere della non violenza. Dal crollo del muro di Berlino al nuovo disordine mondiale*, Torino 1995.

INDICE

II
I NODI CRITICI ATTUALI E IL PROBLEMA DELLE REGOLE

III
L'ORDINE INTERNAZIONALE